LES
ANESTHÉSIQUES

PHYSIOLOGIE

ET

APPLICATIONS CHIRURGICALES

PAR

A. DASTRE

PROFESSEUR DE PHYSIOLOGIE A LA SORBONNE

PARIS

G. MASSON, ÉDITEUR

LIBRAIRE DE L'ACADÉMIE DE MÉDECINE

120, BOULEVARD SAINT GERMAIN, 120

1890

LES

ANESTHÉSIQUES

DU MÊME AUTEUR

Recherches d'Embryologie. — L'allantoïde et le chorion chez les mammifères. — Des corps bi-réfringents de l'œuf des ovipares. — Grand in-8°. *G. Masson*, 1876.

De la Glycémie asphyxique. — In-8°. *V.-A. Delahaye et Cie*, 1879.

Recherches sur les Lois de l'Activité du Cœur. — In-8°. *Germer-Baillière*, 1882.

Recherches expérimentales sur le Système nerveux vaso-moteur (en collaboration avec M. Morat). — In-8°. *G. Masson*, 1884.

LES ANESTHÉSIQUES

PHYSIOLOGIE

ET

APPLICATIONS CHIRURGICALES

PAR

A. DASTRE

PROFESSEUR DE PHYSIOLOGIE A LA SORBONNE

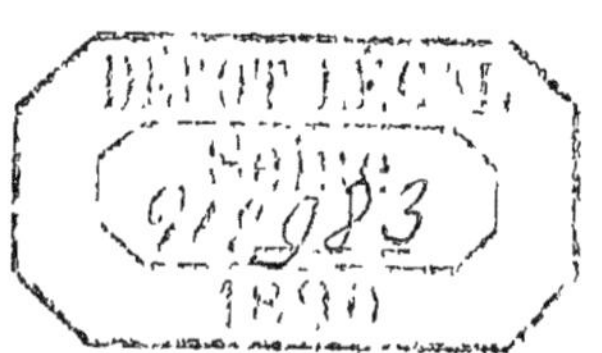

PARIS

G. MASSON, ÉDITEUR

LIBRAIRE DE L'ACADÉMIE DE MÉDECINE

120, BOULEVARD SAINT-GERMAIN, 120

1890

AVANT-PROPOS

Le 27 octobre 1846, deux citoyens de Boston, Morton, dentiste, et Charles Jackson, professeur de chimie, prenaient un brevet d'invention d'une espèce rare. Les deux associés entendaient se réserver l'exploitation du *Létheon*, sorte de composition secrète qui rendait l'homme et les animaux à la fois insensibles à la douleur et inertes pendant les opérations chirurgicales. Sous ce nom de « Léthéon » les inventeurs prétendaient vainement dissimuler l'éther ordinaire, dont l'odeur révélatrice était dénaturée par l'essence de néroli.

L'anesthésie était découverte[1].

En moins de deux années, l'invention se répandit dans le monde entier et devint d'un usage universel.

Cette merveilleuse découverte était une conquête de l'empirisme, en apparence tout au moins. Rien ne semblait, en effet, plus inattendu, moins préparé,

1. αν privatif et αἴστησις, sensibilité.

— tranchons le mot, moins scientifique. Elle se produisait en Amérique au moment même où le Traité classique de Médecine opératoire de Velpeau, traduit et édité à New-York, répandait parmi les médecins du pays la fameuse déclaration : « Eviter la douleur dans les opérations est une chimère qu'il n'est pas permis de poursuivre ». — Le démenti était frappant, et d'ailleurs il ne souffait pas de contestation : des malades avaient subi les plus graves opérations sans en avoir conscience et sans en conserver le moindre souvenir ; des chirurgiens avaient pu procéder à des manœuvres et à des mutilations que ne troublaient plus les mouvements du patient ni ses cris de douleur.

Ainsi l'empirisme, c'est-à-dire la méthode du hasard, paraissait triompher encore une fois. La médecine qui lui devait déjà quelques-uns de ses moyens d'action les plus précieux : le quinquina, l'antimoine et le mercure, en recevait cette fois l'éther et le chloroforme.

— Dans les quarante et quelques années qui se sont écoulées depuis ces débuts, la science est venue éclaircir et compléter l'œuvre de l'empirisme.

On a montré — et le lecteur pourra trouver plus loin les éléments de cette démonstration — que la pratique nouvelle n'était pas née spontanément, de toutes pièces, et pour ainsi dire sans préparation. Elle se rattachait au contraire à une longue série de recherches très anciennes et surtout à une tentative très scientifique faite au commencement de ce siècle par l'éminent chimiste anglais Humphry Davy.

La méthode scientifiquc rationnelle reprenait donc ses droits. Elle avait présidé, en réalité, à la naissance de l'invention nouvelle : elle en féconda les développements. La physiologie, en effet, n'est pas moins intéressée que la pratique chirurgicale dans cette question de l'anesthésie. Les substances toxiques, en général, sont des réactifs précieux qui permettent d'analyser les fonctions de l'être vivant. Cl. Bernard comparait les poisons à des instruments infiniment plus délicats que nos grossiers scalpels, et qui, pénétrant jusque dans les profondeurs de l'organisme, vont interroger la vitalité des parties sans cela inaccessibles. — Parmi ces agents, les anesthésiques ne sont pas les moins intéressants; en fait, ils ont fourni des renseignements infiniment utiles sur le jeu des instruments vitaux.

La physiologie a donc cherché l'explication de l'action merveilleuse qui abolit la douleur sans troubler gravement le jeu des fonctions vitales : elle a fait connaître toutes les circonstances de cette action; elle en a étudié le retentissement sur tous les appareils et sur toutes les activités de l'organisme; — elle a rendu compte des dangers et des écueils que la clinique, de son côté, avait signalés.

Cette participation de la physiologie à l'étude des anesthésiques s'est produite dans tous les pays : elle est restée une tradition surtout dans le nôtre.

Cependant cette œuvre, toute scientifique, est moins connue du public médical et du public savant qu'elle ne mériterait de l'être. La cause en est à sa dispersion même. — Il y a peu d'exagération à prétendre que, depuis l'origine, il a paru sur la question de l'anesthésie plus de dix mille mémoires, notes originales, monographies, sans compter les excellents traités de Bouisson, Lallemand et Perrin, Rottenstein, etc. Cet excès de richesses a produit un encombrement qui écarte le lecteur, sans parler des contradictions et des erreurs qui le déroutent à chaque instant.

Il m'a semblé que le moment était venu de soumettre ces documents surabondants à une critique sévère, et d'offrir au public médical et physiologique un Traité de l'Anesthésie qui le dispensât des fouilles pénibles auxquelles il était condamné dans une énorme masse de matériaux. Les circonstances me poussaient à entreprendre ce travail. Sans parler du rôle de chloroformiseur que j'ai souvent rempli dans les opérations chirurgicales, j'ai eu la bonne fortune d'être l'assistant de Cl. Bernard à l'époque où il exécutait ses recherches sur les anesthésiques. J'étais encore le suppléant de Paul Bert à l'époque où se poursuivaient, dans le laboratoire de Physiologie de la Sorbonne, les études sur le protoxyde d'azote et sur la méthode des mélanges titrés. Enfin, je crois moi-même avoir apporté ma modeste contribution à cette œuvre originale de la physiologie française.

— Le champ à parcourir est considérable. — J'ai à rappeler les origines de la découverte de l'anesthésie, — à exposer les faits et les théories relatifs à ses agents les plus ordinaires, le chloroforme et l'éther, — à faire connaître la longue liste des agents nouveaux qui sont venus s'ajouter à ces anesthésiques du début, — à décrire enfin les méthodes d'administration plus parfaite préconisées par les chirurgiens ou les physiologistes : méthodes titrées, méthodes mixtes ou combinées. — Mais, tandis que jusqu'ici toutes ces études se juxtaposaient en restant pour ainsi dire sans lien les unes avec les autres, les progrès réalisés en ces dernières années nous permettront de les réunir, de les rattacher les unes aux autres, et d'en former enfin un corps de doctrine qui a sa place marquée dans la littérature médicale.

LES

ANESTHÉSIQUES

INTRODUCTION

HISTOIRE DE L'ANESTHÉSIE

§ 1. Tentatives anciennes. — Antiquité. — Moyen âge. — § 2. Origine de l'anesthésie moderne. — Denis Papin. — Humphry Davy : gaz hilarant. — § 3. Découverte de l'anesthésie ; par le protoxyde d'azote : Horace Wells ; — par l'éther : Ch. Jackson et Morton ; — par le chloroforme : Flourens et Simpson.

§ 1. Tentatives anciennes. — Antiquité. — Moyen âge.

Les médecins érudits ont essayé de rattacher l'anesthésie actuelle aux procédés d'insensibilisation très imparfaite qui ont été en usage à toutes les époques, depuis la plus haute antiquité jusqu'à nos jours. Il y a, dans ce dessein, beaucoup d'illusion.

On a évoqué le passé le plus lointain et le plus fabuleux. Comme ce gentilhomme qui faisait remonter sa noblesse à Adam, l'anesthésie aurait trouvé ses premiers titres dans le berceau même du genre humain. Il y a quelques années, le très grave et très habile chirurgien Simpson, pressé très vivement par quelques théologiens anglicans qui condamnaient l'anesthésie obstétricale au nom de la Bible, et dont la piété trop scrupuleuse voulait respecter dans la douleur de l'homme le décret de la volonté divine, trouva piquant de les battre sur leur propre terrain, et il leur opposa le récit de la création de la femme d'après la Genèse : « *Immisit ergo Dominus soporem in Adam :* Le Seigneur endormit Adam, et, tandis qu'il dormait, il lui arracha une de ses côtes ». Voltaire, qui s'étonnait qu'Adam n'eût rien senti, n'avait aucun soupçon de l'anesthésie.

Il ne convient pas d'accorder trop de crédit à des récits qui appartiennent plus à la fable ou à la thaumaturgie qu'à l'histoire véridique. Il est plus que difficile d'accepter ce que les livres parsis nous racontent de Zoroastre frappant l'imagination de multitudes en promenant sur des charbons ardents ses mains insensibles. Le Talmud contient des histoires aussi merveilleuses et aussi peu croyables. Qu'en reste-t-il lorsque l'on a fait la part de la crédulité des foules ou de l'imposture des ambitieux essayant d'étonner le populaire pour arriver à le soumettre ?

En dehors de ces deux explications, crédulité et supercherie, l'on sait aujourd'hui qu'il y en a une troisième : la *névrose hysterique,* le *somnambulisme naturel* ou *provoqué.* Les malheureuses que l'on appelait des possédées au moyen âge et qu'une cruelle ignorance a trop souvent livrées au bûcher, jusqu'au jour où un célèbre édit de Colbert, en 1682, abolit le prétendu crime de sorcellerie, la médecine actuelle les nomme des hystéro-épileptiques. Elles sont insensibles d'un côté du corps, le plus souvent du côté gauche ; quelquefois des deux côtés. On peut les transpercer avec de longues aiguilles, les brûler, sans qu'elles ressentent rien. C'était le cas de ces soi-disant démoniaques qui, soumises aux tortures, les enduraient sans pousser un cri. Le démon, au dire des exorcistes étonnés de ce stoïcisme, leur avait donné le *charme de taciturnité* : elles étaient simplement affectées de l'*anesthésie hysterique*. Cette anesthésie est quelquefois partielle, localisée; et ce point insensible, c'était le *sigillum diaboli*, la pièce de conviction que, dans les procédures de sorcellerie, le chirurgien commis par le tribunal était invité à rechercher sur le corps de l'accusée.

On connaît assez complètement aujourd'hui, grâce aux admirables études de Charcot et de l'École de la Salpêtrière, les conditions de cette névrose. Les progrès de la pathologie nerveuse ont dissipé le mystère de bien des faits jugés miraculeux, et qui s'expliquent maintenant par l'état anesthésique des sujets soumis à l'*hypnotisme* ou au *somnambulisme artificiel*. Il y a eu, à toutes les époques, des manières fort diverses de produire cette sorte d'état extatique de somnambulisme incomplet ou d'hypnotisme qui supprime la sensibilité à la douleur. Les moines grecs du mont Athos y arrivaient par la contemplation obstinée de leur nombril; les fakirs de l'Inde, en regardant fixément un point éclairé de l'espace; les disciples d'Hussein-le-Martyr, en écoutant le bruit prolongé et monotone de tambourins frappés suivant un rythme rapide. C'est par une préparation analogue que, dans notre colonie algérienne, les Aïssaouas tombent bientôt dans une condition qui les rend insensibles aux brûlures du fer rouge ou aux blessures les plus sanglantes. Au siècle dernier, le médecin autrichien Mesmer employait une mise en scène plus compliquée, mais où le rôle essentiel revenait encore à la fixation de l'ouie ou de la vue. C'est ce mécanisme de l'*anesthésie hypnotique* qu'en 1841 le chirurgien Braid, de Manchester, discernait avec beaucoup de sagacité : sans conserver autre chose de tout l'appareil des magnétiseurs qu'une boule brillante placée devant les yeux de certains sujets, il réussit à les insensibiliser assez complètement pour pouvoir pratiquer sur eux, sans douleur, de graves opérations. Mais cette anesthésie chirurgicale, reproduite, en France, par Broca, Verneuil, Lasègue et Tillaux, n'est malheureusement possible que sur un petit nombre de sujets prédisposés. La pratique est limitée ainsi à une infime minorité de malades. Elle ne peut constituer une méthode chirurgicale proprement dite.

Les mêmes moyens qui produisent l'anesthésie chez les personnes hypnotisables peuvent les produire à un plus haut degré encore chez les hystériques. Ce n'est plus alors l'hypnotisme simple, c'est le *somnambulisme artificiel*. Le procédé se simplifie encore plus dans ce cas : un attouchement sur les paupières abaissées, une pression sur l'œil; un ordre donné avec autorité, d'une voix forte, suffisent à plonger certains sujets dans le sommeil somnambulique, et l'on arrive ainsi, par degrés, jusqu'à l'action purement mentale, jusqu'à la simple *suggestion*.

Tous ces moyens, et quelques autres dont nous parlerons plus loin, ne résolvent point le problème de l'anesthésie. Ils ne constituent point une méthode sûre, universelle, applicable à tous les cas. Leur intérêt principal est, ici au moins, d'expliquer ou seulement de faire comprendre ceux d'entre ces récits merveilleux ou de ces prétendus miracles d'insensibilité ou de stoïcisme dont l'histoire ou la légende nous ont transmis le souvenir, et dont une exacte critique ne pourrait point contester la réalité.

Il faut, avant tout, faire une distinction essentielle. Ce que les anciens ont peut-être connu, ou tout au moins cherché, ce sont des drogues narcotiques ou stupéfiantes, plutôt que de véritables substances anesthésiques. Tel était sans doute ce *népenthès* dont parle l'*Odyssée*, breuvage préparé par les mains d'Hélène, et qui avait la vertu de faire oublier toute douleur. Narcotique aussi sans nul doute la préparation avec laquelle Machaon, au dire de Pindare, endormait les souffrances de Philoctète, afin de panser sa plaie. C'était également l'usage des Juifs de donner un narcotique aux condamnés que l'on allait crucifier : il en est fait mention dans Mathieu (XXVII, 34) et dans Marc (XV, 23). Le Christ ne voulut point diminuer par ce moyen artificiel les souffrances de sa Passion, et il refusa le breuvage.

La médecine ancienne est restée à peu près muette à l'endroit de ces préparations merveilleuses. Nous savons seulement que c'étaient le plus souvent des breuvages préparés avec le suc des pavots, et qui devaient leur vertu calmante à l'opium. Tel était ce fameux remède « de la colère et de la tristesse » que savaient fabriquer les femmes de Thèbes, et qui est resté dans la pharmacopée moderne sous le nom d'extrait thébaïque. On employait encore le lierre terrestre, le suc de la morelle, la jusquiame, la ciguë, la mandragore, la laitue, toutes plantes dont la vertu engourdissante et somnifère bien connue ne serait que d'un maigre secours à la chirurgie. Ces substances convenablement mêlées ont formé les philtres assoupissants auxquels l'imagination populaire a attribué un pouvoir léthargique bien exagéré. Les écrivains n'avaient garde de négliger un élément si dramatique et si précieux pour nouer et dénouer par d'émouvantes péripéties leurs drames ou leurs contes merveilleux. Par là, ils contribuaient à consolider la superstition universelle. Et, par exemple, on peut croire que c'est seulement dans l'imagination de Shakespeare qu'a existé ce breuvage que le moine Lorenzo fait prendre à l'amante de Roméo, et qui, durant trois jours, la laisse plongée dans un sommeil impossible à distinguer de la mort.

Ces ressources d'une science occulte ont donc été exagérées par l'imagination des artistes et par la crédulité des foules. On ne saurait cependant les contester d'une manière absolue. L'unanimité, la ténacité de la croyance populaire, témoignent en leur faveur, sans compter quelques dépositions plus difficiles à suspecter. Nous trouvons dans le Voyage de Marco Polo l'indication très précise de l'usage que le Vieux de la Montagne faisait de breuvages narcotiques pour plonger ses victimes dans une léthargie prolongée. — Il est bien difficile de ne pas croire qu'il y ait un fondement, si fragile qu'on voudra, à cette histoire que nous conte Boccace, du pharmacien Giampaolo Spinelli, possesseur, entre autres secrets, d'une drogue dont il suffisait de respirer les vapeurs pour s'endormir paisiblement, et aussi d'une liqueur qui pendant un jour et une nuit procurait un engourdissement pareil à la mort. Il faut bien que les chirurgiens du temps eussent quelquefois recours à la narcotisation, pour que le même Boccace pût rendre vraisemblable l'aventure de cet amant qui tombe en léthargie chez sa maîtresse, après avoir bu, en place d'un rafraîchissement, le breuvage destiné par le mari de la belle au malade qu'il devait opérer.

Mais, sur toutes ces pratiques, la médecine savante est presque aussi discrète au moyen âge que dans l'antiquité. A peine en trouvons-nous quelque courte mention dans les Traités de Guy de Chauliac (1546) et de Brunus. Nous savons cependant qu'au XIVe siècle un chirurgien nommé Théodoric employait une médication stupéfiante que lui avait enseignée son maître Hughes de Lucques. Il imprégnait une éponge du suc des plantes narcotiques que nous avons citées tout à l'heure, et la plaçait, au moment de l'opération, sous les narines du patient. L'*antidotarium* de Nicolo, prévôt de l'école de Salerne, contient une recette du même genre. Et, si l'on voulait remonter plus haut encore, on trouverait qu'Albert le Grand, après Dioscoride et Pline, recommandait pour le même usage le suc de la mandragore, la belladone de notre flore moderne.

Enfin, s'il fallait en croire un ouvrage publié en Chine au IIIe siècle de notre ère, les médecins chinois auraient employé une préparation de chanvre (ma-yo) qui rendait le patient, au bout de quelques instants, « aussi insensible que s'il eût été dans l'ivresse ou privé de vie ». (Acad. des Sc., 12 février 1849.) Cette indication se rapporte évidemment à l'emploi du *Cannabis Indica*, connu depuis en Europe sous le nom de *haschich*.

Dans tout cela il ne s'agit guère que de narcotiques. Or, il y a loin des drogues somnifères ou stupéfiantes vaguement connues des anciens à nos anesthésiques actuels. En effet, les substances narcotiques ou stupéfiantes plongent ceux qui en font usage dans un engourdissement léthargique plus profond que le sommeil ordinaire. Mais, bien que cette obtusion des sens puisse faciliter la besogne du chirurgien, elle n'est jamais assez complète pour permettre les opérations graves. Sous le tranchant du couteau, le sentiment de la douleur se réveille, des mouvements éclatent avec un caractère convulsif et désordonné. Les effets de l'ivresse narcotique se dissipent lentement, après avoir imprimé à l'organisme une modification d'autant plus fâcheuse qu'elle est plus durable. Tout autre est l'action de l'éther, du chloroforme et des véritables anesthésiques. C'est un sommeil profond, absolu, où aucune excitation douloureuse ne peut faire brèche ; les membres, parfaitement dociles, ne se révoltent sous aucune violence ; l'inertie, la résolution musculaire, sont poussées au plus haut point. Et pourtant le retour à l'état de veille se fait rapidement, à la volonté de l'opérateur ; la sensibilité reparaît, avec toutes les autres fonctions de la santé, dans sa plénitude, dès que l'administration du toxique a été suspendue, et sans qu'il reste de traces de lointaine répercussion ou d'ébranlement permanent de l'organisme. Le sergent de cavalerie que le chirurgien Hammond vient d'amputer d'un bras remonte en selle et gagne le lazaret avec autant d'assiette et à la même allure que dans une promenade. L'étonnant gymnaste qui a tant occupé la curiosité publique il y a quelques années, Blondin, se fait endormir pour une opération d'ailleurs très simple, et, à peine éveillé, il peut, avec la même sûreté, la même précision de mouvements, franchir sur la corde tendue les abîmes du Niagara.

C'est là ce que la médecine savante n'avait osé espérer. A la veille du jour où ce grand résultat devait être atteint, un chirurgien contemporain éminent, Velpeau, le traitait de chimère. Il suivait ainsi la tradition constante de la médecine rationnelle, qui avait toujours eu peu de foi dans un tel progrès.

A la vérité, Hippocrate, le père de la médecine, indiquait à ses disciples la sédation de la douleur comme l'un des plus nobles objets de leurs préoccupations; mais, en même temps, il l'avait en quelque sorte soustraite à leurs efforts en en réservant le privilége aux dieux : *Divinum opus est sedare dolorem.*

Cette œuvre divine, la découverte de l'anesthésie moderne l'a presque réalisée.

§ 2. Origines de l'anesthésie moderne. — Denis Papin. — Humphry Davy : le gaz hilarant.

Ce n'est donc qu'à notre époque et tout près de nous que l'on a réussi, pour la première fois, à produire ce sommeil, à la fois si profond, si inerte et si passager, qui constitue le sommeil anesthésique.

Cependant le problème de l'insensibilisation chirurgicale avait été posé nettement dès le XVIIe siècle. Si l'on en croit des documents récemment mis au jour, Denis Papin, l'inventeur de la force motrice de la vapeur, aurait eu l'initiative de la première recherche sur l'anesthésie. On a retrouvé un manuscrit daté de 1681, alors que Papin exerçait et professait la médecine à Marburg, ville universitaire de la Hesse Electorale. Ce document appartient aujourd'hui à la bibliothèque du Grand-Duc. Denis Papin y déclare qu'il y a des moyens, connus ou à trouver, d'éteindre la sensibilité des malades et de leur épargner la douleur des opérations.

Cette vue de l'esprit devait rester sans réalisation effective pendant plus de cent ans.

Il faut nous transporter tout d'un trait presque au commencement de notre siècle, pour assister aux premiers débuts de l'anesthésie.

Nous sommes en 1799. — Il y a près de vingt ans qu'ont paru au jour les grandes découvertes sur lesquelles s'est fondée la chimie moderne. Lavoisier, Priestley, Cavendish, ont fait connaître les gaz simples et quelques gaz composés. Les médecins songent à utiliser ces agents nouveaux pour le traitement des maladies, et l'un d'eux, Beddoes, crée dans ce dessein, à Clifton près de Bristol, un *Institut pneumatique*. Il prend pour préparateur un jeune homme de vingt ans, Humphry Davy, qui devait bientôt se faire une grande place dans la science.

C'est là que Davy exécuta ses premières recherches sur le protoxyde d'azote. Ces expériences sont restées célèbres. Davy et les personnes qui, à son exemple, respirèrent le protoxyde de nitrogène éprouvèrent des effets remarquables : une sensation de bien-être extraordinaire et des impressions de gaîté qui se traduisaient souvent par un rire bruyant.

De là le nom de *gaz hilarant* (*laughing gas*) qui est resté au protoxyde d'azote. On remarquera que, dans ces premiers essais, Beddoes et Davy ne prétendaient pas abolir la douleur. Il s'agissait pour eux de moins ou de plus que cela. Ils crurent avoir bien mérité de l'humanité, non pour avoir diminué ses souffrances, mais pour lui avoir offert une nouvelle forme du plaisir physique et intellectuel et avoir étendu la gamme des sensations que l'homme peut éprouver.

L'enthousiasme avec lequel Davy dépeignait les effets extraordinaires du protoxyde d'azote était bien fait pour impressionner le monde savant. Au bout de trois inspirations, il éprouve un extrême bien-être. Sa poitrine se dilate, et il éclate en accès d'un rire si vif et si franc que l'hilarité se communique aux témoins de la scène. Davy ressent dans tout le corps, surtout à la poitrine et aux extrémités, une sorte de chatouillement agréable, qui va s'exaltant en même temps que le sens du tact devient plus exquis. La vue lui fournit des impressions plus vives, son oreille perçoit des bruits plus légers qu'à l'habitude. Dans son esprit se succèdent des images fraîches et riantes éveillant des perceptions d'une nature nouvelle et qui ne sont nommées dans aucune langue. Son intelligence est envahie par une extase délirante, les idées y éclatent avec une clarté et une vivacité extraordinaires; le sentiment de la personnalité s'exalte en lui, et il est pris d'un immense orgueil en se sentant transporté dans un monde où chacun des mouvements de son esprit crée une théorie ou une découverte. Il éprouve des impressions de plaisir vraiment sublimes, atteignant bientôt un tel degré qu'elles absorbent entièrement sa conscience et lui font perdre tout sentiment de lui-même et du monde qui l'entoure.

« Dans la nuit du 5 mai, dit-il, je m'étais promené pendant une heure dans les prairies de l'Avon; un brillant clair de lune rendait ce moment délicieux, et mon esprit était livré aux émotions les plus douces... C'est alors que je respirai le gaz... J'éprouvai d'abord une sensation de plaisir physique toute locale, limitée aux lèvres et aux parties voisines. Successivement elle se répandit dans tout le corps, et elle atteignit bientôt un tel degré d'intensité qu'elle absorba mon existence. Je perdis tout sentiment... Toute la nuit qui suivit, j'eus des rêves pleins de vivacité et de charme, et je m'éveillai, le matin, en proie à une énergie inquiète, à un irrésistible besoin d'agir que j'ai fréquemment éprouvé dans le cours de semblables expériences. »

Le retentissement de ces faits fut considérable, et les chimistes de tous les pays s'empressèrent de répéter les expériences de Davy. Berzélius en Suède, Pfaff et Wurzer en Allemagne, obtinrent des résultats analogues. En Angleterre, les inhalations de gaz hilarant avaient une véritable vogue : les savants étrangers qui visitaient le pays étaient conviés à assister à des expériences de ce genre et à s'y soumettre eux-mêmes. C'est ainsi que Pictet (de Genève) eut l'occasion d'en voir le résultat sur H. Davy. « M. Davy se soumit le premier à l'essai, qui lui est très familier... Après un moment d'extase, il se leva de sa chaise et se mit à arpenter la chambre, en riant de si bon cœur que le rire devint général ; il frappait du pied, remuait les bras et paraissait avoir besoin d'exercer ses muscles... Il nous décrivit comme très agréable toute la suite des sensations qu'il avait éprouvées. » Pictet lui-même respire à son tour le gaz hilarant en présence du comte de Rumford et d'un petit cercle d'amis. « J'entrai bientôt, écrit-il, dans une série rapide de sensations nouvelles pour moi et difficiles à décrire. J'entendais un bourdonnement; les objets s'agrandissaient autour de moi. Je croyais quitter ce monde et m'élever dans l'empyrée. Je tombai ensuite dans un état de calme approchant de la langueur, mais extrêmement agréable; j'éprouvai d'une manière exaltée le simple sentiment de l'existence, et ne voulais rien de plus. En peu de minutes, je revins à l'état tout à fait naturel. »

Chose remarquable! les expériences, qui réussississaient si constamment partout ailleurs, échouèrent en France et y furent sévèrement condamnées. Les chimistes français Proust, Vauquelin et, bientôt après, Thénard et Orfila, dressèrent contre le gaz hilarant un acte d'accusation en règle. Ils ne lui devaient que des sensations pénibles, une constriction douloureuse des tempes, les angoisses de la suffocation, un malaise prolongé : ils déclaraient avoir couru de graves dangers. « J'ai éprouvé, dit Orfila, de si vives douleurs dans la poitrine et une telle suffocation que je suis resté convaincu que, si j'eusse continué l'expérience, je n'en serais pas revenu. »

Pourquoi ces résultats si différents? Les observations de Berzélius et, plus récemment, les recherches de M. Paul Bert nous permettent de le comprendre. Mais, à cette époque, on ne le comprit point. On vit seulement que l'inhalation du protoxyde d'azote produisait des effets inconstants, quelquefois périlleux, et qu'il fallait acheter un plaisir passager au prix d'un danger redoutable. La prudence l'emporta : les expériences cessèrent, et l'oubli se fit peu à peu.

On avait cependant approché de bien près le but utile, la connaissance de l'anesthésie. H. Davy l'avait nettement aperçu : « Le protoxyde d'azote, avait-il dit, paraît jouir, entre autres propriétés, de celle d'abolir la douleur. On pourrait l'employer avec avantage dans les opérations de chirurgie qui ne s'accompagnent pas d'une grande effusion de sang. » La déclaration est précise et catégorique. Elle passa inaperçue, et l'on renonça, malgré tant de promesses qu'elles contenaient, à ces curieuses épreuves que Davy avait mises à la mode. Et pourtant le fruit n'en fut pas entièrement perdu. De temps à autre, quelques chimistes renouvelaient avec d'infinies précautions les inhalations de gaz hilarant, pour le simple profit que l'on trouve en science à répéter soi-même une expérience connue. D'autre part, le genre d'essais inauguré par Beddoes avec les « airs artificiels » se perpétua avec les vapeurs et les gaz déjà connus ou chaque jour découverts. L'habitude d'en éprouver l'action sur l'homme en les respirant ou les faisant respirer resta en honneur, dans les laboratoires, auprès de quelques médecins et dans de petits cercles d'étudiants.

C'est précisément à ce dernier reste d'un genre d'expérimentation condamné que nous devons la découverte de l'anesthésie. C'est une répétition de l'expérienee de Davy qui inspira à Horace Wells l'idée de l'insensibilisation chirurgicale, et c'est une épreuve de respiration des vapeurs d'éther, reproduite bien des fois auparavant, qui révéla à Morton et Jackson la vertu anesthésique de cette substance. Voilà les vraies origines de la découverte qui surprit si inopinément le monde médical en 1846. C'était vraiment une invention européenne qui nous revenait d'Amérique. L'idée, le fait, la première application, tout cela s'était produit au milieu de nous sans éveiller l'attention d'esprits blasés par l'excès même de nos richesses. Et pour que l'humanité tirât un profit clair et certain de ces acquisitions de la science pure, il fallut qu'Horace Wells redécouvrît les propriétés déjà aperçues du protoxyde d'azote, et Jackson et Morton celles de la vapeur d'éther.

§ 3. Découverte de l'anesthésie par le protoxyde d'azote : Horace Wells. — Anesthésie par l'éther : Morton et Jackson. — Le chloroforme : Flourens et Simpson.

Transportons-nous donc par la pensée dans la petite ville de Hartford, de l'état de Vermont, le 10 décembre 1844. On a annoncé pour le soir de ce jour une séance de chimie à la fois instructive et amusante, ce que nous appellerions aujourd'hui une conférence. Un dentiste de la ville, H. Wells, y assiste avec sa femme, et il prend un vif intérêt aux expériences que le conférencier Colton reproduit devant le public à la fin de la leçon. Parmi ces expériences se trouvait celle de l'inhalation du protoxyde d'azote. Horace Wells, que les récits nous dépeignent d'ailleurs comme un homme vif, intelligent, enthousiaste, n'avait, à cet égard, le cerveau embarrassé d'aucun préjugé. C'était vraisemblablement la première fois qu'il entendait prononcer le nom du gaz hilarant. Mais son esprit ouvert et attentif à la nouveauté fut frappé d'un détail caractéristique. Parmi les assistants qui s'étaient soumis à l'inhalation, il y en eut un qui fut extraordinairement agité, et qui, dans les mouvements désordonnés auxquels il se livra, venant à heurter les bancs et les sièges, s'y meurtrit assez rudement pour que le sang coulât de ses blessures. — Il ne manifesta pourtant aucun signe de douleur. Ce fait frappa H. Wells comme un trait de lumière. Rapprochant le spectacle de cette insensibilité de celui tout contraire que lui donnaient ses opérations quotidiennes, il conçut la possibilité de supprimer à l'avenir la douleur du domaine de la chirurgie dentaire. Dès le lendemain, il entrait en action, et en présence de plusieurs témoins il se faisait extraire une dent après avoir respiré le gaz insensibilisateur : il n'en éprouva pas plus de mal que d'une piqûre d'épingle.

La démonstration était faite. A partir de ce moment, Wells ne vécut plus que pour publier sa découverte et propager sa méthode. Il l'annonce avec enthousiasme et l'applique sur un plus grand théâtre, à Boston, devant les membres du collège des médecins et devant son élève, son confrère et son ami Morton. Il essaie d'obtenir une insensibilisation plus constante et plus soutenue, afin de rendre possibles les opérations de longue durée, les amputations et les ablations de tumeurs. Mais il n'obtient plus que des résultats incertains. Le protoxyde d'azote ne se prêtait pas à ce perfectionnement : le jour n'était pas venu où il pourrait s'introduire avec profit dans la grande chirurgie. Pendant que H. Wells usait son énergie dans cette vaine recherche, dont le succès était réservé à notre temps, il se voyait ravir le fruit de son initiative et de ses efforts par son ancien ami Morton, associé au chimiste Jackson, lesquels, mieux inspirés que lui, avaient eu recours aux vapeurs d'éther. H. Wells en éprouva un profond chagrin qui empoisonna sa vie et finit par déranger son esprit. Lassé par les luttes qu'il soutenait, abreuvé de dégoûts, il s'ouvrit les veines dans un bain, le 14 janvier 1848, tandis qu'il respirait des vapeurs d'éther pour se procurer une mort plus douce, seul bénéfice qu'il dût retirer de sa découverte. L'un de ses antagonistes, Jackson, n'a pas été plus heureux : atteint d'une forme grave d'aliénation mentale, il a traîné dans une maison de santé les derniers jours d'une existence turbulente et toujours agitée.

Tandis en effet que Wells retrouvait la propriété anesthésique du protoxyde d'azote, signalée quarante ans auparavant par H. Davy, et qu'il en tirait le procédé d'insensibilisation dont font usage les dentistes du monde entier, Morton et Jackson, mis en éveil, retrouvaient de leur côté la propriété anesthésique de l'éther, connue depuis longtemps et essayée souvent, à titre curieux, dans les laboratoires de pharmacie ou dans ces réunions d'étudiants et de médecins dont nous parlions tout à l'heure. Jackson se rappelait avoir vu, à Cambridge, des élèves donner des signes d'ivresse après avoir respiré de l'éther sur leurs mouchoirs. Les tentatives de Wells lui suggérèrent l'idée d'expérimenter sur lui-même les inhalations de cette substance, et il se convainquit alors que non seulement elles développaient une sorte d'ivresse, mais qu'en prolongeant leur action, elles conduisaient à une complète insensibilité.

Déjà, antérieurement, Orfila et Christison, dans leur Traité de toxicologie, avaient nettement indiqué le fait de l'insensibilité que l'éther produisait sur les animaux. Thornton (1795) l'avait employé à titre d'agent sédatif et avait observé incidemment un cas d'anesthésie complète. Faraday, en 1818, avait signalé les propriétés analogues de l'éther et du protoxyde d'azote. Il paraît constant que quelques praticiens avaient utilisé l'éther dans les opérations chirurgicales, et, parmi eux, un médecin de Jefferson (Georgie), nommé Crawford Long, qui y recourait dès l'année 1842. Mais personne n'avait encore employé l'éther aussi hardiment et dans une vue aussi nettement spécifiée que le firent Morton et Jackson. Grâce à Wells, ils savaient que l'insensibilisation absolue n'était pas une chimère, qu'il fallait seulement trouver un moyen de la faire durer, et ils y réussirent. Bien que le service qu'ils ont rendu aux chirurgiens et à l'humanité tout entière soit incomparablement supérieur à l'œuvre du premier inventeur, leur mérite s'efface devant celui de H. Wells aux yeux du juge impartial, qui met en balance l'initiative de la découverte avec l'ingéniosité du perfectionnement. Le perfectionnement apporté par Morton et Jackson était on ne peut plus heureux : le procédé d'insensibilisation par l'éther permettait, sans douleur pour le patient et sans gène pour l'opérateur, les manœuvres les plus longues et les plus redoutées de la grande chirurgie. Fidèles aux habitudes mercantiles de leur nation, les deux auteurs de l'invention prenaient, le 27 octobre 1846, un brevet qui devait leur en assurer l'exploitation et les profits, et ils dissimulaient sous le nom emprunté de *léthéon* la véritable nature de l'agent anesthésique, de l'éther.

La première opération avec l'éther fut pratiquée par Morton le 30 septembre 1846 : l'idée de l'insensibilisation, à laquelle il s'était fortement attaché, lui avait été inspirée par Wells; le moyen d'exécution lui fut fourni par Jackson.

Le 13 novembre 1846, Jackson adressait de Boston à l'Académie des sciences de Paris un pli cacheté qui fut ouvert le 18 janvier 1847, à la requête d'Elie de Beaumont. Il y résumait nettement les tentatives auxquelles il s'était livré depuis cinq ou six ans et qui avaient abouti à la constatation des propriétés anesthésiques de l'éther. Il avait échangé ses vues à cet égard avec Morton, qui fit confectionner un appareil d'inhalation, et s'assura, en soumettant ses clients aux inhalations éthérées, qu'ils supportaient sans douleur l'extraction des dents. John Warren mit le procédé en usage, au mois d'octobre 1846, à l'hôpital général de Massachusetts et en vérifia l'efficacité. (Voir pour les détails les traités de Lallemand, Perrin et Rottenstein.)

La nouvelle de l'heureuse invention américaine se répandit rapidement en Europe. Elle pénétra d'abord en Angleterre, grâce à la facilité des relations qui existaient entre ce pays et l'Amérique.

Le 19 décembre 1846, Liston pratiquait à Londres, à l'hôpital d'University-College, une amputation de jambe sans que le malade éprouvât de douleur. A Paris, Jobert de Lamballe faisait le premier essai de l'anesthésie, sous la direction d'un jeune médecin américain, le 25 décembre 1846. Peu de jours après, le 12 janvier 1847, Malgaigne communiquait à l'Académie de Médecine le résultat de plusieurs opérations exécutées par lui à l'hôpital Saint-Louis sur des sujets insensibilisés par l'éther.

De l'Académie de Médecine la question était portée à l'Académie des Sciences par Velpeau, le 1er février 1847 : il signalait le fait de l'insensibilisation comme étant de nature « à impressionner profondément, non seulement la chirurgie, mais encore la physiologie, voire même la psychologie ». A partir de ce moment commença cette expérimentation collective qui devait dévoiler les services étendus que la nouvelle méthode pouvait rendre à l'humanité. Adoptée bientôt après par l'Allemagne et le reste de l'Europe, elle ne devait plus sortir de la pratique chirurgicale. Encore aujourd'hui un grand nombre de chirurgiens américains, particulièrement à Boston, n'emploient pas d'autre agent que l'éther pour insensibiliser les malades; la plupart des chirurgiens anglais, beaucoup de chirurgiens italiens, ceux de Lyon en France, lui sont restés fidèles.

Cependant un nouvel agent venait bientôt disputer la place à l'éther. Nous voulons parler du chloroforme, découvert en 1831 par Soubeiran, et resté depuis lors à peu près sans application. Ce corps, de densité 1,48 à 18°, bout à 60°,8. Il se dissout dans l'eau et tombe au fond lorsqu'on l'y mélange. Le 8 mars 1847, Flourens annonçait à l'Académie des Sciences que le chloroforme exerçait sur les animaux une action analogue à celle de l'éther, mais bien plus énergique et plus rapide. Et, bientôt après les essais qu'un étudiant en médecine, Furnell, en fit sur lui-même, le chirurgien Simpson, professeur d'obstétrique à l'Université d'Édimbourg, en étudiait méthodiquement les propriétés et les avantages dans les opérations de la petite et de la grande chirurgie et même dans les accouchements. Cette étude, faite dans un véritable esprit scientifique, fut communiquée à la Société médico-chirurgicale d'Édimbourg le

10 novembre 1847. Elle eut un grand retentissement. Son résultat fut de faire pénétrer définitivement la chloroformisation dans la pratique chirurgicale. Le chloroforme détrôna l'éther et conquit la faveur universelle : il la méritait indubitablement, bien qu'un grand nombre de praticiens contestent encore sa supériorité.

L'éther et le chloroforme avaient cause gagnée, presque sans procès. Ils avaient mis en défaut la circonspection ordinaire et l'esprit de résistance traditionnels en médecine. Mais après le triomphe s'ouvrit l'ère des difficultés. On commença à signaler quelques accidents inquiétants. L'Académie de Médecine fut consultée par l'autorité. Le monde médical se divisa en deux camps : d'un côté, les partisans de la *méthode timorée,* qui consistait à restreindre l'emploi des anesthésiques jusqu'à obtenir seulement une demi-insensibilité, et les partisans de la *méthode hardie,* qui continuaient à pousser l'anesthésie à fond. D'année en année, les journaux ajoutaient quelques victimes au nécrologe de l'anesthésie : c'était le prix dont il fallait payer d'inestimables bienfaits.

On recommença donc à chercher, et l'on essaya une quantité innombrable de substances, poursuivant sans cesse l'anesthésique idéal qui supprimerait la sensibilité sans menacer la vie. Les plus heureux d'entre ces essais sont ceux qui ont été tentés avec le protoxyde d'azote sous pression, imaginé par Paul Bert, avec les mélanges titrés de chloroforme dus au même physiologiste, avec le bromure d'éthyle et enfin avec les méthodes combinées.

LIVRE PREMIER

LES ANESTHÉSIQUES VULGAIRES
LE CHLOROFORME, L'ÉTHER

CHAPITRE PREMIER

PHYSIOLOGIE GÉNÉRALE DE L'ANESTHÉSIE

§ **1**. Pénétration de l'agent anesthésiant. — § **2**. Universalité d'action de l'anesthésique. — Action sur la motilité. — Action sur la nutrition. — § **3**. Phénomènes qui échappent à l'action de l'anesthésique. — § **4**. Action de l'anesthésique sur le protoplasma vivant. — Mécanisme intime de l'anesthésie. — § **5**. Explication de l'anesthésie chirurgicale. — Action sur les éléments nerveux. — Graduation nécessaire de l'envahissement nerveux. — § **6**. Tableau des phénomènes de l'anesthésie. — Quatre périodes. — § **7**. Les dangers de l'anesthésie.

En perdant, sous l'influence du chloroforme ou de l'éther, la faculté de sentir et celle de se mouvoir, l'être animé a perdu ses attributs caractéristiques. C'est un animal déchu; ce n'est plus même un animal, c'est un être végétatif réduit à l'obscure vitalité de la plante. On aurait vu là, au temps de Bichat, la confirmation des idées régnantes, et l'on aurait conclu que l'action de l'anesthésique séparait l'une de l'autre les deux vies que l'on accordait aux animaux : la vie de relation qui disparaît, et la vie végétative qui subsiste dans son isolement. Une telle interprétation aurait été inexacte; et, d'ailleurs, la physiologie moderne ne saurait se satisfaire à si bon marché. Il faut donc analyser plus profondément le phénomène de l'anesthésie. Le prendre à ses débuts, le suivre pas à pas dans son développement, est le seul moyen de l'expliquer, c'est-à-dire d'en pénétrer le mécanisme.

§ 1. Pénétration.

Une première étape conduit le chloroforme de l'extérieur dans le sang. La pénétration de la substance dans le milieu sanguin est, ici comme toujours, la condition indispensable de toute action ultérieure. La porte d'entrée est dans le poumon. Tous les anesthésiques, en effet, sont volatils ou gazeux; le gaz ou les vapeurs mêlés à l'air de la respiration pénètrent avec lui dans le sang qui traverse le poumon et sont entraînés dans le torrent circulatoire. Les procédés chimiques permettent à chaque instant de les décéler en nature. Le sang, pourvoyeur universel, va donc puiser la substance anesthésique dans le poumon, véritable comptoir des échanges gazeux, et la convoie telle qu'il l'a reçue jusqu'aux éléments et aux tissus de l'économie. Il n'est aucun de ces éléments organiques qui ne soit, pour ainsi dire, en bordure de quelque canal sanguin, et qui ne se trouve mis en présence du poison. Nous devons ajouter qu'aucun n'est indifférent à ce contact.

§ 2. Universalité d'action de l'anesthésique.

C'est, en effet, une loi établie par Cl. Bernard que la substance anesthésique est capable d'agir sur tous les éléments organiques sans exception. Cette vérité, extrêmement importante au point de vue de la physiologie générale, ressort des expériences de Cl. Bernard exposées, en 1877, au Congrès de l'Association française, et rappelées dans son livre des *Phénomènes de la vie communs aux animaux et aux végétaux*.

Action sur la motilité. — Les preuves expérimentales abondent. Le cœur détaché du corps de la grenouille et de la tortue peut continuer de battre pendant deux jours et plus avec le même rythme régulier; mais, si des vapeurs d'éther sont répandues dans l'enceinte où on le conserve, il cesse ses battements et s'endort pour les reprendre dès que l'éther sera écarté (Scheinesson 1869). On sait encore qu'à la surface de certaines membranes sont implantés des poils infiniment grêles et perpétuellement mobiles, que l'on nomme des cils vibratiles. On peut détacher du corps de l'animal un fragment de membrane de ce genre, par exemple de l'œsophage de la grenouille, et s'assurer par divers artifices que l'actif mouvement des cils persiste. Par leurs efforts combinés, des corps assez lourds, des grains de plomb déposés sur le fragment posé à plat sont charriés d'un bord à l'autre. Le contact des vapeurs anesthésiantes arrête cette agitation et en fait tomber les instruments dans un repos passager. L'éther agit sur les animalcules reviviscents comme la dessiccation même. On sait que, si l'on considère, par exemple, les anguillules qui produisent la nielle du blé, on peut, en les desséchant, les conserver pendant des années, inertes, sortes de momies vivantes qu'une goutte d'eau ressuscitera à la volonté du naturaliste ; mais, si on les humecte avec de l'eau éthérisée, la réviviscence n'aura point lieu : elle tardera jusqu'au moment où cette eau engourdissante sera remplacée par de l'eau ordinaire. Les plantes elles-mêmes subissent l'action des anesthésiques. On connaît les curieux mouvements de la sensitive, ce végétal à sang chaud, selon la vive expression de Paul Bert, ce végétal hystérique, dirions-nous encore, qui se pâme au moindre attouchement, repliant ses folioles les unes contre les autres, comme un livre que l'on fermerait, et abaissant le pétiole commun qui les supporte. Dutrochet, Leclerc de Tours et P. Bert ont déterminé chez cette plante un état comparable à l'anesthésie. Qu'on la place sous une cloche avec une éponge imbibée d'éther, et bientôt elle aura perdu toute sensibilité : on pourra impunément toucher, froisser, déchirer ses feuilles, les brûler même, la sensitive endormie ne réagira plus, jusqu'au moment où l'on aura éloigné la vapeur engourdissante.

Action sur la nutrition. — La sensibilité et la motilité ne sont pas les seules fonctions abolies par l'éther dans les animaux et dans les plantes : la vie végétative n'est pas mieux épargnée. Que l'on prenne des graines du chou, de la rave, du lin, de l'orge, du cresson en pleine germination, et qu'on les expose aux émanations de l'éther ou du chloroforme, le travail du développement s'arrête, l'activité cesse, et la graine tombe au repos pour aussi longtemps que l'on voudra maintenir le contact du poison : la marche reprend et la vie renaît dès que l'agent anesthésique est écarté. Exposez à l'action des liquides anesthésiques les plantes immergées, les conferves, les spirogyres, qui, au soleil, absorbent l'acide carbonique et rejettent comme un excrément gazeux de fines bulles d'oxygène qui viennent crever à la surface de l'eau, ce dégagement s'arrêtera; cette fonction vitale, attribut de la matière verte des plantes, sera suspendue pendant tout le temps que durera l'épreuve. Il est inutile de multiplier davantage les exemples. Ceux qui précèdent suffisent à montrer combien nombreuses sont les formes de l'activité vitale dont les anesthésiques entraînent la suppression passagère.

§ 3. Phénomènes qui échappent à l'action de l'anesthésique. — Raisons de cette différence.

Les êtres vivants, animaux et plantes, en fragments ou en totalité, présentent cependant d'autres phénomènes habituels qui échappent à l'action de ces poisons léthargiques et qui suivent leur cours régulier sans en être affectés. Tandis, en effet, que la germination est arrêtée dans son développement, la graine continue de respirer, c'est-à-dire d'absorber de l'oxygène et de rejeter de l'acide carbonique; elle continue de digérer l'amidon et le sucre qui sont mis en réserve dans ses cotylédons. M. Müntz a observé qu'en présence de l'éther ou du chloroforme, la levure cesse de faire fermenter le jus sucré : la fermentation alcoolique, phénomène intimement lié, comme l'on sait, à l'activité vitale des cellules ou organismes de cette levure, nommés *Saccharomyces cervisiæ*, est suspendue; mais il n'y a pas d'entrave pour le phénomène de digestion par lequel le sucre du jus est transformé en glycose fermentescible. Ce qui est vrai du ferment figuré levure de bière l'est également de tous les autres ferments figurés. En un mot, les phénomènes véritablement caractéristiques de la vitalité sont abolis; les autres vont leur train ordinaire.

Pourquoi cette inégalité entre les fonctions de l'être vivant? Cl. Bernard avait soupçonné qu'elle avait des causes profondes, et il était arrivé, peu de temps avant sa mort, à les pénétrer. Les phénomènes que l'éther abolit, la sensibilité, le mouvement, les sécrétions, l'assimilation, sont les phénomènes véritablement caractéristiques de la vitalité ; il respecte ceux qui, bien que nécessaires à l'entretien de l'existence, tels que la digestion et la respiration, sont d'ordre physique ou chimique. On voit ainsi l'anesthésique frapper partout et toujours la matière vivante, sous quelque variété de formes qu'elle se dissimule, à quelque règne qu'elle appartienne, et la frapper dans ce qu'elle a d'essentiellement propre. L'anesthésique est donc le *réactif de la vie*, non le réactif seulement de la sensibilité ou de telle autre fonction. Dans cette confusion de phénomènes, les uns dus à la force vitale héréditaire, les autres dus au jeu des forces naturelles physico-chimiques, dont l'organisme est le théâtre sans cesse agité, l'action de l'anesthésique va établir un classement régulier : tout ce qui lui résiste sera pour Cl. Bernard du domaine des forces mécaniques, tout ce qui lui cède sera d'ordre vital. Il n'est pas besoin d'insister sur la valeur philosophique d'un tel critérium, qui permet de séparer ce que la nature vivante a d'immanent et d'essentiel d'avec ce qu'elle emprunte à la nature physique.

§ 4. Action de l'anesthésique sur le protoplasma vivant. — Mécanisme intime de l'anesthésie.

Mais ce profond esprit n'a pas arrêté là encore son analyse expérimentale. Il ne lui suffit pas d'avoir mis en présence la substance vivante partout identique et l'anesthésique toujours agressif vis-à-vis d'elle, il voulut savoir encore de quelle nature est le conflit.

C'est là en quelque sorte la question dernière, le point ultime où la physiologie puisse atteindre. — Mais ce point a-t-il été atteint ? Il est permis d'en douter. L'explication fournie par Claude Bernard n'a pas été considérée comme suffisamment démontrée. On en a proposé d'autres.

La matière première de tous les éléments de l'organisme, le protoplasma, est semi-fluide. Or, l'expérience montre que l'éther et le chloroforme le coagulent lorsqu'on les fait directement agir sur lui. Cette altération moléculaire, en quelque sorte mécanique, que l'observateur constate sous le microscope, s'accomplit-elle de même dans l'organisme ? Est-ce une coagulation passagère du protoplasma cellulaire qui suspend passagèrement aussi son activité vitale? Claude Bernard inclinait à répondre affirmativement, en raisonnant par analogie. Mais il ne faut point se dissimuler que l'analogie est seulement lointaine, car les quantités en présence et les conditions de l'action sont très différentes dans les deux cas. — On pourrait invoquer d'autres causes. Et d'abord, il faut remarquer que les graisses phosphorées qui sont l'un des éléments constituants du protoplasma et surtout dans les cellules nerveuses, sont solubles dans le chloroforme et dans l'éther.

On pourrait encore faire intervenir un autre phénomène pour expliquer le mécanisme de l'anesthésie par le chloroforme et les substances similaires. C'est la déshydratation du protoplasma. M. Raphaël Dubois a insisté sur ce point. Il a montré par des expériences *in vitro* que les tissus animaux et les plantes exposés aux vapeurs anesthésiantes laissent échapper une grande quantité d'eau. (S. de Biol., 24 octobre 1885, 27 octobre 1888.) Les phénomènes produits par le chlorure d'éthylène sur l'œil et la cornée plaident aussi dans le sens d'une action qui porterait sur l'eau de constitution du protoplasma.

Mais il est clair qu'aucune de ces explications ne saurait convenir à tous les cas. L'anesthésie par le protoxyde d'azote, en particulier, y échappe complètement. Nous devons conclure que nous ne connaissons pas exactement la modification que subit le protoplasma, et que d'ailleurs cette modification ne peut être identique pour les divers agents.

La seule chose que nous sachions c'est que le chloroforme, l'éther et l'anesthésique d'une façon générale, agissent sur la matière première protoplasmique, dans laquelle sont taillées, sous des figures diverses, toutes les parties organiques : par là nous comprenons l'universalité d'une action qui ne s'arrête pas à la limite des règnes et qui ne respecte pas les barrières fragiles que nos prédécesseurs avaient dressées entre la vie animale et la vie végétative. L'anesthésique agit sur cette substance commune en la désorganisant mécaniquement, physiquement ou chimiquement, et suspend ainsi temporairement ou définitivement ses différents modes d'activité. Et maintenant, arrêtons-nous : il n'y a plus d'explication au delà, puisque nous arrivons à comprendre comment toutes les fonctions d'ordre vital sont tributaires du chloroforme et de l'éther et peuvent s'endormir sous leur influence.

§ 5. Explication de l'anesthésie chirurgicale.

Ce principe contient l'explication de l'anesthésie appliquée à l'homme. L'action chirurgicale des anesthésiques n'est qu'un cas particulier de cette action générale sur le protoplasme vivant : elle en est le premier degré. Ce que nous venons de dire permet déjà de comprendre combien étaient étroites et superficielles les vues de Flourens et de Longet, lorsqu'ils déclaraient, en 1847, que l'éther et le chloroforme exercent une *action élective* sur le système nerveux central. L'action des anesthésiques est universelle : elle s'exerce sur toutes les parcelles de l'organisme, et non pas sur telle ou telle à l'exclusion des autres. Mais cette action universelle est *successive;* elle est *classée*. Que dans une même enceinte l'on expose aux vapeurs d'éther des êtres placés à différents échelons de la hiérarchie naturelle, un oiseau, une souris, une grenouille et une sensitive : au bout de quatre minutes, l'oiseau, dont l'organisation est plus délicate et la vitalité plus grande, chancelle et tombe insensible. C'est ensuite le tour de la souris : après dix minutes, elle ne donne plus signe de sensibilité. La grenouille est paralysée plus tard. Enfin la sensitive est atteinte en dernier lieu : c'est après vingt-cinq minutes que, dans cette épreuve, elle devient indifférente aux excitations extérieures et s'endort à son tour.

C'est là l'image de ce qui se passe dans le corps humain : il est, en effet, un assemblage de parties de dignité différente. Chacun de ces éléments est frappé, à son tour, à son rang hiérarchique ; et le plus longtemps résistant est celui dont la fonction est la moins élevée dans l'économie.

Action sur les éléments nerveux. — Et d'abord ce sont les éléments nerveux. Ce sont eux, en effet, qui se trouvent placés au sommet de cette hiérarchie vitale. Ils sont altérés par les anesthésiques avant tous les autres.

Mais là encore il faut distinguer. Parmi les éléments nerveux, le plus délicat et le plus noble, l'élément des hémisphères cérébraux, est celui qui ouvre la scène. Les phénomènes dont il est l'instrument, les actes de perception sensorielle et de conscience sont abolis, alors que le fonctionnement des autres éléments du système nerveux et, à plus forte raison, des fonctions plus basses, n'a pas encore subi d'atteinte.

C'est à cette circonstance d'une *action progressive* débutant par les tissus nerveux d'ordre élevé que le chloroforme et l'éther, véritables poisons, doivent leur vertu. L'anesthésie chirurgicale n'est autre chose qu'un empoisonnement limité, le *premier stade de l'empoisonnement général*. Il y a une dose de l'anesthésique par laquelle la conscience et la sensibilité seront éteintes, tandis que les autres fonctions seront épargnées : c'est l'état que le chirurgien cherche à obtenir. Mais, un peu plus tard, l'activité des autres organes sera altérée à son tour, et la vie sera en péril.

La dose mortelle peut être éloignée de la dose utile, elle en peut être proche : cela dépend de la nature de l'anesthésique et des circonstances où il agit. Quelquefois le précipice côtoie le chemin, c'est le cas du bromure d'éthyle et du chloroforme ; quelquefois il y au contraire une marge étendue entre eux, une *zone maniable* considérable qui permet au chirurgien de se mouvoir avec liberté et d'atteindre le but utile sans redouter d'accident : c'est le cas du protoxyde d'azote.

Graduation nécessaire de l'envahissement nerveux. — La possibilité de l'anesthésie est donc à ce prix, que la conscience et la sensibilité, fonctions des hémisphères cérébraux, puissent être anéanties isolément et assez longtemps avant que les autres fonctions nerveuses le soient à leur tour. Il ne suffit pas que l'action de l'anesthésique ne dépasse point le système nerveux, il faut qu'elle ne l'atteigne pas tout entier ; il faut qu'elle en respecte les parties qui gouvernent la respiration et la circulation. Ces deux sortes de phénomènes vitaux ne peuvent en effet se suspendre ou s'anéantir, sans que tous les autres mécanismes ne soient bientôt désorganisés. Si le rouage nerveux qui règle les battements du cœur ou celui qui préside aux mouvements du poumon cesse de fonctionner, la mort survient à brève échéance dans tous les organes et dans tous les tissus.

Or, par une heureuse condition, cette graduation nécessaire de l'action anesthésique est possible. Il arrive que ces parties, dont le désastre serait irréparable, sont précisément celles qui sont atteintes en dernier lieu et qui résistent le plus longtemps. C'est le bulbe rachidien qui préside à la respiration, et le bulbe est justement le plus réfractaire des organes nerveux à l'atteinte du chloroforme : il est, comme l'a dit Charcot, l'*ultimum moriens*.

Imaginons que l'on établisse un classement des organes nerveux par ordre de susceptibilité à l'action anesthésique, le plus impressionnable étant en tête de la liste, le moins impressionnable étant à la fin. Cette liste exprimera en même temps l'ordre même de leur dignité physiologique : le premier rang sera dévolu aux hémisphères cérébraux, instrument des plus hautes facultés de la vie psychique, et le dernier appartiendra au bulbe, instrument nerveux des fonctions purement vitales de respiration et de circulation. Entre ces termes extrêmes, prendra place la moelle épinière, conducteur des impressions sensitives et point de passage des impulsions motrices.

Il ne s'agit pas ici de considérations théoriques qui n'intéresseraient que la physiologie. Les chirurgiens eux-mêmes, placés au point de vue tout pratique de l'observation des symptômes chez les opérés, sont obligés de reconnaître la hiérarchie que nous venons d'indiquer. Cette classification, qui n'est que la traduction des résultats exposés par Cl. Bernard (*Leçons sur les anesthésiques*, p. 146), a été formulée par M. Willième au Congrès de Bruxelles en 1876, et reproduite dans la thèse d'agrégation de Duret (1880), sans rencontrer de contradictions. Les chirurgiens distinguent donc dans la marche commune de l'anesthésie quatre périodes : la première est marquée par la suspension des fonctions du cerveau, d'où résulte le sommeil; la seconde est marquée par l'abolition des fonctions de la moelle considérée comme organe conducteur de la sensibilité, d'où la complète anesthésie ; la troisième débute avec l'abolition des fonctions des départements de la moelle qui président aux réactions musculaires, d'où l'inertie et la résolution des muscles; enfin, en tout dernier lieu, le bulbe est atteint, d'où la cessation de la respiration et l'arrêt du cœur, la mort, conséquence fatale de l'anesthésie poussée à son terme extrême.

Il n'y a plus qu'un point à connaître pour avoir la clé de tous les phénomènes anesthésiques et l'explication de leurs accidents. Il faut avoir présente à l'esprit cette loi générale que le poison qui abolit les propriétés d'un organe nerveux commence par les exalter. Chez les plantes mêmes, chez la sensitive, l'anesthésie est précédée de phénomènes d'excitation qui coïncident avec l'arrivée du chloroforme dans les organes qui plus tard seront insensibilisés. (Arloing, *Acad. Sc.*, 25 *août* 1879.) La paralysie est toujours précédée d'une période d'excitation. Il en est des nerfs comme de ces brasiers de houille dont la flamme est attisée par les premières gouttes de l'eau qui finira par les éteindre. Suivant qu'il s'agit de tel ou tel anesthésique, la phase d'excitation qui précède chacune des périodes précédemment indiquées est plus ou moins longue. Avec les anesthésiques foudroyants comme le protoxyde d'azote, la phase d'excitation cérébrale, médullaire ou bulbaire, est franchie d'un saut : la paralysie semble survenir d'emblée. Le chloroforme arrive en seconde ligne, avec une action moins rapide et des phénomènes d'excitation déjà très évidents. L'éther ferme la marche : la lenteur de son action permet le développement prolongé des phénomènes d'excitation qui sont l'un de ses sérieux inconvénients.

§ 6. Tableau des phénomènes de l'anesthésie.

Il devient facile maintenant de fournir un tableau non seulement descriptif, mais rationnel et explicatif, des phénomènes qui vont se produire chez le patient soumis à l'action de l'agent anesthésiant. Leur succession permet d'y distinguer quatre périodes.

L'éther ou le chloroforme, entrés par la porte du poumon dans le sang, pénètrent avec lui jusqu'aux hémisphères cérébraux. Conformément à la loi qui vient d'être rappelée, ils commencent par surexciter le cerveau avant d'abolir ses fonctions. Les premiers phénomènes seront donc des manifestations psychiques. L'excitation cérébrale se manifeste par le délire, les rêves, les hallucinations sensorielles, les idées désordonnées et toute cette activité déréglée du cerveau qui se traduit au dehors par les expressions passionnelles de la physionomie, par l'excessive volubilité et quelquefois par les indiscrétions du langage. On a approché des narines du sujet la compresse imbibée de chloroforme. Il a fait cinq ou six inspirations : il n'est pas encore endormi. Les oreilles lui tintent : il entend le bruit d'une cloche, le sifflement du chemin de fer... Il se met à divaguer, répète une des dernières phrases qu'il a entendues. Il exprime des craintes relatives à l'opération; il fait aux témoins de la scène des confidences inattendues, il prononce un nom; mais les idées se perdent bien vite dans un verbiage sans suite et dans un flot de paroles mal articulées. Cette ivresse, de courte durée dans le cas du chloroforme, plus longue avec l'éther, fait bientôt place à l'abolition des fonctions cérébrales, à un sommeil plus profond que le sommeil naturel, sommeil sans perception, sans conscience et sans rêves, dont le réveil sera sans souvenirs.

Telle est la première période. Après les hémisphères cérébraux, la moelle épinière, imprégnée par l'agent anesthésique, se prend à son tour. Les territoires de la moelle où aboutissent les nerfs sensitifs perdent leurs fonctions. Ils cessent de diriger vers le cerveau des impressions que celui-ci d'ailleurs ne serait pas en état de percevoir. L'investissement des centres encéphaliques est alors complet. Déjà plongés dans le sommeil et isolés par là même du monde extérieur, ils sont à ce moment coupés de leurs communications avec lui. Les agitations du dehors viennent expirer sur cette écorce insensible qui sépare les centres nerveux de la surface du corps. La disparition des diverses formes de la sensibilité a lieu successivement. C'est la sensibilité à la douleur qui disparaît d'abord ; en sorte que l'opéré peut encore sentir confusément l'incision sans en souffrir. Puis la sensibilité tactile s'éteint à son tour : la peau des membres et du tronc n'est plus impressionnée par le contact des corps étrangers; le tiraillement, le pincement, sont sans effets; la peau du visage devient insensible un moment après, et, en dernier lieu, les téguments de l'œil. De là autant de moyens pour le chirurgien d'apprécier la marche de l'anesthésie; en explorant les membres, le tronc et successivement le pourtour des narines : la commissure des lèvres, les tempes et, enfin, la conjonctive oculaire, il suit les progrès croissants de l'insensibilisation.

Tandis que l'empoisonnement fait taire les instruments de la sensibilité, il atteint déjà les instruments de la motilité : les territoires de la moelle, d'où émanent les nerfs moteurs, sont altérés à leur tour. La troisième période de l'anesthésie s'ouvre alors. La loi physiologique veut qu'avant d'être paralysés, ces centres moteurs soient surexcités. L'éther surtout occasionne une excitation extrême. Une agitation convulsive s'empare de tous les muscles, et cette émeute musculaire est particulièrement violente dans les muscles de la respiration. Les globes oculaires sont les premiers à se dérégler : leurs mouvements, jusqu'alors associés, deviennent indépendants ; ils se meuvent en sens différents jusqu'à ce que, convulsés, ils se renversent derrière la paupière supérieure. Les dents sont serrées fortement, et il faut au chirurgien de vigoureux efforts pour écarter les deux mâchoires, pressées l'une contre l'autre. Le patient se débat, s'agite, se livre à des mouvements désordonnés que le secours des aides a toutes les peines du monde à contenir.

A cette scène bruyante succèdent enfin le calme et la détente. C'est la dernière période de l'anesthésie chirurgicale. Les parties nerveuses, tout à l'heure surexcitées, sont frappées de paralysie. Les mouvements cessent, aussi bien les mouvements volontaires que les mouvements provoqués ou réflexes. Les membres, flasques et inertes, retombent lourdement lorsqu'on les soulève. L'imprégnation profonde de la moelle a éteint les fonctions du mouvement, comme il avait supprimé tout à l'heure celles de la sensibilité. C'est le temps de la *résolution musculaire*. Alors se trouve réalisé le summum de l'effet utile des anesthésiques : la vie de relation est éteinte ; la vie végétative subsiste seule, surveillée par le bulbe encore actif et le système sympathique encore intact. L'opérateur a devant lui un corps inerte, qui n'est plus capable de sentir ni de se mouvoir : c'est le moment marqué pour son intervention.

§ 7. Les dangers de l'anesthésie.

Pendant que les aides essaient d'entretenir cet état propice, le chirurgien opère. Les soucis de l'opération ne le dispensent point d'une surveillance attentive. Le sujet est au point culminant : qu'un pas de plus soit fait dans la voie de l'empoisonnement, qu'une inspiration plus ample fasse pénétrer dans le sang un flot plus abondant de vapeur anesthésique, et le malade est en péril, l'ère des dangers est ouverte. Le dernier point du territoire nerveux qui résiste encore à l'envahissement, le bulbe, peut être pris à son tour. La première atteinte, ici comme toujours, se traduit par la surexcitation, et cette activité exagérée crée un premier péril. C'est du bulbe, en effet, que partent à la fois les impulsions nerveuses qui modèrent le cœur et le refrènent et celles qui activent la respiration. Les freins du cœur, renforcés par l'excitation du bulbe, vont triompher des forces qui le sollicitent au mouvement, et le moteur du sang s'arrêtera pendant que la respiration sera vainement accélérée. La syncope, c'est-à-dire l'arrêt du cœur avec persistance passagère de la respiration, voilà le premier péril de l'anesthésie auquel ont succombé bien des patients.

A l'excitation du bulbe succède sa paralysie. C'est alors la respiration qui est menacée. Le bulbe engourdi cesse de brider l'énergie du cœur, qui, livré à lui-même, se met à battre avec une vitesse désordonnée; mais, dans le même temps et par la même raison, il cesse son office respiratoire, il ne sollicite plus à l'action les puissances respiratoires, la poitrine reste immobile, l'air ne s'y renouvelle plus. C'est en vain que le cœur lance dans les vaisseaux, à flots précipités, un sang qui, n'étant plus revivifié, n'a plus de vertu nourricière : le patient succombera à l'asphyxie.

Voilà les deux écueils principaux de l'anesthésie chirurgicale. Ils ne sont pas les seuls, mais ils sont de beaucoup les plus habituels et les plus inquiétants. C'est à eux que l'on doit attribuer le plus grand nombre des accidents qui ont refroidi l'enthousiasme excité par la découverte de l'anesthésie.

On n'était pas encore loin des débuts lorsque fut poussé le premier cri d'alarme. Déjà Flourens, parlant de la substance dont il venait de faire connaître la propriété insensibilisatrice, s'exprimait ainsi : « Si l'éther sulfurique est un agent merveilleux et terrible, le chloroforme est plus merveilleux et plus terrible encore. M. Sédillot, dès le 25 janvier 1848, signalait quatre cas de mort dans lesquels on pouvait incriminer l'agent anesthésique. D'année en année, la liste funèbre s'est accrue. Il ne faudrait pas imaginer cependant que ces cas mortels, qui peuvent rendre le chirurgien circonspect et l'opéré hésitant, soient très fréquents. Il n'en faut pas exagérer le nombre. Pendant la campagne de Crimée, sur vingt mille opérations, le chirurgien en chef, Baudens, ne signale que deux cas de mort. Pour la guerre du Danemark, en 1864, M. Oschwadt n'a pas constaté un seul accident. Il y a tel chirurgien, comme Nussbaum, de Munich, qui a pratiqué ou vu pratiquer quinze mille chloroformisations sans aucun accident mortel. La statistique la plus complète, celle de M. Duret, ne fait connaître depuis 1847 jusqu'à 1880 que 241 cas de mort pendant l'anesthésie chloroformique. Ce nombre est déjà regrettable. Mais, si l'on réfléchit au chiffre énorme des chloroformisations exécutées en tous pays dans cette période de près de trente années, on appréciera à leur juste valeur les risques de la méthode anesthésique. On peut estimer que le nombre des cas mortels est moindre que la proportion de 1 à 5,000, en comptant sur la totalité, c'est-à-dire en faisant entrer dans la statistique et mettant à la charge de l'agent anesthésique beaucoup d'accidents qui reviennent légitimement à l'état du sujet et à la nature de l'opération.

Quant aux ressources dont le chirurgien dispose contre les accidents de la chloroformisation, nous aurons plus loin l'occasion d'avouer qu'elles sont malheureusement très restreintes et très peu efficaces.

Après avoir indiqué les phénomènes à grands traits et donné en quelque sorte la théorie générale de la chloroformisation, il nous reste maintenant à reprendre chaque partie du tableau, à en préciser les détails tels qu'ils ressortent des nombreuses recherches exécutées dans ces dernières années. Ce sera l'objet de cette partie que nous intitulons : *Phy-*

siologie spéciale (Ch. III). Les questions générales reprendront ensuite leur tour. Nous parlerons auparavant de l'analgésie et de la chloroformisation obstétricale.

CHAPITRE II

L'ANALGÉSIE. — L'ANESTHÉSIE OBSTÉTRICALE L'EUTHANASIE

§ **1**. Définition. — § **2**. Existence possible de l'analgésie. — § **3**. Conditions de sa production. — § **4**. Analgésie de début ; analgésie de retour. — § **5**. Analgésie dans l'accouchement. — § **6**. Controverses au sujet de l'anesthésie obstétricale. — § **7**. Théories. Procédés. § **8**. L'Euthanasie.

Une controverse célèbre s'est engagée il y a peu d'années à propos de l'emploi du chloroforme dans les accouchements. Outre que la question ne saurait être indifférente, au point de vue pratique, à une moitié de l'humanité au moins, qui est exposée à de cruelles douleurs en accouchant, il se trouve que, envisagée du point de vue théorique, elle est d'une extrême importance pour la physiologie et pour la psychologie.

Ce débat sur l'anesthésie obstétricale se résout sous une autre forme dans la question de l'*analgésie*.

§ 1. La définition.

Qu'est-ce que l'*analgésie?*

En toute rigueur, c'est la perte de la seule sensibilité à la douleur, toutes les autres facultés vitales restant intactes. Ce serait cette condition particulière dans laquelle l'homme n'aurait perdu, pour ainsi dire, que la faculté de souffrir.

C'est là une définition : est-ce une réalité? On peut douter qu'il en soit ainsi, et que l'analgésie pure, absolue, parfaite, c'est-à-dire l'indoloréite, avec conservation entière de toutes les sensibilités spéciales et de l'intelligence, puisse être réalisée chez l'homme. Mais il n'est pas contestable que l'on rencontre fréquemment des cas plus ou moins approchants, dans lesquels la perte de la sensibilité à la douleur s'accompagne de la suppression d'une ou de plusieurs sensibilités spéciales ou de la simple atténuation des facultés psychiques : intelligence et volonté. On peut sans inconvénient conserver à ces états le nom d'analgésie, à la condition de savoir qu'il y aura des degrés dans celle-ci. Des deux éléments nécessaires à une analgésie parfaite, suppression de la douleur, conservation de tout ce qui n'est pas douleur, on ne retiendra que le premier terme, qui seul sera essentiel.

§ 2. Son existence.

Ainsi envisagée, l'analgésie se rencontre dans un certain nombre d'affections pathologiques. La physiologie permet aussi, dans quelques rares circonstances, des dissociations nerveuses de ce genre entre diverses espèces de sensibilité et certaines autres catégories de phénomènes psychiques. Mais ce sont là des cas rares et très particuliers. — Le problème est de savoir si l'anesthésie en permet la production certaine ; si la chloroformisation ou l'éthérisation convenablement dirigées peuvent supprimer la sensibilité sans éteindre l'intelligence et la volonté. Quelques chirurgiens et accoucheurs l'affirment : ils prétendent en particulier que la femme peut accoucher en pleine connaissance et sans douleur ; qu'il suffit pour cela de graduer convenablement l'administration de l'anesthésique.

En général, la difficulté de la chloroformisation est de s'arrêter à la dose convenable et de faire pénétrer la quantité qui suffit exactement à paralyser les centres cérébraux et médullaires. Or, si l'on dépasse la dose, l'on risque d'atteindre la zone interdite, le bulbe ; si l'on reste en deça, on risque de provoquer l'excitation des centres nerveux, que l'on veut au contraire paralyser. Le procédé d'administration par inhalation est trop grossier pour que l'on puisse se diriger avec sûreté entre ces deux écueils. On donne trop de chloroforme pour éviter d'en donner trop peu, et l'on abolit d'un seul coup et en masse les phénomènes de l'intelligence, de la perception, de la sensibilité, qu'une action mieux graduée pourrait certainement dissocier.

Aussi n'est-ce pas avec les procédés ordinaires de chloroformisation que l'on produit l'analgésie : c'est avec les procédés les plus délicats et les mieux ménagés. De ce nombre est la méthode combinée, chloroforme et opium, que nous étudierons plus tard. On a pu, grâce à elle, opérer une analyse des fonctions nerveuses éminemment instructive. On a vu persister la conscience, tandis que la perception douloureuse avait disparu.

Le sujet a conservé le sentiment de lui-même et du monde extérieur ; il voit, il entend, il juge ; il répond avec convenance aux questions qu'on lui pose ; il obéit avec docilité aux ordres qu'on lui donne ; il sent le contact de l'instrument qui le mutile, mais il ne sent point la douleur. Il assiste comme un témoin indifférent à l'opération qu'il subit, n'éprouvant qu'un léger grattement en place des tortures intolérables qu'il souffrirait en d'autres temps. M. Nussbaum, dans une opération sur la face, disait au patient : « Ouvrez la bouche plus largement, — et maintenant rejetez le sang » ; et le malade ouvrait la bouche et rejetait le sang dont elle était remplie.

La méthode combinée n'est d'ailleurs que l'un des moyens de réaliser artificiellement l'analgésie. Il est un des plus sûrs ; mais il y en a d'autres, et, même occasionnellement, le chloroforme isolé, la morphine seule, le chloral, le protoxyde d'azote, y réussissent parfaitement. Un médecin militaire, le docteur Taule, a vu un jeune Arabe subir une opération très douloureuse sans donner le moindre signe de douleur. Il avait demandé à être endormi par le hachih : tout en paraissant satisfaire à sa demande, on lui avait en réalité administré simplement de l'opium. Pendant que le chirurgien opérait, l'Arabe fumait tranquillement et déclarait ne pas sentir autre chose que le grattement d'un couteau de bois. Un autre opéré à qui on saisissait la langue avec une pince s'écriait : « Otez-moi donc cette cigarette de la bouche ». Un maçon, regardant le chirurgien pendant qu'on lui sciait l'os de la jambe, lui disait : « Mais vous faites comme les tailleurs de pierre ! »

Tandis que ce phénomène singulier de dissociation psychique est rare ou exceptionnel lorsqu'on emploie les procédés habituels de la narcotisation ou de l'anesthésie, il est habituel lorsque l'on recourt à la méthode combinée, au protoxyde d'azote, au bromure d'éthyle. On peut l'observer encore dans l'espèce d'intoxication produite par la cocaïne, que nous étudierons plus loin.

§ 3. Conditions de production de l'analgésie chloroformique.

Il semble, au premier abord, que l'analgésie chloroformique soit en contradiction avec les lois générales de l'imprégnation anesthésique formulées dans le chapitre précédent. Nous avons dit qu'en règle générale les hémisphères cerébraux étaient atteints avant la moelle : cette succession est la règle ; et, bien qu'il n'y ait pas loin du moment où les hémisphères sont frappés à celui où la moelle va l'être, on est généralement d'accord pour admettre la réalité de cet intervalle. En d'autres termes, la sensibilité disparaît avec l'intelligence ; et, tant que le sujet a conscience et volonté, il n'est pas insensible.

Si donc cette loi était absolue, elle serait la négation même de l'analgésie chloroformique, dans laquelle le sujet possède au contraire les attributs de la conscience après avoir perdu la sensibilité.

Pour que cela soit possible, il faut que le développement du phénomène de sensibilité soit arrêté en quelque point : ce ne peut être à son terme, dans l'acte même de la perception consciente, puisque nous supposons la conscience intacte, et intacts par conséquent les hémisphères cérébraux qui en sont l'instrument. C'est dans son cours même que le processus de sensibilité est altéré : ce ne peut être que dans les noyaux sensitifs de la moelle ou des ganglions encéphaliques.

D'après cela, pour qu'il y ait analgésie, il faudrait que l'altération de ces noyaux sensitifs fût contemporaine de l'altération de l'écorce cérébrale ou même antérieure à celle-ci. La loi qui subordonne chronologiquement la moelle au cerveau ne serait donc pas absolue : il faut entendre qu'elle subit une exception commune en ce qui concerne les noyaux sensitifs médullaires ou encéphaliques. Ceux-ci deviendraient plus impressionnables que les hémisphères à l'agent anesthésique, soit normalement, soit plutôt lorsque quelque condition viendrait exagérer leur excitabilité ou diminuer celle du cerveau.

Nous admettrons que tel est l'état des choses : en règle, l'écorce cérébrale, sphère de l'idéation, est la première atteinte ; très peu après c'est le tour des instruments supérieurs de la sensibilité, noyaux sensitifs ganglionnaires. Cet ordre naturel pourra être renversé si l'excitabilité normale de ces derniers organes est artificiellement exagérée ou celle du cerveau diminuée, et, à plus forte raison, si les deux effets se produisent en même temps. Alors il y aura *analgésie*.

Les choses ont dû se passer ainsi dans la plupart des cas signalés par les chirurgiens.

Cet état dans lequel le sujet, conscient de lui-même, ne sent pas la douleur a été observé, en effet, un grand nombre de fois : c'est lui qui constitue l'*engourdissement général* de Gerdy, le *demi-sommeil* de Blandin, la *demi-éthérisation* de Bouisson, le *demi-réveil* de Chassaignac, la *demi-ivresse* de Danyau, la *demi-anesthésie* de Baudens, Forget, Hervez de Chégoin, Laborie, Houzelot, l'*ivresse insensible* de Rigault, l'*analgésie de retour* de Labbé et Goujon, l'*anesthésie obstétricale* de Campbell, l'*analgésie chirurgicale* de Guibert, l'*intelligence de retour* de Lacassagne.

On a soutenu que la rareté relative des observations de ce genre tient à l'énergie et pour ainsi dire à la brutalité d'action du chloroforme et à la grossièreté du procédé d'inhalation, qui ne permet pas d'en graduer les doses de manière à en développer régulièrement toutes les phases. Cet argument prend une certaine force si l'on considère que, toutes les fois que l'on régularise l'administration de l'anesthésique, le phénomène devient plus observable. C'est en donnant le chloroforme par inhalations successives et entrecoupées, suivant la méthode de Snow, que les accoucheurs se sont rapprochés de cet état ou l'ont même atteint. Mais c'est surtout en régularisant l'action du chloroforme par la morphine, selon la méthode Cl. Bernard, que le Dr Guibert a pu se proposer de l'obtenir à coup sûr. De même l'anesthésie graduée obtenue par Bert avec le protoxyde d'azote sous tension a permis d'observer, surtout à la fin de l'opération, un état dans lequel l'intelligence s'exerçait manifestement, la sensibilité étant à peu près nulle; l'opéré s'est quelquefois trouvé pendant cinq ou six minutes dans cette analgésie complète, avec conservation des sensibilités spéciales et de la conscience.

§ 4. Analgésie de début. — Analgésie de retour.

Il faut cependant distinguer parmi les cas d'analgésie, selon le moment où elle se produit. Les cas les plus nets, — ceux dans lesquels la douleur n'est plus sentie, alors qu'il n'y a point de doute que les sensibilités spéciales, tactile, visuelle, auditive, persistent, légèrement voilées, et que l'intelligence et la conscience s'exercent, à la vérité, dans des conditions d'amoindrissement incontestables, mais qui ne permettent pourtant pas d'en nier la réalité; — ces cas, disons-nous, sont particulièrement fréquents à la période *de retour*, c'est-à-dire lorsque le malade, ayant éliminé petit à petit la substance toxique, rentre en possession de lui-même. Cette anesthésie de retour a permis quelquefois d'exécuter de graves opérations sans que les malades souffrissent. Telles sont les résections du maxillaire et une amputation de jambe pratiquées par M. Péan chez des malades en quelque sorte éveillés, après avoir respiré quelques moments le mélange titré de Paul Bert. (*Soc. Biol.*, 5 *janvier* 1884.)

L'analgésie est donc surtout un phénomène de retour ou de *demi-réveil*. Très certainement à ce moment le cerveau est plus affranchi de l'influence chloroformique que la moelle, et l'on peut admettre que c'est une condition générale du retour, que le cerveau s'exonère un peu avant la moelle. Beaucoup des faits observés pourraient s'expliquer ainsi par un état de réveil ou par une série d'états de réveil. Mais que les choses se passent ainsi, en règle, à la fin de la chloroformisation, ce n'est pas une raison pour qu'elles doivent se passer ainsi au début, et pour que le cerveau, parce qu'il se débarrasse avant la moelle, se prenne après elle. Quoi qu'on en ait dit, il n'y a point de loi physiologique qui le veuille ainsi.

En dehors de toute théorie, le fait de l'analgésie n'est pas douteux, soit qu'il se place au début, soit qu'il arrive au terme de l'anesthésie. La réalité de ce fait a une certaine importance pratique ; c'est là-dessus, en effet, comme nous l'avons déjà dit, qu'est fondée la pratique de l'anesthésie obstétricale.

§ 5. Analgésie dans l'accouchement.

Il ne s'agit plus cette fois d'une opération chirurgicale : c'est un acte naturel, la seule d'entre les fonctions normales qui s'accomplisse au milieu des douleurs, l'accouchement, dont il faut amortir les souffrances. Ce cri de détresse de la parturiente arrivée au summum de l'agonie du travail, tandis qu'elle est clouée sur sa couche, inondée de sueurs et de larmes, cet appel au secours qu'elle redit cent fois avec une énergie poignante : « Soulagez-moi ! » les médecins l'ont entendu. Dès le moment où l'anesthésie fut découverte, ils songèrent à en tirer parti pour alléger les douleurs de l'enfantement. Le 19 janvier 1847, James Simpson employait pour la première fois l'éther chez une femme en travail ; deux ans plus tard il annonçait quinze cent dix-neuf succès sur quinze cent dix-neuf accouchements. L'annonce de ces résultats éveilla de belles espérances qui n'ont pas été entièrement réalisées. « Les mères des « générations futures, disait Forbes, n'enfanteront « plus dans les tortures du travail, sur une couche « où elle ne donnent que trop souvent la vie au « péril de la leur, mais au milieu de songes élyséens, « sur un lit d'asphodèles. » L'exemple donné par Simpson fut bientôt suivi en Écosse, en Angleterre, en Allemagne et puis en France. Le 7 avril 1853, James Clark, médecin de la famille royale d'Angleterre, faisait administrer le chloroforme à la reine, qui accouchait de son huitième enfant. Douze jours après l'évènement, le médecin écrivait à l'un de ses confrères : « La reine s'est fait donner le chloroforme à son dernier accouchement : l'action en a été merveilleuse. A aucun moment on ne lui en a donné une dose assez forte pour lui faire perdre connaissance, et c'est à peine si l'on en a usé une once pendant toute la durée du travail. Sa Majesté a été enchantée ; jamais elle ne s'est plus vite rétablie. »

Beaucoup de femmes anglaises imitèrent l'exemple que leur donnait « la première dame du pays ». Mais quelques personnes, emportées par un zèle puritain, blâmèrent cette conduite au nom des scrupules religieux. Elles y voyaient une manière d'échapper à la célèbre malédiction biblique : « *Mulier, paries in dolore ;* Tu enfanteras dans la douleur ». Des écrivains qui n'accouchent pas rappelèrent avec complaisance combien vaillamment la mère supporte ces souffrances et comme elle les oublie vite en pressant sur son sein l'enfant qu'elle vient de mettre au monde. « Il serait contraire au vœu de la nature, disaient-ils, d'arracher la mère au sentiment d'elle-même, de la priver d'entendre les premiers cris du nouveau-né et d'être le premier témoin de son entrée dans la vie. »

Ces reproches, en les supposant valables, ne le seraient — en tout cas — que contre l'anesthésie complète. Or, il ne saurait être question d'anesthésie complète dans l'accouchement. Il y a, en effet, contre l'anesthésie complète de la femme en travail, une objection physiologique plus grave : en annihilant la conscience et la volonté, elle entraverait le jeu naturel de la fonction. L'enfantement exige la participation active de la femme : ses efforts volontaires sont nécessaires pour la terminaison du travail. C'est là ce qu'entendaient les Romains, lorsqu'ils imaginaient que des divinités mâles, *les Efforts*, *Dî Nixi*, prêtaient leur active assistance à l'enfantement sous la surveillance de Lucine et des femmes, seules admises à cette mystérieuse opération. Nous ne voulons point faire trancher par les Romains la querelle de l'anesthésie obstétricale : nous voulons faire comprendre seulement qu'aucun homme de l'art n'a pu avoir l'idée d'insensibiliser les femmes en couches au même degré que le malade qui va subir une opération chirurgicale. L'anesthésie complète avec abolition des facultés cérébrales et de la motilité anéantirait l'effort obstétrical indispensable à la parturition.

Ce qui conviendrait dans la conjoncture présente, ce serait l'analgésie. Les accoucheurs qui employaient le chloroforme lui demandaient de produire un *soulagement général, l'indoloreité*. La femme conserverait ainsi l'exercice de sa volonté et de ses mouvements ; elle pourrait « voir, entendre, parler, avoir conscience de ce qui se passe en elle, et seconder librement par ses efforts, et sans crainte de souffrir, l'œuvre de la parturition, les contractions utérines ou abdominales. » (Houzelot.)

§ 6. Controverses au sujet de l'anesthésie obstétricale.

Ce serait là un résultat bien enviable. Les partisans du chloroforme en obstétrique prétendent que l'on peut l'atteindre, ou tout au moins en approcher. J. Campbell, qui a chloroformé 1,052 femmes sur

1,657 accouchements, prétend l'avoir fait sans inconvénients et avec l'avantage d'une indoloréité très appréciable. Beaucoup d'accoucheurs anglais, et, en France, Danyau, Bailly, Bucquoy, Legroux, Hervieux, Féréol, Dumontpallier, etc., ont reconnu les mêmes avantages et employé la chloroformisation dans les accouchements.

D'un autre côté, les adversaires du chloroforme en obstétrique, Depaul, Pajot, etc., ont nié ces avantages, et prétendent que, s'il y a eu quelquefois indoloréité en deçà de l'anesthésie chirurgicale, la même chose aurait eu lieu sans chloroforme, ou bien le résultat doit être attribué à l'illusion morale de la parturiente. Pinard, qui, à l'occasion de sa thèse d'agrégation (Paris, 1878), a repris les essais chloroformiques dans un but de contrôle, n'a obtenu aucun succès dans 23 tentatives. L'école est divisée.

En examinant cette querelle, on ne tarde pas à voir qu'elle n'est pas nouvelle. Elle est renouvelée de celle qui eut lieu, dans les premières années de la découverte du chloroforme, entre les partisans de la méthode timorée de la *demi-anesthésie* et les partisans de la méthode hardie de l'*anesthésie à fond*. Ici, comme alors, il s'agissait de savoir si l'*analgésie chloroformique* précédait l'anesthésie complète.

Ces partisans de la méthode timorée (Gerdy, Blandin, Baudens) ne voulaient plus d'une anesthésie poussée à son degré extrême. Ils prétendaient se contenter d'une demi-anesthésie qui allègerait la souffrance.

Pour cela, au lieu de donner des doses massives, foudroyantes, de chloroforme, il fallait procéder à petits coups, entrecouper les inhalations, les interrompre en donnant accès à l'air ordinaire.

Mais, en procédant ainsi, la théorie permettait de prévoir, et l'événement a prouvé que le chirurgien allait le plus souvent contre le but qu'il poursuit. L'envahissement des noyaux sensitifs ganglionnaires précède bien la paralysie des hémisphères, mais coïncide avec leur période d'excitation. Pour un cas d'indoloréité ou d'analgésie accidentellement obtenu, il y a cent cas de surexcitation violente, dans lesquels le malade épuise ses forces et celles des opérateurs qui le maintiennent.

Dans la pratique des accouchements, le succès est beaucoup plus fréquent. Il semble qu'il y ait une grâce d'état pour la femme en travail. Les inhalations de chloroforme l'excitent rarement; d'ordinaire elles la calment, et quelquefois l'insensibilisent sans lui faire perdre connaissance; dans tous les cas, elles sont sans danger. Il y aurait, en effet, d'après Campbell, une facilité plus grande à obtenir chez les femmes en travail l'indoloréité et la demi-anesthésie que chez les malades des services de chirurgie. Pour expliquer comment le chloroforme, qui, dans les circonstances ordinaires, permet si rarement d'obtenir l'analgésie simple, y réussit habituellement et sans danger dans la pratique obstétricale, Campbell a imaginé la spécieuse *théorie de l'effort*. Le retour périodique et régulier de l'effort obstétrical, toutes les quatre minutes en moyenne, produirait une congestion intermittente des centres nerveux, par suite de laquelle l'excès de chloroforme serait périodiquement dilué et entraîné. Cette spoliation régulière, réduisant l'influence chloroformique au minimum, permettrait l'effet minimum, c'est-à-dire l'analgésie, et deviendrait en même temps la raison de l'immunité constatée par tous les accoucheurs qui ont employé le chloroforme. Quant à l'action du chloroforme sur l'organisme de la parturiente, Pinard en a très exactement tracé le tableau dans son travail.

Pinard examine successivement les opinions exprimées à propos de l'action du chloroforme, administré rationnellement, sur la contractilité utérine, sur la rétractilité, sur la contraction des muscles abdominaux, sur les muscles du périnée, sur la marche du travail, sur les grandes fonctions, enfin dans le cas de travail anormal. D'après Winckel, Kurowitz, Campbell, les intervalles des contractions deviennent plus longs, leur durée et leur intensité plus courtes. Ces effets sont attribués à une action locale du chloroforme sur les fibres musculaires de l'utérus. Mais il ne paraît pas en être ainsi réellement : le chloroforme n'a point d'action primitive et élective sur l'utérus; il n'agit sur cet organe qu'en agissant sur tous les autres. Quant à la rétractilité utérine, elle est atteinte d'une façon plus active et plus durable. Cette diminution de la rétractilité est considérée comme favorisant les hémorragies. Quelques auteurs ont pris l'exact contre-pied de la vérité en rattachant ces hémorragies à une prétendue paralysie des vaso-moteurs, provoquée habituellement par le chloroforme : nous avons vu qu'il y avait, au contraire, suractivité des vaso-constricteurs. La contraction des muscles abdominaux est notablement amoindrie (Sanzoni, Tarnier, Pinard). Quant à la marche du travail, certains accoucheurs considèrent qu'elle est accélérée, d'autres qu'elle est ralentie : les faits sont douteux. Pour Pinard, la période d'expulsion serait retardée, et la période de dilatation ne serait pas accélérée.

On voit se reproduire, à l'étranger, les mêmes controverses. Hégar donne quelquefois du chloroforme à la parturiente lorsqu'il s'agit d'une primipare et vers la fin de la période d'expulsion. Schatz reproche au chloroforme de diminuer, sinon le nombre, au moins l'énergie des contractions utérines et de favoriser les hémorragies par suite d'inertie secondaire.

Quant à l'effet sur l'organisme du nouveau-né, on ne peut pas affirmer qu'il soit tout à fait indifférent. Hofmeier aurait constaté la fréquence de l'ictère, et — d'une manière générale, — l'accroissement des déchets azotés chez les enfants de mères chloroformées. (*Berlin. Klin. Woch, avril* 1883.) Le fait d'une influence sur l'enfant devient tout à fait évident lorsque l'on a recours au bromure d'éthyle pour insensibiliser la mère. Cette substance, lorsqu'elle n'est pas à l'état de pureté parfaite, communique à l'haleine une odeur fétide, voisine de la senteur de l'ail que l'on a pu constater non seulement chez la mère, mais encore chez le nouveau-né, plusieurs heures après la naissance.

§ 7. Théories. — Procédés.

Quoi qu'il en soit, on peut dire que c'est surtout la théorie de l'anesthésie obstétricale qui a nui à la pratique. — Nous venons déjà d'indiquer la *théorie de l'effort*, par laquelle Campbell expliquait la prétendue grâce d'état des parturientes devant le chloroforme. Cette théorie paraît beaucoup plus spécieuse que solide. Mais il y en a encore une autre, à prétention plus vaste, par laquelle Campbell et ses partisans ont voulu expliquer la marche générale de l'anesthésie.

Ils ont prétendu que l'on pouvait distinguer dans l'emploi du chloroforme trois degrés qui précèdent la véritable anesthésie, avec résolution musculaire :

1° Une période initiale préliminaire de *soulagement général;*

2° Un second degré, l'*indoloréité*, dans lequel la souffrance paraît comme voilée : *dolor velo obductus;*

3° Un troisième degré, qui est l'analgésie parfaite, la perte totale mais isolée, de la sensibilité à la douleur.

Au-delà se trouve placée la véritable anesthésie chirurgicale, l'abolition du sens du tact, l'anéantissement de la motilité.

Cette théorie est certainement beaucoup plus souvent infirmée que confirmée. Il eut mieux valu se contenter de dire que l'on avait fait avec un succès relatif un très grand nombre d'accouchements au chloroforme.

Le succès dépend surtout du mode d'administration, lequel est, en comparaison, presque indifférent lorsqu'il s'agit d'anesthésie chirurgicale vraie. Les accoucheurs anglais font inhaler le chloroforme à petites doses, au moment du retour de chaque effort. On appelle cela le *procédé de Snow*, ou encore « le procédé à la reine ». On a trop affecté, en France, de ridiculiser ce moyen. On nous a représenté la femme elle-même tenant le mouchoir, sur lequel le médecin jette quelques gouttes de chloroforme à l'approche d'une contraction nouvelle, et le portant vivement à son nez, comme si elle respirait de l'eau de Cologne ou des sels anglais.

Il était permis de prévoir que la méthode combinée de Cl. Bernard, qui consiste à associer la morphine au chloroforme, et qui permet de mieux graduer l'action chloroformique, serait préférable au chloroforme seul et plus propre à amener le résultat désiré. Le Dr Guibert de Saint-Brieuc l'a, en effet, appliquée dès l'année 1872 avec le plus heureux succès dans les accouchements laborieux.

Dans ces dernières années on a essayé avec quelque suite le bromure d'éthyle dans les accouchements. Hæckermann l'aurait employé 56 fois avec avantage. De même, Wiedemann. P. Müller reconnaît que l'on peut ainsi obtenir chez la parturiente une analgésie à peu près complète avec conservation de l'intelligence. Pas de nausées, de vomissements, de surexcitation ; pas d'inconvénients consécutifs. La face est seulement légèrement congestionnée à la suite des inhalations. Cependant le succès n'est pas constant ; il fait défaut dans la moitié des cas ; de plus, il y aurait un ralentissement des contractions utérines plus ou moins marqué. On observerait quelquefois des phénomènes de bronchite. (*Berlin. Klin. Woch*, *octobre* 1883, *janvier et mars* 1884.)

— Nous aurons enfin, pour terminer l'histoire de l'analgésie obstétricale, à signaler les tentatives d'anesthésie locale au moyen de la cocaïne.

§ 8. Euthanasie.

Outre son usage légitime et bienfaisant, l'anesthésie a inspiré des applications diverses, bizarres, singulières, et qui ne sont justifiées ni par une appréciation rationnelle des propriétés physiologiques des anesthésiques, ni par un exact sentiment du rôle et des devoirs de la médecine.

Dans le premier cas doit être rangée l'application qu'un médecin d'Angoulême, Chapelle, a faite en 1865 du protoxyde d'azote. Il a essayé, en effet, de combattre la folie triste, la lypémanie, par la folie gaie du gaz hilarant.

Dans la seconde catégorie, il faut ranger l'euthanasie. C'est le nom d'une pratique qui a été appliquée aux États-Unis; elle est partie de Boston, c'est-à-dire de la ville même qui a été le berceau de l'éthérisation. Un chirurgien d'un grand renom a proposé d'*éthériser jusqu'à la mort* les malades qu'on suppose arrivés au terme de l'existence et qui sont en proie à de vives douleurs. Une femme, âgée à la vérité de quatre-vingt-dix ans, a été ainsi éthérisée pour franchir plus aisément le fatal passage — et son exemple a été offert en imitation à tous ceux qui veulent adoucir la transition de la vie à la mort. Mais, comme le dit Bouisson (*Traité de la méth. anesth.*, 1850), une telle pratique, entachée de morale païenne, n'est pas conforme au but de l'art médical, qui est, en toutes circonstances, de reculer le plus possible l'échéance fatale de la mort.

CHAPITRE III

PHYSIOLOGIE SPÉCIALE DE LA CHLOROFORMISATION

§ **1.** Voies de pénétration. — § **2.** Pénétration par le poumon. — Loi générale de Paul Bert. — Principe de la méthode des mélanges titrés. — § **3.** Phénomènes produits per le passage du chloroforme dans les premières voies. — Toux. — Syncope laryngo-réflexe. — § **4.** Action sur le sang. Gaz du sang. — § **5.** Action sur les sécrétions. — Salive. — Urine. — § **6.** Action sur la température et les échanges respiratoires. — § **7.** Action sur le système nerveux. Trois principes : des périodes, — de l'excitation préparalytique, — de la prédominance des effets modérateurs. — Première période : anesthésie. — Deuxième période : anesthésie et résolution musculaire; réflexes. — § **8.** Disparition des réflexes. — Réflexe oculo-palpébral. — Réflexe patellaire. — Réflexe labio-mentonnier, ultimum réflexe (Dastre). — Réflexes viscéraux, cardiaques, respiratoires. — § **9.** Action sur la circulation centrale et périphérique. — Écarts. — Syncopes cardiaques, primaire, secondaire, tertiaire. — Constriction vasculaire : économie du sang. — § **10.** Action sur la respiration et les organes respiratoires. — Rythme. — Effort inspiratoire. — Faiblesse de l'effort expiratoire. — Syncopes respiratoires. — § **11.** Action sur la force musculaire. — Modifications pupillaires. — Durée de la résistance à l'action du chloroforme. — § **12.** Intoxication chronique par le chloroforme.

§ 1. Voies de pénétration.

L'action des anesthésiques exige, en principe, que

ces substances pénètrent dans l'organisme et jusque dans le sang, qui les distribue aux différents organes. La pénétration se fait, ordinairement, à l'état de gaz ou de vapeur, par le poumon.

On a essayé cependant d'autres voies que la voie pulmonaire. On a constaté que les injections hypodermiques de chloroforme peuvent provoquer un effet anesthésique. Mais cet effet reste localisé : il est impossible d'obtenir par cette voie l'anesthésie chirurgicale.

Introduit ainsi à l'état liquide, il passe difficilement dans le sang; les faibles quantités qui sont absorbées s'échappent à travers le poumon et viennent se répandre à l'état de vapeurs dans l'air des vésicules pulmonaires. Une partie peut être alors reprise par le sang, et le procédé reviendrait par là au procédé ordinaire d'inhalation. Il est facile de comprendre que le sang qui se rend aux centres nerveux ne contient toujours qu'une quantité minime de la substance; et c'est là ce qui expliquerait l'impossibilité de l'anesthésie complète par la voie hypodermique. (Dujardin-Beaumetz.) Tout au plus peut-on produire chez les animaux une somnolence plus ou moins prolongée. Bouchard et Laborde ont constaté qu'employées en quantité suffisante (2 cent. cub. par kilog.), ces injections sous-cutanées de chloroforme entraînent l'albuminurie et la mort de l'animal. Outre leur effet général, les injections hypodermiques peuvent aussi produire un effet localisé : d'après Bartholow, Collins, E. Besnier, celui-ci résulterait d'une action directe sur les terminaisons nerveuses de la région.

Brown-Sequard a pourtant réussi à produire une

anesthésie totale chez des animaux (chats) en répandant du chloroforme à la surface de la peau, toutes précautions étant prises d'ailleurs pour empêcher le contact des vapeurs avec la surface pulmonaire. Il s'agit ici, très évidemment, d'une irritation nerveuse née à la périphérie et agissant sur les centres. L'expérience exige, pour réussir, que l'application soit faite sur une très grande étendue cutanée.

On a essayé aussi de faire pénétrer le chloroforme directement dans les veines. Arloing a injecté ainsi la solution fortement diluée de chloroforme dans l'eau. Le procédé n'a qu'un intérêt théorique.

Ces indications suffisent à faire comprendre que l'introduction des anesthésiques est possible sous un autre état que l'état de vapeur et par une autre surface absorbante que celle du poumon. D'ailleurs, nous savons que les animaux aquatiques sont anesthésiés par l'eau saturée d'éther ou de chloroforme dissous, et les plantes mêmes peuvent, d'après P. Bert et Arloing, recevoir ces substances par absorption radicellaire lorsqu'on les arrose avec ces solutions.

Enfin on a essayé l'introduction par les voies digestives, et particulièrement par le rectum. Le chloroforme se prête mal à cet usage, parce qu'il n'est pas assez volatil. Ses vapeurs ne peuvent pas être introduites à la température d'ébullition (60°8). L'on ne peut donc faire pénétrer la substance que mélangée à l'air, ou à un autre excipient, tel que l'huile. C'est ce que Dubois (*Soc. Biol.*, 10 *mai* 1884) a essayé de faire. Mais alors l'absorption est insuffisante ou nulle, et il n'y a point d'anesthésie. Quant à faire pénétrer le chloroforme à l'état liquide, il n'y faut point songer, à cause de son action énergiquement caustique sur les tissus.

L'éther se prête mieux à ces tentatives d'anesthésie rectale. Il bout à 35° environ, et peut, en conséquence, être injecté dans la partie terminale du tube digestif à l'état de vapeur. On a pu produire ainsi une anesthésie incomplète chez l'homme, plus insuffisante encore chez le chien, l'élimination étant sans doute trop rapide par rapport à l'absorption.

Cette méthode d'anesthésie rectale par l'éther, très imparfaite, ainsi que nous venons de le dire, a été employée par D. Mollière (*Lyon médical, mars* 1884), puis par Axel Yversen, Abner Post et Bull (*New-York, Med. Rec.*, 3 *mars* 1884). Elle n'offre pas d'avantages appréciables.

§ 2. Pénétration par le poumon. Loi générale de Paul Bert. — Principe de la méthode des mélanges titrés.

La voie pulmonaire reste donc la voie d'élection pour l'introduction de l'anesthésique.

Chez les animaux supérieurs et chez l'homme, les substances anesthésiantes pénètrent dans le sang par le poumon. Les autres moyens d'introduction n'entrent pas en ligne de compte. Ces substances sont introduites avec les gaz de la respiration jusqu'à la muqueuse pulmonaire, où elles sont absorbées et passent dans le sang.

La pénétration dans le liquide circulatoire est une condition de l'anesthésie générale, c'est-à-dire étendue à l'organisme tout entier. Et cette règle est vraie des plantes comme des animaux. Il faut que l'anesthésique se mélange au suc nutritif, circule avec lui et soit porté aux organes végétaux doués d'irritabilité. Ainsi, chez la sensitive, si l'on fait agir directement les vapeurs du chloroforme sur les feuilles, on obtient seulement une anesthésie locale des feuilles atteintes. Si l'on a excepté un rameau de ce contact, ce rameau reste excitable. — Au contraire, si l'on fait pénétrer par absorption radicellaire le chloroforme associé à 20 volumes d'eau, toute la plante est insensibilisée. (Arloing, *Soc. Biol.*, 8 *juillet* 1882.)

Or, le caractère et l'intensité des phénomènes qui se déroulent ensuite dépendent de la puissance de cette absorption, c'est-à-dire de la quantité de substance qui est présente à chaque moment dans le sang et qui est transportée par lui jusqu'aux tissus. C'est là une vérité presque évidente théoriquement, et qui d'ailleurs a été vérifiée en fait.

Les conditions qui règlent la puissance d'absorption de l'anesthésique et la proportion qui en est retenue dans le sang et dans l'organisme sont donc de première importance en ce qui concerne le développement des phénomènes. — Ces conditions sont d'ordre purement physique, toutes choses égales d'ailleurs du côté de l'animal. — Elles dépendent simplement de la tension partielle du gaz ou de la vapeur anesthésiante offerte au poumon.

Il s'agit ici d'un cas particulier d'une loi extrêmement générale. Elle s'exprime ainsi : *L'action des gaz et des vapeurs sur l'être vivant est réglée par leur tension partielle.* C'est à cette formule, dont l'élégante simplicité n'a rien à envier à celles de la physique, que viennent aboutir et se résumer tous les travaux remarquables de Paul Bert sur la pression barométrique, sur le protoxyde d'azote, sur les anesthésiques.

Pour ce qui concerne, en particulier, le chloroforme, Paul Bert a constaté que la vapeur anesthésiante pénétrait dans le sang, en raison de sa tension dans l'atmosphère respirée par l'animal, c'est-à-dire en raison de la composition centésimale de cette atmosphère. Ce qui importe, ce n'est donc pas de donner telle ou telle quantité de chloroforme : ce n'est pas là en effet ce qui règle sa pénétration. L'important c'est la quantité d'air dans laquelle le chloroforme est dilué ; en d'autres termes, la pénétration dépend de la composition centésimale du mélange. Avec un mélange déterminé, l'organisme absorbe du chloroforme jusqu'à ce que la tension de la vapeur dans le sang soit égale à la tension dans l'atmosphère offerte. A partir de ce moment, le sang et les tissus saturés n'empruntent plus rien à l'atmosphère anesthésiante ; le mélange extérieur ne se détitre plus : l'état de saturation ne fait que s'entretenir.

Si l'on augmente le titre du mélange, une nouvelle quantité de chloroforme pénètre dans le sang et dans l'organisme, jusqu'à la saturation nouvelle correspondant à ce nouveau titre. Après quoi cet état s'entretient fixe comme le précédent.

Cette fixité permet donc d'étudier chaque mélange titré et de déterminer ses effets physiologiques. Cette étude est du plus haut intérêt théorique et pratique. Dans chaque cas la pénétration est réglée, elle reste constante, et le développement des effets physiologiques offre les mêmes caractères de constance et de détermination.

De ces études comparatives se dégage un résultat

important. On peut anesthésier un animal avec des mélanges divers. Mais il y en a un qui conduit l'anesthésie mieux que les autres. Pour le chien, par exemple, on obtient l'anesthésie tranquille et complète, en 4 ou 5 minutes, avec un mélange de 10 grammes de chloroforme — soit 6 c. c.,6 — dans 100 litres d'air. C'est le mélange titré 10 p. 100.

Les mélanges inférieurs, à 2 p. 100, à 4 p. 100, ne produisent pas l'anesthésie, mais seulement, à la longue, un engourdissement plus ou moins profond, qui peut persister huit ou dix heures. — Inversement le mélange 25 p. 100 produit une anesthésie rapide; mais l'animal meurt en dix ou quinze minutes, ayant absorbé, en somme, une quantité d'anesthésique infiniment moindre que dans le cas précédent. Avec le mélange 10 p. 100, l'anesthésie peut se soutenir pendant deux heures.

Nous reviendrons plus loin sur les applications à la chirurgie humaine de cette méthode des mélanges titrés. Pour le moment, nous nous contentons d'en indiquer la valeur au point de vue physiologique. Elle est un moyen rationnel de régler méthodiquement la pénétration de la vapeur anesthésique. — Elle permet de comprendre les variations que subit la pénétration dans les procédés empiriques; on comprend que le titre de la vapeur anesthésiante varie à chaque instant.

§ 3. Phénomènes produits par le passage du chloroforme dans les premières voies respiratoires.

Avant d'arriver à la surface absorbante du poumon, les vapeurs anesthésiques se trouvent en contact avec la membrane muqueuse des premières voies aériennes. Elles peuvent déterminer une irritation de cette muqueuse et produire ainsi des effets spéciaux qui seront les premiers en date dans la longue série qu'il nous faut examiner.

Ces effets sont des réflexes circulatoires et respiratoires.

Il faut bien remarquer qu'en cela le chloroforme et l'éther agissent non plus comme anesthésiques, mais comme substances irritantes, ainsi que pourraient le faire l'ammoniaque et beaucoup d'autres vapeurs. Il semblerait même que les impuretés du chloroforme aient une part prépondérante dans la production de cette action irritante, et, parmi les impuretés, les vapeurs d'acide chlorhydrique. Pinard, dans ses expériences sur les femmes en travail, a vu le chloroforme des hôpitaux provoquer des accès de toux dès les premières inspirations, tandis que le chloroforme pur ne donnait pas lieu à ces accidents. Il n'est pas de chirurgien qui n'ait observé des effets de ce genre. Quoi qu'il en soit, cette irritation porte sur les premières voies, muqueuse nasale et laryngée, et les conséquences en sont connues depuis longtemps. C'est un ralentissement réflexe du cœur plus ou moins marqué; mais, et surtout, c'est un ralentissement de la respiration qui peut aller jusqu'à la syncope mortelle. Duret a donné à cette syncope respiratoire le nom de *syncope laryngo-réflexe* ou *primitive*, pour la distinguer de celles qui peuvent survenir ultérieurement par un autre mécanisme. Paul Bert avait reconnu sa nature, et il l'a manifestée d'une façon très péremptoire en montrant que le chloroforme introduit directement par la trachée ne donnait pas lieu aux mêmes accidents. Arloing a donné une autre forme à cette démonstration en introduisant le chloroforme dans les veines. Il ne restait plus qu'à achever dans ses détails l'étude du réflexe en marquant sa route centripète par le trijumeau ou le laryngé, sa voie de retour par le pneumo-gastrique, et en enregistrant les effets par la méthode graphique. C'est ce qu'a fait Fr. Frank. Ce physiologiste a surtout étudié la *syncope cardiaque primitive;* il a porté son attention sur les arrêts réflexes du cœur obtenus par l'excitation du trijumeau, du laryngé supérieur et du bout central du vague. Il a vu qu'au début de l'anesthésie, — après cependant que la période d'agitation a disparu — l'excitation du laryngé arrête le cœur plus facilement qu'à l'état normal (*Soc. de Biol.*, 14 *avril* 83.)

Ajoutons encore que l'on a signalé une agitation consécutive à l'inhalation trachéale outre celle qui résulte de l'excitation nasale et laryngée (Dogiel, Holmgreen, Rutherford, Richardson).

Il faut enfin ranger parmi ces phénomènes la salivation qui s'observe parfois au début de l'anesthésie. L'irritation des parois de la bouche et de la muqueuse linguale peut provoquer une salivation réflexe plus ou moins abondante. Cette salivation est quelquefois un embarras pour le chirurgien, le liquide sécrété risquant d'obstruer le larynx et la trachée, ou du moins de provoquer des crachements. La sputation est plus fréquente avec l'éther qu'avec le chloroforme.

§ 4. Action sur le sang. — Gaz du sang.

Action sur le sang. — Une fois arrivées dans le sang, les vapeurs anesthésiques s'y dissolvent sans l'altérer sensiblement, et sans subir elles-mêmes d'altération. Quelques observateurs, Sansom, von Wittich, Böttcher, ont signalé le raccornissement, le retrait et d'autres altérations des globules rouges au contact de l'éther et du chloroforme; la préparation classique de l'hémoglobine est un degré extrême de ces changements. Mais ces altérations qui s'accomplissent dans le sang extrait de l'organisme en présence de doses massives de l'anesthésique ne paraissent pas exister dans le sang en circulation, chargé de la faible quantité d'éther ou de chloroforme que la respiration peut y introduire.

On avait paru croire que le sang devenait asphyxique, et que les phénomènes de l'asphyxie venaient normalement compliquer ceux de l'anesthésie. Cl. Bernard a relevé cette erreur et indiqué que le sang restait encore rutilant.

Cette question des gaz du sang a donné lieu à quelques controverses. Arloing avait trouvé que pendant l'anesthésie, il y a moins d'oxygène absorbé et moins d'acide carbonique exhalé, et, en second lieu, que la diminution est plus forte pour l'acide carbonique : en sorte qu'il y aurait profit pour l'oxygène.

Mais P. Bert a repris ces analyses en régularisant l'anesthésie au moyen des mélanges titrés. Chez le chien, avec le mélange 12 p. 100 (12 grammes de chloroforme vaporisés dans 100 litres d'air), il a vu que dans le sang artériel la quantité d'oxygène va en diminuant progressivement, tandis que la quantité d'acide carbonique va en augmentant. Par exemple, avant l'anesthésie, on trouvait les chiffres suivants : oxygène, 22; acide carbonique, 31,2. — Après trente minutes d'anesthésie, on avait : oxygène, 16,8; acide carbonique, 41,2. — Une heure plus tard, à la fin par conséquent d'une longue période d'anesthésie : oxygène, 14; acide carbonique, 44.

Quant au sang veineux, l'oxygène y diminue également, mais l'acide carbonique reste sensiblement stationnaire (*C.-R. Soc. Biol., 4 juillet* 1885).

En somme, si au début, pendant la période d'anhélation et d'agitation, il peut y avoir augmentation relative ou absolue de la quantité d'oxygène, dans l'anesthésie confirmée le sang s'appauvrit en oxygène et s'enrichit en acide carbonique. (P. Bert, de Saint-Martin, *C.-R. Ac. Sc.*, 5 *décembre* 1887.)

§ 5. Action sur les sécrétions : — Salive. — Urine.

Au début, la sécrétion salivaire peut être augmentée. Cette augmentation est la règle chez le chien. C'est là un effet étranger, en quelque sorte, à l'anesthésie, ainsi que nous l'avons expliqué précédemment. On s'est assuré que la corde du tympan était capable de manifester son action excito-sécrétoire pendant toute la durée de l'anesthésie: mais l'action réflexe du lingual sur la glande sous-maxillaire se perd peu après la sensibilité cornéenne. Aussi, pendant la narcose chloroformique confirmée, et abstraction faite de la période de début, les réflexes sensitifs étant supprimés, la salive se tarit en général.

Quant à la sécrétion urinaire, on a signalé la présence de pigments biliaires dans l'urine (Nothnagel) et la diminution de l'urée (Kappeler). Ce sont là des faits douteux ou accidentels. Le seul fait vraiment général, c'est la diminution des sécrétions pendant la narcose : si l'on se rappelle que les sécrétions augmentent au contraire par l'asphyxie et dans les périodes d'excitation, on comprendra qu'il n'y a pas à chercher une formule unique pour exprimer l'état de la sécrétion dans les anesthésiations accidentées, irrégulières, puisque l'état sécrétoire est alors soumis à des influences complexes.

Ajoutons enfin que quelques chirurgiens ont signalé la présence de l'albumine dans les urines. On a dit que le chloroforme déterminerait une albuminurie passagère une fois sur trois, en l'absence de toute autre cause. (Patein, *Thèse de Paris*, 1888). Mais Roux, étudiant l'action de l'éther sur les reins, n'a constaté l'albuminurie que quatre fois sur cent dix-neuf, et les commémoratifs ont appris qu'elle était antérieure, dans ces quatre cas, à l'éthérisation.

On aurait donc exagéré les dangers de l'éthérisation pour les reins. Il est à noter enfin que l'on n'a jamais retrouvé de chloroforme dans les urines. (P. Bert, *Soc. Biol.* 7 *avril* 83.)

§ 6. Action sur la température et sur les échanges respiratoires.

Il y a pendant l'anesthésie abaissement de température. Les chirurgiens ont observé des abaissements de 0°30 à 5° (Duménil et Demarquay) ; de 1°2 à 1°4 (Simonin) ; de 0°2 à 1°1 dans les observations de Kappeler. Le refroidissement est plus grand avec l'éther. Ce refroidissement a été attribué à l'augmentation du rayonnement chez le sujet opéré par les parties du corps découvertes pour l'opération, au repos et à l'immobilité : ce sont là des causes accessoires. La cause principale est le ralentissement des oxydations. Les observations sur les animaux ne laissent aucun doute à cet égard. Chez le chien soumis à l'action du mélange (12 °/₀), P. Bert a vu la température baisser de 38° à 37° au bout d'une heure et demie ; quelquefois, la chute est plus profonde, et le thermomètre rectal tombe à 35°, 33°, 30° et même 28°. Les observations de d'Arsonval faites avec le calorimètre aboutissent à la même constatation. (*Soc. Biol.*, 29 *avril* 1886.)

La consommation d'oxygène et la production de CO^2 vont en diminuant progressivement. Ainsi Paul Bert a trouvé : avant l'anesthésie, absorption d'O = $9^l,92$; production de $CO^2 = 9^l,55$ (quantités calculées pour une heure). Cinq minutes après l'insensibilité cornéenne, $O = 6^l,57$, $CO^2 = 5,26$; après 45 minutes, $O = 4,42$; $CO^2 = 3,90$; après 1 h. 1/2, $O = 3,69$; $CO^2 = 2,39$. — Le rapport $\frac{CO^2}{O}$ va en diminuant. Ici, il s'est abaissé de 0,93 à 0,72 ; 0,69, et 0,57.

Des constatations analogues ont été faites par Th. Rumpf (*Pflüger's Archiv.*, XXXIII). Il signale une diminution de la thermogenèse et des phénomènes de combustion respiratoire, qui tombent à 60 p. 100 de leur valeur normale.

Outre cette action sur les tissus, il y en a une autre sur les centres nerveux (bulbo-protubéranciels) qui président à la régulation thermique. La régulation de la température interne est plus ou moins altérée chez les animaux chloroformés. Elle l'est à un degré très marqué chez le cobaye.

Il est clair que l'on ne doit pas imputer à l'action directe des anesthésiques l'élévation de température qui s'observe au début, lorsqu'il y a excitation et agitation : cette élévation reconnaît pour cause l'activité musculaire.

§ 7. Action sur le système nerveux. Trois principes : Principe des périodes. — Principe de l'excitation préparalytique. — Principe de la prédominance des effets modérateurs.

L'action physiologique vraiment intéressante des anesthésiques est celle qui s'exerce sur les grands appareils respiratoire, circulatoire et nerveux. Pour comprendre cette action, il faut avoir présents à l'esprit trois principes physiologiques qui contiennent, en effet, l'explication de tous les phénomènes observés.

— *Principe des périodes.* Le premier consiste dans la règle qui fixe l'ordre d'envahissement des centres nerveux, l'influence gagnant successivement les hémisphères cérébraux, puis les voies œsthésodiques, de la périphérie à la moelle, puis les voies kinésodiques intra-médullaires, puis enfin le bulbe.

— *Principe de l'excitation préparalytique.* En second lieu il faut se rappeler que les éléments nerveux, avant d'être paralysés dans leurs fonctions, présentent une période de surexcitation plus ou moins longue, plus ou moins marquée, suivant les circonstances (Cl. Bernard). Comme malheureusement ces circonstances ne sont pas toujours bien fixées, il en résulte dans l'application des difficultés inextricables : certains auteurs attribuent à l'excitation de quelques éléments nerveux les phénomènes que d'autres rapportent au contraire à la paralysie des éléments antagonistes. Ce principe restreint d'ailleurs l'utilité pratique que pourrait avoir le précédent, en ce que les périodes se pénètrent souvent, l'un des départements nerveux étant dans la phase de surexcitation pendant que le département qui a une influence opposée est déjà en paralysie. C'est ce qui arrive pour la moelle cervico-dorsale et le bulbe et ce qui explique l'embarras des auteurs, qui ont ainsi toujours deux explications pour un même fait : un arrêt du cœur, pour prendre un exemple, pouvant tout aussi bien se rapporter à une surexcitation du bulbe ou à une paralysie de la moelle cervico-dorsale.

— Le troisième principe est celui de la *prédominance des effets modérateurs*, dans le cas où une égale excitation est portée sur le système d'accélération ou d'excitation et sur celui de modération. Ce principe a été établi pour l'excitant artificiel électrique par Baxt et von Frey, et pour l'excitant général et physiologique (sang asphyxique) par Dastre et Morat.

Ces règles ainsi établies avec les restrictions qu'elles comportent, voyons les faits. Nous suivrons dans cet examen l'ordre adopté par Duret.

1re période : Sommeil anesthésique. — *a. Excitation cérébrale.* — L'intoxication atteint d'abord les hémisphères cérébraux, et, avant d'abolir leurs fonctions, les surexcite passagèrement. Cette surexcitation se manifeste par le désordre dans les idées, le délire, les rêves et les hallucinations, que traduit une loquacité excessive. La violence de ces phénomènes d'excitation est redoutable chez les femmes, les enfants et les sujets alcooliques. Richet, à l'hôpital Saint-Antoine, a vu l'un de ses opérés s'échapper furieux des mains de ses aides, au moment même où il achevait l'amputation de l'avant-bras. Une autre fois, chez un dentiste, un sujet à demi-anesthésié s'élance hors du cabinet d'opération, et descend l'escalier à cheval sur la rampe. On observe aussi des mouvements irréguliers, désordonnés ou convulsifs que quelques auteurs ont cru pouvoir attribuer à l'excitation diffuse des centres psycho-moteurs (Duret) ; mais il est plus vraisemblable qu'ils sont dûs à l'excitation des voies œsthésodiques bulbo-médullaires.

Après cette première phase d'agitation, arrive l'abolition du fonctionnement des hémisphères, c'est-à-dire la disparition des phénomènes de conscience et de perception sensorielle, le *sommeil* et le *repos*. On admet que ce sommeil chloroformique reconnaît deux causes : d'abord la modification spéciale des éléments nerveux corticaux par la substance toxique, ainsi qu'il arrive dans le sommeil alcoolique ; puis l'anémie cérébrale, comme il arrive dans le sommeil naturel. Les deux effets s'additionnant, on comprend que la narcose chloroformique soit plus profonde que le sommeil physiologique. La même explication ne s'applique pas au sommeil éthérique.

b. Disparition de la sensibilité. — Après les hémisphères cérébraux, la moelle imprégnée par l'agent anesthésique est atteinte à son tour. Cette succession est la règle ; et, bien qu'il n'y ait pas loin du moment où les hémisphères sont frappés à celui où la moelle va l'être, on est généralement d'accord aujourd'hui pour admettre la réalité de cet intervalle. En d'autres termes, la sensibilité disparaît après l'intelligence, et, tant que le sujet a conscience et volonté, il n'est pas insensible. Cependant cette opinion est sujette à des restrictions que nous avons examinées précédemment, en étudiant l'analgésie. Sous le bénéfice de cette réserve, demandons-nous comment et dans quelles parties la moelle est atteinte par le chloroforme. Cl. Bernard nous a appris que c'était la cellule sensitive qui subissait la première attaque; les fonctions de la cellule œsthésodique de la moelle sont d'abord abolies. Comme il arrive toujours dans les cas de ce genre, le nerf ainsi frappé à son noyau médullaire perd successivement ses propriétés, et c'est une loi physiologique reconnue encore par Cl. Bernard qu'il les perd de la périphérie au centre, c'est-à-dire que les terminaisons du nerf sensitif, puis le tronc lui-même, puis les racines, deviennent progressivement inertes pour les excitations qu'elles reçoivent. A ce moment, les centres encéphaliques plongés déjà dans le sommeil sont coupés de leurs communications avec le monde extérieur et séparés de lui par une écorce isolante, puisque les excitations qui arrivent aux organes des sens ne l'impressionnent plus; l'anesthésie est complète.

Cette abolition est-elle précédée d'une surexcitation préalable? La généralisation physiologique le veut ainsi; mais si cela est vrai en théorie, il faut dire qu'en fait la période de surexcitation préalable est tellement réduite qu'on ne trouve aucun phénomène à lui rapporter, à moins de lui attribuer les hallucinations que nous avons classées dans la période précédente, leur assignant cette fois une origine périphérique.

On sait encore que tous les appareils sensoriels ne sont pas pris simultanément, et que toutes les formes de sensibilité ne sont pas anéanties du même coup. L'anesthésie dissocie les différentes sensations : c'est la sensibilité générale, sensibilité à la douleur, qui disparaît d'abord, puis les différentes formes de la sensibilité tactile, de telle sorte que l'opéré peut sentir l'incision sans en souffrir. Il y a plus, le système sensoriel tégumentaire n'est pas pris simultanément dans toutes ses parties : c'est d'abord la peau des membres et du tronc qui devient insensible, puis celle de la face, puis la muqueuse nasale de la sous-cloison (Jastrowitz et Willième), et enfin les téguments de l'œil. Après les téguments, les organes des sens deviennent successivement inaccessibles aux sollicitations, l'œil d'abord, et enfin l'oreille, qui est l'*ultimum moriens* des organes sensoriels ; de telle sorte que l'opéré, complètement insensibilisé, entend encore un peu de temps les sons et peut répéter ou prononcer des mots sans suite, en vertu d'un réflexe purement automatique. Cette succession est importante à remarquer, car elle est en conformité d'une des lois générales de l'anesthésie, *la loi des périodes*, à savoir : que c'est d'abord le domaine des nerfs médullaires (troncs, membres), puis le domaine de la protubérance et du mésencéphale (face, puis enfin celui du bulbe (oreille), qui se succèdent dans l'anéantissement. De là autant de moyens d'apprécier la marche de l'anesthésie : en explorant la peau des membres et du tronc, et successivement la peau des narines, la commissure des lèvres, la fosse temporale (Simonin), et la conjonctive, on suit les degrés ascendants de l'insensibilisation ; enfin les organes splanchniques, à sensibilité sympathique, le tube digestif, les organes génitaux, résistent le plus longtemps.

2e période : Anesthésie et Résolution musculaire; Réflexes. — La sensibilité s'éteint avant la *motilité*, ou même avant le *pouvoir excito-réflexe*. C'est-à-dire que les territoires kinésodiques de la moelle résistent plus longtemps à l'action de chloroforme que les territoires œsthésodiques. Mais bientôt ils subissent eux aussi l'influence de l'anesthésique, et les réflexes moteurs sont abolis.

Il y a donc là deux phases successives que l'analyse physiologique doit distinguer, bien que dans la pratique brutale leur distinction s'efface souvent. Dans la première, la motilité réflexe est conservée; elle peut même être exagérée par suite de l'excitation préparalytique d'une part, et de la suppression de l'activité cérébrale, inhibitrice des réflexes. Puis, dans la seconde phase, elle est abolie. L'excitation préalable de la première période expliquerait l'attaque tétanique que l'on a signalée parfois (dans les muscles respiratoires en particulier) pendant l'action chloroformique. Mais ce tétanos respiratoire, le trismus, le tétanos du plancher de la bouche, celui des membres, sont des phénomènes rares et trop mal connus pour que l'on doive se hasarder à les rapporter à une période déterminée de l'anesthésie et surtout à leur assigner une cause. Des phénomènes d'excitation asphyxique viennent trop souvent compliquer le tableau symptomatique : les trépidations, les mouvements des membres, de la mâchoire, des paupières, les mouvements faibles et incoordonnés observés quelquefois peuvent être dus à l'asphyxie, ou mieux (car la couleur du sang peut induire en erreur à cet égard) à l'anoxyhémie qui excite le pouvoir auto-moteur des centres. Paul Bert a démontré la conservation de ce pouvoir auto-moteur des centres par une expérience convaincante : il asphyxie par immersion un animal bien anesthésié, et il observe des convulsions, moins fortes sans doute qu'à l'état normal, mais cependant très évidentes. (*Acad. Sc.*, 18 *mars* 1867.)

Il est donc certain que le sujet peut se débattre et présenter des convulsions tandis qu'il est insensible. Le pouvoir auto-moteur et même le pouvoir excito-réflexe subsistent assez longtemps dans le névraxe, particulièrement dans les régions supérieures. Ainsi on observe souvent des convulsions des globes oculaires (nystagmus), qui sont un phénomène de début : mais, plus tard, on constate que les globes oculaires peuvent suivre une lumière promenée devant eux sans qu'il y ait volonté ou conscience du sujet. A une période plus avancée de la narcose, si les globes oculaires peuvent encore se mouvoir, leurs mouvements sont dissociés (Mercier et Warner) : ils se meuvent indépendamment l'un de l'autre.

A la fin, les réflexes médullaires d'origine externe disparaîtront : il n'y aura plus ni mouvements volontaires, ni mouvements provoqués : la *resolution musculaire*, résultant de l'imprégnation profonde de la moelle tout entière, coïncidera avec la narcose profonde. A ce moment se trouve réalisé le summum de l'effet utile des anesthésiques : la vie de relation est éteinte, la vie végétative subsiste seule, surveillée par le bulbe encore actif et par le système sympathique encore intact : le but du chirurgien est atteint.

Une question très intéressante pour la physiologie du système nerveux se pose ici. — La loi de succession des effets nerveux que nous venons de décrire est-elle absolue, générale, ou seulement relative à l'action du chloroforme et de l'éther? Vaut-elle pour tous les cas imaginables, ou seulement pour celui des anesthésiques? Il est difficile de répondre à la question d'une manière tout à fait certaine.

Cependant il semble que dans quelques cas la dissociation des propriétés motrices et sensitives de la moelle se fasse autrement que dans l'anesthésie. En particulier, lorsque l'on anémie artificiellement la moelle, on voit survenir d'abord les phénomènes d'excitation, puis de paralysie motrice; et ce n'est que plus tard que la sensibilité est atteinte, d'abord exaltée, puis anéantie. C'est ce que L. Frédéricq a vu très nettement, en interrompant la circulation dans l'aorte par un procédé qui est un perfectionnement de celui de Stenon et de Swammerdamm. (*Acad. Roy. de Belgique*, t. XVIII, n° 7, 1889.)

§ 8. Disparition des réflexes. — Réflexe oculo-palpébral. — Réflexe localisé : l'ultimum reflex (Dastre). — Réflexes viscéraux, cardiaques, respiratoires.

Ajoutons deux mots relativement à la disparition des réflexes et à certains phénomènes nerveux d'inhibition.

Réflexe oculo-palpébral. — Nous avons dit que l'on pouvait suivre la marche de l'anesthésie en explorant, au point de vue de la sensibilité et aussi des réactions motrices, successivement la peau des membres, du tronc, des narines, la commissure des lèvres, la fosse temporale et la conjonctive. La disparition du *réflexe oculo-palpébral* marque le moment capital de l'anesthésie confirmée. Lorsque l'attouchement de la cornée ne donne lieu à aucun mouvement de protection de la paupière, le chirurgien juge que l'on a atteint le degré extrême de l'anesthésie, qui ne doit pas être dépassé.

Il résulterait d'une observation de MM. Labbé et Goujon que les choses ne se passeraient pas de la même manière dans l'anesthésie par le chloral, et que le globe oculaire deviendrait insensible alors que les autres parties du tégument seraient encore sensibles. Il faut enfin se rappeler, lorsque l'on opère sur les animaux, sur le chien, que le centre de la cornée est quelquefois peu sensible et donne lieu difficilement au réflexe oculo-palpébral. Il vaut mieux en toucher la périphérie, et mieux encore les cils ou les paupières.

Il y a encore deux autres réflexes moteurs qui peuvent fournir des indications utiles, au moins au point de vue théorique.

Réflexe patellaire. — L'un d'eux est le réflexe patellaire. On peut l'observer facilement chez le chien Il s'exagère au début de la chloroformisation, puis il s'affaiblit. Il nous a paru qu'il disparaissait un peu avant le réflexe oculo-palpébral. Cet ordre varie, comme l'a vu Eulenburg avec les différents anesthésiques.

Réflexe localisé : Ultimum reflex (Dastre). — J'ai signalé un nouveau réflexe localisé (chez le chien). Le nombre de ces réflexes localisés est assez minime. Les physiologistes ne peuvent guère en signaler d'autres que le réflexe oculo-palpébral et le réflexe patellaire. J'ai eu l'occasion, avec l'aide de mon préparateur M. Loye, d'en découvrir un autre. (*Soc. Biol.*, 6 *février* 1886.)

Lorsque l'on excite légèrement la muqueuse de la gencive supérieure au niveau des incisives, on provoque un mouvement remarquable et très localisé dans la lèvre inférieure. Cette lèvre est tirée en avant par une secousse brusque, de manière à recouvrir plus complètement la base des incisives inférieures.

Ce mouvement est surtout déterminé par le peaucier mentonnier, et il est accompagné du redressement des poils de la région.

La voie centripète est le nerf dentaire antéro-supérieur du maxillaire supérieur et, par conséquent, du trijumeau; la voie centrifuge est le facial, avec intervention de quelques fibres de l'hypoglosse qui se rendent au muscle genio-hyoïdien. — Pour l'observer, il faut se placer dans les conditions ordinaires de l'observation des réflexes moteurs, en supprimant l'activité cérébrale volontaire par les narcotiques, les anesthésiques, ou quelque procédé équivalent.

Ce réflexe *labio-mentonnier* est l'un de ceux qui persistent le plus longtemps dans l'anesthésie. Bien qu'il s'affaiblisse à mesure que celle-ci devient plus profonde, il m'est arrivé de constater dans des cas de choroformisation bien graduée qu'il persistait encore alors que le réflexe oculo-palpébral avait disparu. Il constituerait donc le réflexe moteur localisé ultime, et il mériterait le nom d'*ultimum reflex* que je lui ai assigné.

— Paul Bert a constaté que les réflexes de la

luette et de la muqueuse laryngée se perdaient un peu avant la sensibilité cornéenne.

Réflexes cardiaques. — Les physiologistes ont porté une attention spéciale sur les réflexes cardiaques.

Nous avons vu que dans les premiers temps de l'anesthésie les réflexes modérateurs cardiaques peuvent être exagérés. Fr. Franck a signalé que l'excitation du laryngé supérieur déterminait, plus facilement qu'à l'état normal, l'arrêt du cœur. C'est un phénomène de ce genre qui constitue précisément le danger de l'anesthésie désigné sous le nom de *syncope cardiaque primitive* dont nous avons parlé plus haut. Plus tard, ce réflexe modérateur disparaît, comme les réflexes moteurs eux-mêmes, et avec lui l'un des périls sérieux de la chloroformisation. Les arrêts font place d'abord à de simples ralentissements, et enfin il n'y a plus de modification dans le rythme des battements. Toutefois, Paul Bert a constaté que, même dans ces périodes tardives, l'excitation du sciatique, et mieux encore l'excitation des branches du plexus brachial, produisaient un abaissement notable de la pression cardiaque. — En tout cas, le pneumogastrique ne perd à aucun moment son action possible sur le cœur : jusqu'aux derniers moments son excitation arrête les battements.

Réflexes respiratoires. — Les réflexes respiratoires persistent pour ainsi dire indéfiniment. La section des deux pneumogastriques, même en pleine anesthésie produit les troubles respiratoires habituels. L'excitation du bout central du pneumogastrique coupé amène, jusqu'au moment de la mort, l'arrêt de la respiration.

A propos de ces excitations du nerf pneumogastrique, on a signalé un dernier phénomène qu'il serait utile de vérifier. Chez les animaux où le nerf d'arrêt est très excitable, l'anesthésie produirait une susceptibilité particulière de ce nerf, telle qu'une excitation faible déterminerait une inhibition générale. Le cœur et la respiration s'arrêtent, les capillaires se contractent, et le sang resterait rouge dans les vaisseaux. Chez l'animal atropinisé, un seul de ces effets persisterait, à savoir : l'arrêt respiratoire. M. Laffont, *Soc. Biol.*, 20 *mars* 1886.)

§ 9. Action sur la circulation centrale et périphérique. — Écarts. — Syncopes cardiaques. — Économie du sang.

Si l'on ne voulait considérer que les phénomènes pour ainsi dire typiques de l'anesthésie normale, il faudrait distinguer deux conditions seulement de l'appareil circulatoire. Ces deux conditions correspondraient : la première, à la période de l'anesthésie complète (envahissement des voies œsthésodiques); la seconde, à la période plus avancée de narcose profonde avec résolution musculaire absolue (imprégnation de la moelle entière, voies kinésodiques médullaires, cornes antérieures). Pour la première de ces périodes, qui constitue la véritable période chirurgicale, les téguments sont pâles, les vaisseaux périphériques sont contractés, les battements du cœur réguliers, le pouls serré et plein, la pression reste élevée. C'est là le cas normal.

Dans la seconde période, les éléments médullaires accélérateurs sont envahis, les battements du cœur s'affaiblissent, le pouls est mou, la pression abaissée de plusieurs centimètres, le tonus vasculaire diminué; il se produit une dilatation vasculaire qui tient non seulement à l'affaiblissement du cœur, mais à la paralysie des vaso-constricteurs : à ce moment l'excitation du sympathique ne produit plus de constriction. Le réflexe vaso-constricteur, qui est déterminé par l'excitation du sciatique ou du laryngé supérieur n'apparaît plus. Mais c'est là un état extrême.

Ainsi, en principe, peu de changement dans le rythme du cœur : le pouls, d'abord serré et plein, ne tend à devenir mou qu'à la fin; la pression, après s'être maintenue longtemps, ne s'abaisse que lentement et tardivement dans la narcose profonde. En ce qui concerne les vaisseaux, l'effet régulier et normal du chloroforme, c'est la vaso-constriction. Il suffit de regarder le sujet soumis à l'action du chloroforme pour apercevoir les signes manifestes de cette pénurie sanguine. Un dicton médical enseigne que la face est le miroir du cerveau. Or, chez le malade chloroformé, le visage est pâle; lorsque l'anesthésie est profonde, il devient blême et froid : une paleur marmoréenne s'étend sur les pommettes, tandis que l'immobilité des traits, la teinte plombée des narines et des paupières, achèvent de donner au patient l'aspect d'un cadavre.

Mais, comme il arrive le plus souvent en physiologie, et à peu près toujours dans la pratique chirurgicale, le type régulier est une exception et comme une espèce de schème idéal dont la réalité s'écarte plus ou moins, parce que les occasions de perturbation sont, pour ainsi dire, infinies. Aussi l'étude de l'influence des anesthésiques sur la circulation est-elle pratiquement l'étude des accidents ou des écarts du type régulier.

Écarts. — *a. Syncope cardiaque primitive.* — Le premier écart peut se produire au début de l'anesthésie, par suite de l'irritation exercée par la substance sur les premières voies. Cette irritation, cheminant par les fibres du trijumeau ou du laryngé, se réfléchit dans le bulbe sur le pneumo-gastrique et vient modérer et arrêter le cœur. C'est la *syncope primitive* ou *laryngo-réflexe* dont nous avons déjà parlé.

b. Syncope bulbaire. — En second lieu, si l'administration du chloroforme n'est pas faite avec une continuité absolument graduée ; s'il se produit, par exemple, une inhalation trop brusque pendant les premières périodes du sommeil anesthésique, alors la moelle, sous le flot trop abondant, est prise avec rapidité. L'excitation, au lieu de se dissiper, éclate brusquement : les accélérateurs cardiaques de la moelle cervico-dorsale exaltent le cœur. C'est dans ces conditions que l'on observe une précipitation des battements qui les amène au taux de 150 à 160 ; la pression sanguine s'élève d'une manière correspondante (Arloing), dans les premiers moments, pour baisser bientôt, parce que les battements, bien que très nombreux, sont très petits, perdant en force ce qu'ils gagnent en vitesse (loi de Marey). Cet effet est presque immanquablement suivi d'un ralentissement considérable et d'une syncope. Le cœur exécute trois ou quatre systoles lentes, allongées, et s'arrête tout à fait : c'est la *syncope secondaire* ou *syncope bulbaire* de Duret. L'explication de ces phénomènes a été donnée par Arloing : elle s'appuie sur cette simple observation que, si l'on sectionne les pneumogastriques, les mêmes phénomènes ont lieu, à la syncope finale près. Donc le ralentissement est dû à la paralysie des centres accélérateurs de la moelle qui succède à leur excitation exagérée, et la syncope est due à l'action des pneumogastriques sollicités dans le bulbe par l'excitation chloroformique qui gagne cet organe pendant que la moelle se paralyse : en d'autres termes, le ralentissement est médullaire, la syncope est bulbaire.

Si les choses n'ont pas été aussi loin, c'est-à-dire si la dose n'a pas suffi à exciter violemment le bulbe, la syncope n'a pas lieu ; mais on peut dire qu'elle est imminente et que la plus simple irritation portée sur le vague suffira à la produire (Vulpian).

c. *Syncope toxique*. — Enfin un troisième écart s'observe lorsque l'administration du chloroforme est graduellement poussée trop loin. Par suite du progrès graduel de la chloroformisation, ce ne sont plus les phénomènes d'excitation que l'on va observer, mais les phénomènes de paralysie. Pour prévoir ce qui doit se passer alors, il faut se reporter au troisième principe que nous avons posé au commencement de cet examen. Lorsque les deux systèmes modérateur et accélérateur sont excités en même temps également, c'est le modérateur qui l'emporte ; lorsque l'excitation disparaît, c'est l'accélérateur. Ici donc on verra les mouvements du cœur s'accélérer de plus en plus en devenant plus petits pendant que la pression baissera, et sur ces entrefaites la respiration s'arrêtera, par suite de la paralysie du bulbe. L'arrêt de la respiration précède de quelque temps, quelquefois de deux minutes, l'arrêt du cœur : c'est la *syncope tertiaire* de Duret, ou syncope par intoxication ; elle est la plus irrémédiable.

d. *Économie du sang*. — Des écarts analogues et

tout aussi faciles à comprendre, en appliquant les principes physiologiques, s'observent du côté des vaisseaux : aux périodes d'excitation médullaire (excitation des centres constricteurs et dilatateurs) correspond une légère dilatation, parce que l'avantage reste, ainsi que nous l'avons indiqué, aux modérateurs dans tous les cas de ce genre (Dastre et Morat) ; mais, lorsque l'administration est bien graduée, l'excitation n'apparaît point, puisque sa condition est la soudaineté, et alors c'est la constriction qui domine jusqu'à la fin. Il faut noter toutefois que Gübler (1858), Langlet (1872), Hürthle (1889), en observant la circulation cérébrale pendant la chloroformisation, auraient constaté (mais surtout chez le lapin) une accélération de cette circulation. Il y aurait dilatation des vaisseaux cérébraux. Gaertner et Wagner sont du même avis. (*Pflüger's Archiv.*, 1889, t. 44, p. 596.)

Mais, en général, la constriction est le fait capital : de là, pâleur des téguments, et particulièrement de la face, pendant l'administration du chloroforme à toutes ses périodes (sauf dans les cas accidentels d'excitation). Il en résulte que l'anesthésie chloroformique diminue les hémorragies et favorise l'économie du sang, avantage considérable dans la pratique chirurgicale. Dans les tissus taris, l'incision du bistouri ne provoque plus de ces hémorragies rebelles qui épuisent le malade et troublent le chirurgien.

§ 10. Action sur la respiration et sur les organes respiratoires.

Ici encore nous répéterons que dans le cas-type la respiration doit rester normale, avec un rythme calme et régulier. L'amplitude va en diminuant légèrement. On a observé cependant chez les animaux des *modifications dans le rythme* et dans la *force* des mouvements respiratoires.

Rythme. — En appliquant trois pneumographes simultanément sur l'abdomen, la partie inférieure et la partie supérieure du thorax, P. Bert a observé, chez le chien, les faits suivants : la respiration costale supérieure diminue peu à peu d'amplitude ; la respiration costale inférieure diminue encore plus, et devient notablement inférieure aux deux autres. Le thorax s'affaisse. Au contraire, la respiration abdominale devient prédominante : elle se fait en deux temps; elle est dicrote, c'est-à-dire qu'il y a un ressaut au début de l'expiration... Il est bien entendu que ces observations n'ont de signification qu'autant que la chloroformisation se comporte d'une manière tout à fait régulière. S'il y a une phase d'agitation, le nombre des respirations augmente beaucoup : l'amplitude s'accroît, et la respiration costale inférieure prédomine (période d'aboiement). Si l'on coupe les nerfs phréniques, on arrête la respiration abdominale, et aussitôt le thorax, jusque-là presque immobile, recommence les mouvements respiratoires.

Force expansive. — La *force expansive* du thorax se trouve diminuée. Pour apprécier cette diminution, on a cherché le poids minimum qui suffit à contrebalancer l'expansion thoracique et à la rendre impossible. Ainsi, sur un chien de 12 k. 850, il a fallu, pour arrêter la respiration, exercer sur le sternum une pesée de 75 kilogrammes avant l'anesthésie; l'insensibilité obtenue, un poids de 58 kilogrammes a suffi; plus tard, il a fallu seulement

55 kilogrammes; après une longue période d'anesthésie (au-delà d'une heure) le poids s'est abaissé à 25 kilogrammes.

Faiblesse de l'effort expiratoire. — P. Langlois et Ch. Richet ont procédé par une autre méthode. (*Acad. Sc.*, 25 *mars* 1889.) L'animal anesthésié respire à travers une colonne de mercure que l'effort inspiratoire et l'effort expiratoire doivent soulever pour que l'air puisse entrer et sortir. Il y a une limite de pression que les puissances respiratoires ne peuvent dépasser. Par exemple, l'homme ne peut ni inspirer ni expirer à travers une colonne de mercure de 100 millimètres. Chez le chien l'effort inspiratoire n'a pas semblé très modifié par l'anesthésie : l'animal profondément anesthésié inspirait, comme l'animal indemne, sous une pression de 15 à 25 millimètres de mercure, — résultat qui n'est pas tout à fait concordant avec celui que nous venons de rappeler tout à l'heure. Mais, — et c'est là le point important, — l'effort *expiratoire* est au contraire très notablement atténué. L'expiration ne peut soulever une colonne de 10 millimètres. Le sujet anesthésié est réduit à l'expiration purement passive, puisque les réactions volontaires ou réflexes sont supprimées, et celle-ci est naturellement très faible. Ainsi, chez le sujet anesthésié, ce n'est pas du côté de l'inspiration qu'est le danger, c'est du côté de l'expiration. — D'où cette conséquence chirurgicale : qu'il faut éviter le plus léger obstacle à l'expiration. Un obstacle imperceptible pour l'individu normal, qui est capable, au besoin, de renforcer volontairement son expiration, sera infranchissable pour l'individu anesthésié.

Syncopes respiratoires. — En pratique, la régularité de la fonction respiratoire pendant la chloroformisation est troublée le plus souvent par des accidents qui tiennent, les uns au sujet, les autres au mode d'administration défectueux de la substance anesthésique.

Le premier écart est dû à l'irritation des premières voies au début de l'administration du toxique. Il y a un arrêt réflexe de la respiration qui a été expliqué plus haut : c'est l'*arrêt respiratoire laryngo-réflexe*.

Le second écart correspond au cas déjà examiné, pour le cœur, d'une inhalation trop brusque faisant pénétrer instantanément un excès de l'anesthésique. Nous savons qu'il y a alors excitation bulbaire et syncope correspondante : il y a pour la même raison des convulsions respiratoires, et la respiration se suspend ordinairement *après* le cœur : c'est la syncope respiratoire secondaire.

Enfin, dans le troisième cas, celui de l'imprégnation par doses graduelles exagérées, les mouvements respiratoires deviennent petits, superficiels, et cessent avant les mouvements du cœur, ainsi que nous l'avons expliqué plus haut. Dans la chloroformisation avancée, la mort s'annonce donc par l'arrêt de la respiration. (Arloing, P. Bert, etc.)

§ 11. Action sur la force musculaire. — Action pupillaire. — Durée de la résistance.

Force musculaire. — Si l'on excite le bout périphérique du nerf sciatique avec un excitant identique, on voit que l'effet musculaire obtenu s'amoindrit. Par exemple, un poids de 1 kilogramme était soulevé à 1 cent. 5 de hauteur avant l'anesthésie ; 5 minutes après l'insensibilisation, il ne l'est plus qu'à 1 centimètre; 20 minutes plus tard, à 6 millimètres; après l'anesthésie prolongée très longtemps, à 5 millimètres. Le phénomène peut s'expliquer par une diminution de l'excitabilité du nerf moteur et par une diminution de la réaction du muscle. (P. Bert.)

Que le chloroforme agisse sur le muscle même, indépendamment de ses éléments nerveux, c'est ce qui est facile à vérifier en opérant sur la pointe du cœur de la grenouille séparée physiologiquement du reste de l'organe. A cet égard, l'ammoniaque serait un contre-poison du chloroforme. (Sydney Ringer, *The Practitionner XXVI et XXVII.*)

Durée de la résistance à l'action du chloroforme. — Prolongée suffisamment longtemps, la chloroformisation entraîne la mort de l'animal. Même avec l'emploi des mélanges titrés, qui régularise autant que possible l'action de l'anesthésique, il y a de grandes irrégularités quant à la durée de la résistance. Avec le mélange 12 p. 100, par exemple, cette survie peut varier de deux heures (terme normal) à quatre et cinq heures. Il semble pourtant que les animaux arrivent à peu près tous au même degré d'abaissement des fonctions vitales au bout d'une heure environ; mais, ce point atteint, les uns meurent, tandis que les autres continuent à végéter plus ou moins longtemps.

Variations de la pupille. — L'excitation d'un nerf sensitif a toujours pour conséquence une dilatation de la pupille. La pupille constitue donc un aesthésiomètre précieux, capable de renseigner avec fidélité sur le degré de sensibilité du tissu excité (Schiff et Foa, Vulpian et Carville). D'une façon générale, pendant l'anesthésie, la pupille reste immobile dans l'état de contraction (Perrin). La règle est donc la suivante :

Pendant la période d'anesthésie profonde, il y a : 1° immobilité absolue de la pupille; 2° état de constriction.

Les sujets alcooliques présentent une exception particulière : la pupille se contracte tardivement et se maintient difficilement à cet état. Chez les sujets non alcooliques, la pupille est dilatée dans les premières phases de l'anesthésie, puis elle se contracte progressivement.

Chez les chiens, la dilatation serait la règle et la contraction l'exception (P. Bert). La dilatation (tardive) se produirait encore malgré la section du vago-sympathique. Si l'on excite le bout céphalique du nerf, on obtient, comme chez l'animal sain, la dilatation de la pupille et la projection de l'œil en avant.

Pendant l'anesthésie confirmée, la pupille n'obéit plus à l'excitation lumineuse, si elle est dilatée. Cette inertie est le signe d'une anesthésie profonde.

A mesure que le chloroforme se dissipe et que la sensibilité fait retour, la pupille se dilate de nouveau progressivement (Budin et Coyne, 1874; Schlöger, Winslow, 1877).

Enfin, dans les dernières périodes de l'anesthésie, lorsque le degré nécessaire à l'opération chirurgicale est dépassé, et que l'intoxication mortelle est imminente, la pupille se dilate, mais cette fois brusquement.

§ 12. Intoxication chronique par le chloroforme.

Au lieu d'être employés dans un but accidentel pour procurer l'insensibilité chirurgicale, les anesthésiques l'ont été quelquefois d'une tout autre manière. Le sujet a pris successivement l'habitude de se soumettre journellement à leur action : il leur demande la sorte d'ivresse que produisent les poisons stupéfiants. Comme il y a des morphinomanes, il y a aussi des éthéromanes et des chloroformomanes.

Toutefois l'abus du chloroforme est beaucoup plus rare que celui de l'éther. A Londres, l'éthéromanie est fréquente. L'odeur pénétrante et la diffusion facile des vapeurs, qui remplissent rapidement les appartements et les lieux fermés, déterminent les maniaques de l'éther à l'employer en plein air, hors de leur domicile. C'est ainsi que, d'après P. Regnard (*Ass. Scient.*, 21 *mars* 1885), les gardiens des squares et des grands parcs de Londres trouvent souvent dans les massifs des flacons vides portant invariablement l'étiquette : *Éther sulfurique*. Sur les pelouses d'Epsom, après les courses, des flacons d'éther se rencontrent parmi les bouteilles de champagne restées vides sur la place. Il y aurait même dans certaines bourgades des cabarets où se débite de l'alcool chargé d'éther. Richardson et Draper prétendent qu'en Irlande on pouvait, à un certain moment, reconnaître facilement la religion d'un ivrogne : s'il sentait l'éther, c'était un catholique ; s'il puait le gin, c'est un anglican. — Beaucoup de ces toxicomanes se contentent de respirer la vapeur anesthésiante : c'est une habitude qu'ils ont prise d'abord pour calmer des douleurs et des migraines, et qu'ils conservent pour se procurer l'ivresse étherique. Quelques-uns le boivent, par gouttes au début, sur du sucre, puis plus tard, à cru par quantités considérables.

L'abus de l'éther, comme celui de la morphine,

entraîne une déchéance générale de l'organisme : c'est un empoisonnement lent. — Mais, somme toute, ces faits sont heureusement rares. L'intoxication chloroformique est plus rare encore, et l'on peut dire que l'intérêt qu'il y a à en connaître les effets est surtout physiologique.

P. Bert a étudié expérimentalement chez des chiens, les effets de la chloroformisation chronique (*Soc. Biol.*, 14 août 1885). Un chien de 6 kilogrammes fut soumis à la chloroformisation pendant 32 jours de suite, et pendant 35 minutes chaque jour, au moyen du mélange titré chloroforme et air (10 p. 100). L'animal était soumis à un régime régulier : l'anesthésie était répétée tous les jours à la même heure, les excreta recueillis.

Le temps nécessaire pour obtenir l'anesthésie n'a pas varié : l'effet de l'accoutumance ne s'est pas manifesté à cet égard. Toujours il a fallu 10 à 12 minutes pour amener l'anesthésie. — Mais l'accoutumance s'est fait nettement sentir en ce qui concerne l'excitation du début. Dans les commencements, l'animal éprouvait une vive répugnance : il résistait, se débattait ; la phase d'excitation était violente. Peu à peu, il s'habitua à ces inhalations journalières : il ne résistait plus, et témoignait presque d'un certain empressement.

D'une façon générale, l'anesthésie devint plus tranquille à mesure qu'elle fut plus souvent renouvelée. L'animal avait perdu l'appétit; il mangeait peu, et, à partir du 12e jour il était plongé dans une somnolence continuelle. En revanche, il buvait beaucoup et avec avidité. — Il succomba le 32e jour pendant la chloroformisation. Il avait perdu 28 p. 100 de son poids, qui s'était abaissé de 6 kilogrammes à 4 kilogrammes 800; le tissu cellulaire avait perdu sa graisse, les muscles étaient atrophiés et pâles, le foie en steatose. Les pigments biliaires avaient passé dans l'urine. L'élimination de l'urée était augmentée : l'urine n'avait à aucun moment contenu ni albumine, ni sucre, ni chloroforme.

J. Regnault et R. Dubois ont insisté sur les accidents qui peuvent résulter de l'inhalation fréquente des vapeurs de chloroforme chez les personnes qui y sont exposées involontairement, fabricants, chirurgiens, expérimentateurs. Ce sont des insomnies, des douleurs névralgiques et rhumatoïdes, des phénomènes de dépression physique et psychique.

Nous terminons ici l'étude physiologique de la chloroformisation prise comme type le plus habituel et le plus général de l'anesthésie. Il nous restera à indiquer sur quels points l'action de l'éther peut différer de celle du chloroforme.

CHAPITRE IV

EMPLOI CHIRURGICAL DE L'ANESTHÉSIE CHLOROFORMIQUE

§ 1. Administration de l'anesthésique. — Procédés usuels : 1° Procédé des doses massives. — 2° Procédé dosimétrique. §2. Méthode des mélanges titrés : obstacles à sa propagation. § 3. Phénomènes accessoires : *a*. État de la face. *b*. Globes oculaires. — *c*. Sensibilité cornéenne. *d*. Variations pupillaires. *e*. Sécrétions salivaires et pharyngées. *f*. Bruits respiratoires : toux, râle trachéal, ronchus. *g*. Tremblement général. § 4. Irrégularités de l'anesthésie. Accidents non mortels : excitation de début et excitation secondaire. § 5. Accidents mortels : Statistique. — Causes : impureté du chloroforme. Mécanisme physiologique : Syncopes respiratoires et cardiaques. Conclusions. Théorie des accidents chloroformiques. Remèdes.— § 6. Traitement des accidents de la chloroformisation. Respiration artificielle. — Électrisation. — Nitrite d'amyle. — Obstacles mécaniques. — Inversion totale. — § 7. Contre-indications : États constitutionnels. — États pathologiques. — Siège et nature de l'opération. § 8. Inconvénients du chloroforme dans les opérations pratiquées à la lumière artificielle.

Le tableau de l'anesthésie chirurgicale ne diffère point, en principe, de celui que l'expérimentation nous a permis de tracer. Le chirurgien n'observe pas d'autres phénomènes que le physiologiste ; mais ses préoccupations sont d'un autre ordre, et son attention doit naturellement se restreindre aux points qui peuvent éclairer ou diriger sa pratique.

§ 1. Procédés d'administration usuels : — Procédé par sidération. — Procédé dosimétrique.

La première question est relative au mode d'administration du chloroforme. Là-dessus, pas de méthode générale : chaque opérateur a sa manière de faire, qu'il suit empiriquement, par habitude. Ces procédés d'ailleurs diffèrent très peu les uns des autres, quoique chaque chirurgien tienne beaucoup à ces minces différences.

A l'étranger, les chirurgiens, surtout ceux qui utilisent l'éther, emploient volontiers des inhalateurs spéciaux : masque de Clover, de Juncker, appareil d'Ormsby. En France, les différents procédés consistent tous à verser du chloroforme sur une compresse que l'on dispose au-devant de la bouche et des narines du sujet, de manière à lui faire respirer de l'air mélangé de vapeur anesthésique. La compresse est recouverte d'un côté d'une toile cirée qui empêche le médecin d'absorber autant de chloroforme que le malade ; elle est plus ou moins grande ; elle est appliquée plus ou moins près des orifices respiratoires ; le chloroforme y est versé plus ou moins abondamment, selon les besoins de l'opération, l'état du sujet, et les habitudes de celui qui administre l'agent anesthésique.

Depuis quelques années, les chirurgiens tendent à se débarrasser du souci de veiller eux-mêmes sur la conduite de la chloroformisation : ils abandonnent ce soin à un aide, toujours le même, qui finit par acquérir par un constant exercice une sûreté assez grande. Ainsi s'est créée, non sans avantage, cette fonction nouvelle, de médecin chloroformiseur, lieutenant *ad latus* du chirurgien des grandes villes.

Toutes ces façons d'administrer le chloroforme se résument à essayer de régler la pénétration de la vapeur d'après les réactions apparentes du sujet, réactions circulatoires, respiratoires, motrices, sensitives, surveillées avec soin. Mais, parmi ces procédés, il y en a deux qui méritent une mention : 1° le procédé des *doses massives*, ou procédé par *sidération;* 2° le procédé *dosimétrique*.

1° Le procédé par *sidération*, ou *doses massives*, consiste à présenter au sujet, dès le début, un air extrêmement chargé de vapeurs chloroformiques. On verse, par exemple, sur la compresse une grande quantité de chloroforme, et les premières inspirations amènent au poumon un excès de vapeur anesthésique, ou, pour parler plus scientifiquement, des vapeurs à tension partielle considérable. Le sujet est dans la même condition que si on lui offrait pendant une demi-minute un mélange à titre élevé, 20 p. 100, 25 p. 100, 30 p. 100. Le résultat est le suivant : les stades intermédiaires de l'anesthésie sont pour ainsi dire franchis d'un bond ; le malade est sidéré d'un coup, sans manifester tous les phénomènes de début, tels que loquacité, agitation. Il suffit, après cela, de doses intermittentes faibles pour entretenir l'état d'insensibilité.

Le procédé est avantageux quand il réussit ; mais il risque de ne pas réussir. Il est extrêmement dangereux. La théorie enseigne et l'expérience a montré très souvent que la syncope respiratoire secondaire, ou encore la syncope cardiaque, sont imminentes. Et, dans certains cas, loin d'éviter l'excitation, on la fait éclater du premier coup : alors l'anesthésiation complète devient impossible. En résumé, le sujet est pour ainsi dire placé sur une marge étroite entre l'agitation extrême et la syncope.

2° Le procédé *dosimétrique*, ou procédé des *gouttes*, n'offre pas ces dangers. On place une petite compresse fine sur le nez et la bouche du patient. Au niveau du pont formé par cette compresse, on verse une goutte de chloroforme : le malade respire la vapeur de cette goutte mélangée à l'air ; à la fin de l'expiration suivante, seconde goutte, et ainsi de suite : à chaque inspiration une goutte de chloroforme. Si le résultat tarde à se produire, on verse deux gouttes au lieu d'une, de la même manière. (Peyraud, de Libourne : *Soc. Biol.*, 15 *décembre* 1883.)

En général, le sommeil anesthésique est obtenu assez régulièrement, sans agitation, au bout de huit à dix minutes. On ne verse plus alors que deux ou trois gouttes de chloroforme par minute : c'est ce que l'on appelle la *ration d'entretien*. Cette méthode n'est pas sans analogies avec la méthode régulière des mélanges titrés.

Les procédés en usage se classent tous entre ces deux-là, se rapprochant plus ou moins de l'un ou de l'autre. Ils n'ont de commun que cette règle pratique, d'employer successivement deux doses différentes : au début une plus forte dose, *dose anesthésique* pour produire le sommeil ; ensuite, une plus faible, *dose d'entretien* pour le maintenir.

§ 2. Méthode des mélanges titrés. — Obstacles à sa propagation.

Les irrégularités et les incertitudes de la chloroformisation tiennent pour une grande part aux irrégularités mêmes du mode de pénétration. Paul Bert s'est proposé d'écarter cette cause de confusion et de fonder sur des bases rationnelles l'administration de l'anesthésique. De là, la méthode des mélanges titrés, dont nous avons exposé le principe plus haut (Ch. III, § 2).

Avant d'être appliqué à l'homme, le nouveau procédé a été étudié sur les animaux. Son emploi exige un outillage spécial : un appareil pour préparer, contenir et débiter le mélange titré; un entonnoir-masque ou muselière à soupape pour le faire pénétrer dans le poumon. Chez l'animal, cette dernière partie peut être remplacée par un tube trachéal.

L'appareil pour la préparation et la conservation du mélange est le gazomètre double du Dr de Saint-Martin. Qu'on imagine un cylindre exactement équilibré par des contrepoids, et qui pourra au moyen d'un poids additionnel s'abaisser ou s'élever verticalement entre des montants qui guideront son mouvement. — Ce cylindre est ouvert à sa partie inférieure; sa paroi latérale s'engage dans l'étroit espace laissé par deux autres cylindres, l'un plus large, l'autre plus étroit que lui : cet espace est rempli d'eau destinée à assurer la fermeture hermétique. Cette disposition a pour but de diminuer la quantité d'eau qui dans les gazomètres ordinaires serait capable de dissoudre ou d'absorber une certaine proportion de la substance introduite. — En soulevant le gazomètre supposé au bas de sa course, on y fait pénétrer l'air. Cet air traverse un petit flacon gradué L (fig. 1), contenant la quantité de chloroforme que l'on veut employer, et, en barbotant à travers le liquide, l'entraîne à l'état de vapeurs dans le cylindre. — De telle sorte que, lorsque le cylindre est au haut de sa course, le gazomètre

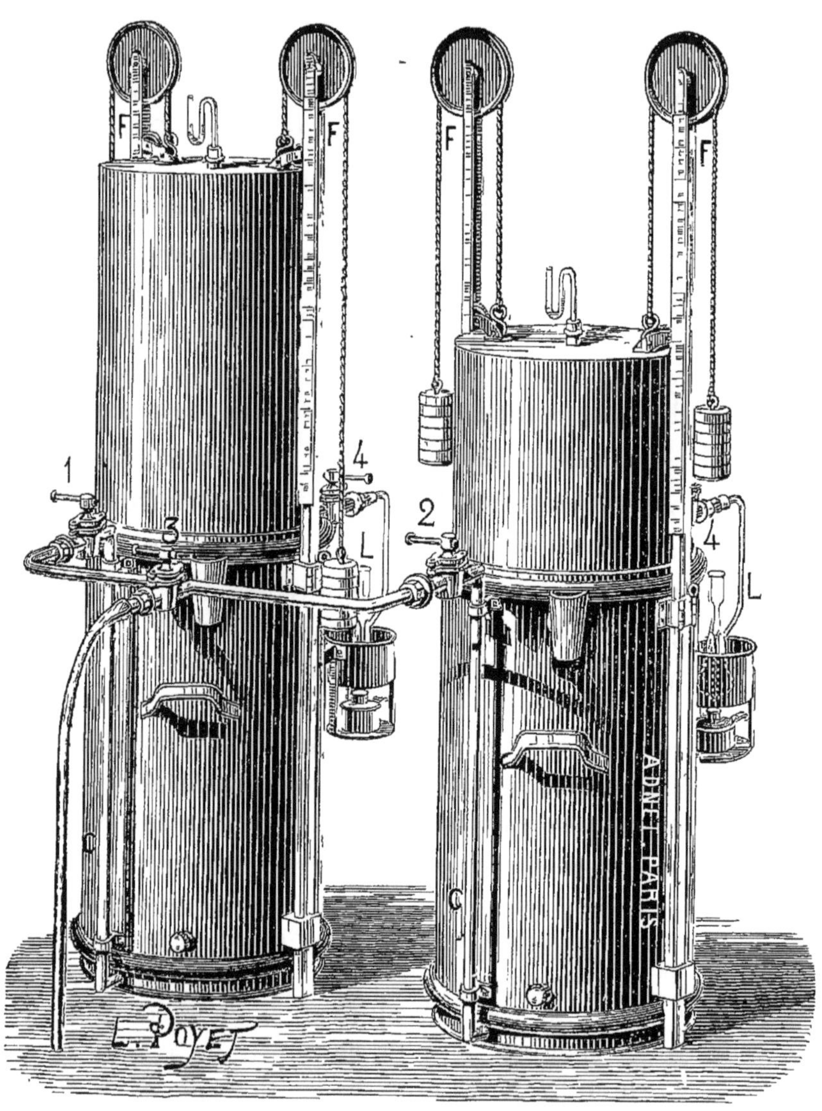

FIG. 1. — Gazometre double de Saint-Martin pour les melanges titrés.

enferme un mélange titré : 10 grammes de chloroforme, par exemple, pour 100 litres d'air.

La capacité intérieure est en rapport avec un tube qui aboutit au masque du sujet à anesthésier ou à la canule trachéale du chien. — Celui-ci respire donc le mélange au moyen d'une soupape (Denayrouse, Müller, etc.), qui permet de puiser l'air de l'inspiration dans le gazomètre et de rejeter au dehors l'air expiré. — Le cylindre descend par son propre poids, à mesure que son contenu se consomme. Pour qu'il n'y ait pas d'interruption dans la manœuvre, un second gazomètre identique au premier est couplé avec lui, On le charge pendant que le premier fonctionne. Son conduit de décharge est branché sur le tube qui va à l'appareil respiratoire. Quand le contenu du premier gazomètre est épuisé, l'animal se trouve mis en rapport avec le second par un simple jeu de robinet. — On recharge alors le premier gazomètre. Et l'on peut recommencer indéfiniment cette même manœuvre extrêmement simple.

On a étudié méthodiquement les propriétés des divers mélanges titrés. Voici les résultats :

L'action de ces mélanges entraîne toujours la mort de l'animal si on la prolonge suffisamment. Le mélange 4 p. 100 (4 grammes chloroforme, 100 grammes d'air) ne produit pas d'insensibilité : l'animal meurt au bout de 9 à 10 heures, avec température abaissée.

Le mélange 6 p. 100 diminue seulement la sensibilité, et amène la mort en 6 ou 7 heures.

Le mélange 8 p. 100 produit lentement l'insensibilisation, et tue en 4 heures.

Le mélange 10 p. 100 produit l'anesthésie en quelques minutes, et tue après 2 à 3 heures.

Les mélanges supérieurs produisent une insensibilisation très rapide : avec 12 p. 100 l'animal résiste près de 2 heures ; avec 15 p. 100, il résiste 40 minutes ; avec 20 p. 100, une demi-heure ; avec 30 p. 100, anesthésie instantanée, mort en 3 minutes.

Au point de vue physiologique, il est intéressant de remarquer que les doses faibles semblent atteindre la vie de nutrition tout en respectant la sensibilité.

Au point de vue pratique, on note la régularité extrême de l'anesthésie, l'absence de complication, l'absence d'excitation, et enfin l'absence des syncopes primitive et secondaire qui constituent le danger habituel de l'anesthésie.

Ces faits étaient trop encourageants pour qu'on n'essayât pas d'appliquer la méthode à la chirurgie humaine. — Cette application a été réalisée, en effet, à l'hôpital Saint-Louis, dans le service du chirurgien Péan, avec le mélange 8 p. 100.

Le succès n'a rien laissé à désirer. La méthode rationnelle s'est montrée être aussi une méthode pratique. Les résultats ont été exposés devant la Société de Biologie par Paul Bert (5 janvier 1884) et par M. Aubeau (20 juin 1884). La statistique portait à ce moment sur 115 opérations. Voici les faits : pas de répulsion chez les sujets; toux et salivation, une seule fois ; période d'excitation absente le plus souvent, et réduite, lorsqu'elle est apparue, à quelques secousses et à des marmottements, — (sauf, bien entendu, chez les alcooliques) ; anesthésie obtenue en 7 minutes, régulière, calme, continue, profonde; sécurité considérable; anesthésie de retour permettant de terminer l'opération ou le pansement après que les inhalations ont cessé. (Aubeau, *Mém. Soc. Biol.*, 1884.) — La méthode présente, d'ailleurs, une certaine élasticité : elle se prête à des modifications qui permettent d'imiter la pratique chirurgicale d'une dose anesthésique plus forte et d'une dose d'entretien plus faible. On peut commencer, par exemple, avec le mélange à 12 p. 100 et continuer avec le mélange à 8 p. 100.

Malgré ses avantages évidents, il n'est pas permis

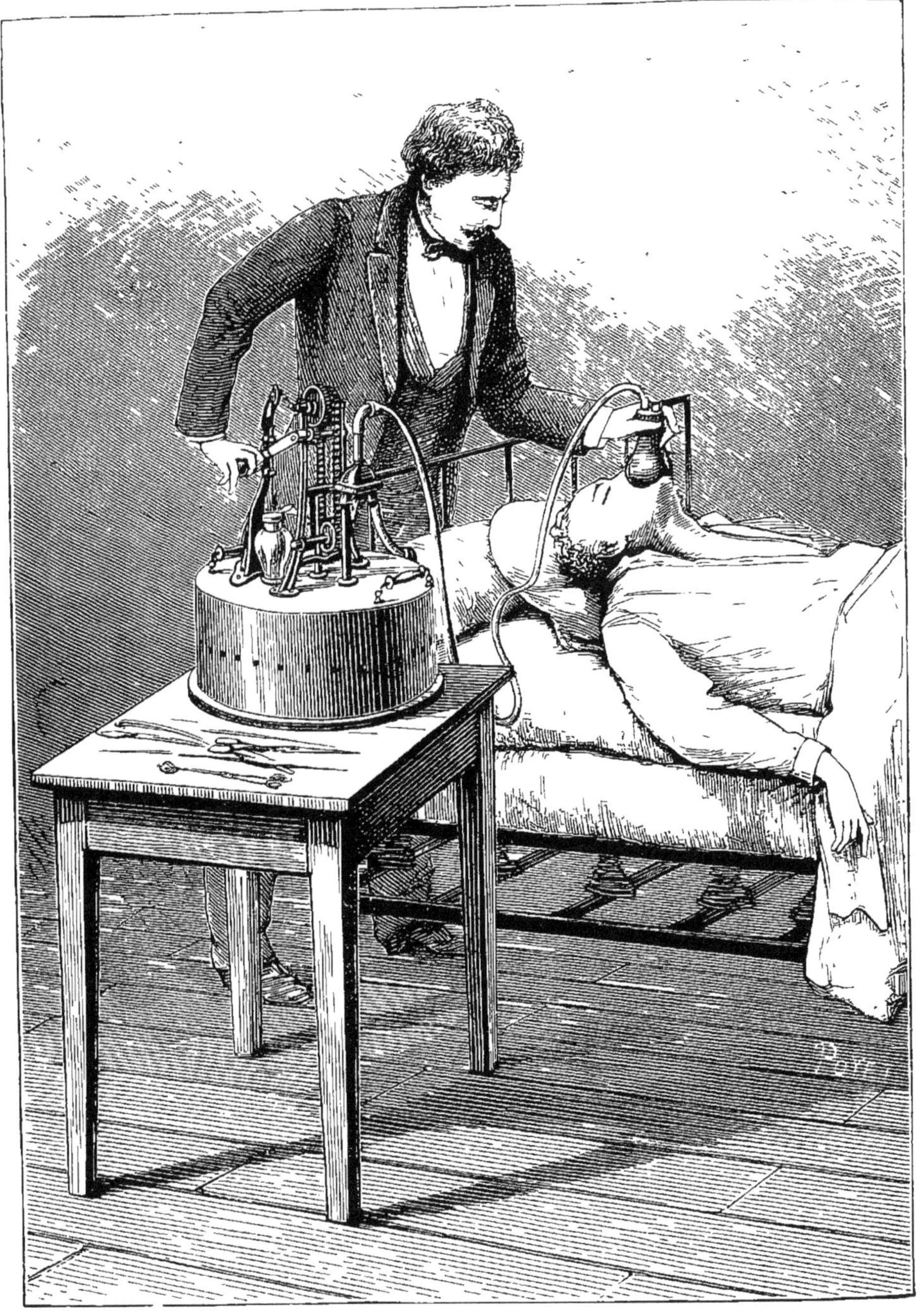

Fig. 2. Machine de Dubois pour les melanges titrés.

de croire que cette méthode des mélanges titrés devienne d'un usage très général. Elle se heurte à une objection qui est insurmontable, étant données les conditions et les habitudes de la pratique chirurgicale : c'est l'emploi d'un outillage instrumental. Si simple que soit la manœuvre du gazomètre et l'application du masque à soupape, il n'en est pas moins vrai que l'appareil est encombrant, peu transportable, et qu'on n'en peut concevoir l'usage que dans quelques salles d'opérations des hôpitaux.

R. Dubois a essayé d'écarter cette difficulté. Il a imaginé et fait construire, avec l'aide du mécanicien Tatin, une machine ingénieuse, très portative, permettant de réaliser des mélanges exactement titrés, qui se reconstituent à mesure qu'ils se débitent dans les organes respiratoires du sujet. La manœuvre, extrêmement simple, consiste dans un mouvement alternatif de va-et-vient à imprimer à une bielle; elle est à la portée de l'aide le moins exercé. (*Soc. Biol.*, 14 *juin* 1884; *Mém. Soc. Biol.*, 1885, p. 1.)

La méthode peut encore être appliquée d'une autre manière, moins rigoureuse et moins parfaite. On peut dissoudre le chloroforme dans un liquide qui en laissera échapper la vapeur à une tension partielle faible et fixe tant que le titre du mélange se maintiendra. C'est à ce procédé que se rattache l'anesthésie par l'alcool mêlé au chloroforme (Quinquaud) et l'anesthésie par le pseudo-chlorure de méthylène (Spencer Wells). (Voir plus loin.)

S'il fallait maintenant porter un jugement pronostique sur l'avenir de cette méthode d'administration chloroformique, je dirais que son usage restera toujours limité et restreint. Son intérêt théorique reste intact, mais la chirurgie pratique trouvera vraisemblablement ailleurs la solution des difficultés de l'anesthésie.

§ 3. Phénomènes accessoires.

Quel que soit le procédé employé, la marche de l'anesthésie chirurgicale chez l'homme est conforme à celle de l'anesthésie expérimentale étudiée sur les animaux. Les traits différentiels sont peu nombreux et peu importants. Seulement, les anomalies, tout à fait négligeables aux yeux du physiologiste, reprennent leur place naturelle dans les préoccupations du chirurgien. Il faut donc que le clinicien possède des signes multipliés qui l'avertissent de la marche de l'anesthésie régulière à ses différentes phases ; il faut qu'il connaisse les *dangers* qui peuvent en accidenter le cours, les *causes de ces dangers* pour en tirer des contre-indications, leurs *signes précurseurs* pour pouvoir y parer à propos.

Les SIGNES accessoires, dans l'anesthésie régulière, sont fournis par l'état de la face, l'état des globes oculaires, la sensibilité de la cornée, les variations de la pupille, les bruits respiratoires, le tremblement général. Examinons ces différents points :

a. **État de la face.** — On a souvent dit que la face était le miroir du cerveau au point de vue de sa vascularisation. Dans l'anesthésie chloroformique bien établie, la face est pâle, par suite de la constriction des petits vaisseaux. Dans l'anesthésie profonde, lorsque l'intoxication est imminente, ce caractère s'exagère encore : le visage devient blême, les traits sont immobiles, une froideur marmoréenne s'étend sur les pommettes les narines et le lobule de l'oreille, pendant que les paupières prennent une teinte plombée.

b. **État des globes oculaires.** — Dans les premières périodes de l'anesthésie, les globes oculaires se renversent en haut et en arrière, sous la paupière supérieure. Lorsqu'on les expose à l'action de la lumière, ils exécutent des oscillations qui les font pivoter autour de leur axe antéro-postérieur et qui déplacent cet axe soit à droite, soit à gauche (nystagmus chloroformique).

Dans l'anesthésie profonde, les axes, jusqu'à ce moment renversés en arrière, reviennent à l'horizontalité (Duret). De plus, il y a perte des mouvements associés lorsqu'on expose les yeux à l'excitation lumineuse, les deux globes se déplaçant alors en sens différents et même en sens inverses (Mercier et Warner).

c. **Sensibilité de la cornée.** — C'est par l'exploration de la cornée que le chirurgien juge le degré d'anesthésie : la disparition du réflexe oculo-palpébral marque le moment de l'*anesthésie confirmee*, à partir duquel les inhalations doivent être restreintes.

Dans l'anesthésie prolongée, R. Dubois a observé la production d'un astigmatisme irrégulier très prononcé. Cette déformation de la surface cornéenne s'accompagne en général d'une diminution de tension très notable du globe de l'œil.

d. **Variations de la pupille.** — Sauf quelques cas aberrants, la pupille se contracte et reste immobile pendant l'anesthésie profonde. On doit se défier d'une dilatation brusque, qui succéderait à la constriction : ce serait l'indice d'une intoxication mortelle imminente.

e. **Bruits respiratoires. — Sécrétions salivaires et pharyngées.** — On observe de la *toux*, des *râles*, des *hoquets*, du *ronchus*.

La toux est assez fréquente, surtout lorsque l'on emploie l'éther au lieu du chloroforme. Elle se manifeste dès les premières inspirations, et se continue quelquefois pendant toute la durée de l'anesthésie. Elle reconnaît deux causes : la première, c'est l'excitation trachéale produite par le contact de la vapeur anesthésique; d'autre part, les sécrétions salivaires et pharyngées peuvent s'exagérer pendant les premiers moments de l'anesthésie, lorsque la période d'excitation existe : cette hypersécrétion peut occasionner des réactions de toux.

Les sécrétions des premières voies peuvent d'ailleurs entraîner d'autres phénomènes et créer quelques dangers. Elles expliquent les *crachottements* du début, les *mouvements de déglutition* du début et du réveil, et le *râle trachéal*. Celui-ci est dû au passage alternatif de l'air à travers les liquides, qui, en raison de l'insensibilité du malade, ne provoquent plus de déglutition ou de sputation. Ce râle trachéal, qui n'est pas sans analogie avec le râle des agonisants, peut persister pendant toute la période moyenne de l'anesthésie. Enfin, en s'accumulant dans le pharynx, ces sécrétions exagérées peuvent encore intervenir pour provoquer, au réveil, des crachements, des nausées et le *vomissement*. (Aubert, de Lyon : *Soc. Biol.*, 21 *avril* 83.) De plus, elles constituent un danger en créant un obstacle nouveau à l'expiration, dont la force, comme nous l'avons dit, est très atténuée.

Il suit de là qu'il y a avantage notable à écarter les causes de l'hypersécrétion. Le procédé que nous aurons l'occasion de préconiser (méthode mixte : atropine, morphine et chloroforme) supprime tous ces inconvénients (Aubert, Dastre et Morat).

Enfin le *ronchus* est un signe d'anesthésie complète : il indique la paralysie du voile du palais mis en mouvement par la colonne d'air inspirée et expirée.

f. **Tremblement général.** — Le tremblement général de tout le corps, assez semblable à un frisson intense sans claquement de dents, survient presque toujours en plein sommeil anesthésique. Ce tremblement se suspend et quelquefois se supprime par la flexion forcée du gros orteil vers la plante du pied (P. Aubert).

Ce tremblement s'observerait plus fréquemment chez les vénériens, dans les opérations sur les organes génitaux. On a dit que c'était une réaction réflexe, due à l'action du froid sur les parties du corps largement découvertes pour l'opération. Il est possible que ce soit surtout une réaction automotrice médullaire, facilitée par l'anémie périphérique.

§ 4. Irrégularités de l'anesthésie. — Accidents non mortels.

La chloroformisation continue, régulière, paisible, sans alerte d'aucune espèce, est un type idéal, très réalisable sans doute, mais, en fait et avec les procédés actuels, rarement réalisé.

Le plus souvent, le chirurgien est en présence de cas aberrants. Ces irrégularités, ces accidents, ont été distingués en *accidents non mortels*, et *accidents mortels*.

Les accidents non mortels nous occuperont d'abord. Parmi eux, la première place appartient aux phénomènes d'excitation : *excitation initiale* et *excitation secondaire*.

En premier lieu, c'est la répulsion instinctive du malade, qui essaye de se dérober à la sensation désagréable provoquée par le contact des vapeurs chloroformiques avec les muqueuses des premières voies aériennes et digestives. Le sujet se débat, il crie : « J'étouffe !... de l'air ! ». L'état moral influence notablement cette excitation de début, plus marquée chez les malades pusillanimes et nerveux.

Les phénomènes d'excitation secondaire sont : des contractions convulsives des muscles laryngiens et pharyngiens, dues encore à l'excitation du chloroforme ; des spasmes ; des sensations de suffocation imminente ; des réactions de toux violente.

Dans le même temps, c'est-à-dire après le début de l'administration du chloroforme, il peut se produire une hypersécrétion buccale et pharyngienne : d'où les crachottements, les déglutitions, quelquefois suivies de vomissements ; — les râles trachéaux. — Le vomissement est une complication au moins fâcheuse et quelquefois dangereuse, dans les opérations sur l'abdomen.

En outre, cette période d'excitation secondaire peut se manifester par des cris incohérents et surtout par des mouvements désordonnés et des contractures (c'est la règle chez les acooliques), le tremblement général enfin, qui peuvent persister plus ou moins longtemps et troubler plus ou moins profondément la marche de l'opération.

La méthode des mélanges titrés, et mieux encore notre méthode mixte (atropine, morphine et chloroforme), mettent à l'abri de toutes ces irrégularités, qui font, sans cela, rarement défaut.

§ 4. Accidents mortels : *a.* Statistique. *b.* Causes : impuretés du chloroforme. *c.* Mécanisme physiologique. *d.* Syncopes respiratoire et cardiaque. — Conclusion. Théorie des accidents chloroformiques.

a. Statistique. — Quant aux cas mortels, il n'existe pas de statistique complète à leur égard. Les recherches bibliographiques de Regnauld et Duret avaient fait connaître 241 cas de mort par le chloroforme, publiés depuis 1847 jusqu'en 1879, c'est-à-dire dans un intervalle de 22 ans. En tenant compte des omissions inévitables en pareille matière, on peut évaluer avec Kappeler à 300 environ le nombre des cas mortels livrés à la publicité dans le même laps de temps. Les statistiques anglaises et américaines d'Andrews, de Coles, de Richardson, fixent la mortalité à 1 sur 2,723 cas ; 1 sur 2,873 ; 1 sur 3,196. D'autre part, dans la guerre de Crimée, Baudens signalait 1 cas de mort par le chloroforme sur 10,000 opérations ; la statistique de la guerre de Sécession donne 1 cas sur 11,448. En acceptant la statistique la plus défavorable, on trouve 1 mort sur 2,000 opérés.

C'est donc une question toujours ouverte, quelque rares que soient les inconvénients ou les périls du chloroforme, de chercher à les supprimer. On peut compter, sans beaucoup de vraisemblance, que la chimie nous offrira quelque jour une substance qui en présentera tous les avantages sans les inconvénients. Il est utile de multiplier les essais dans cette voie. On peut encore perfectionner le maniement et le mode d'administration en l'appropriant aux particularités du sujet. Je compte peu, pour ma part, sur ces perfectionnements, non plus que sur ce succédané hypothétique. Je n'aperçois que deux moyens vraiment rationnels. Le premier, c'est l'exact dosage de l'agent anesthésique : Paul Bert, ayant établi la belle loi physiologique de la tension partielle, a créé, dans cet ordre d'idées, une méthode théoriquement irréprochable, mais pratiquement difficile à appliquer (méthode des mélanges titrés). Le second moyen consiste dans l'emploi d'*une méthode mixte*. Il s'agit alors de corriger les effets nocifs du chloroforme, en lui adjoignant quelque substance convenablement choisie pour les rendre impossibles. C'est une solution de ce genre que M. Morat et moi avons déjà proposée il y a une dizaine d'années, et sur laquelle je me crois le devoir d'appeler encore une fois l'attention des chirurgiens (méthode mixte : atrophine, morphine et chloroforme).

b. **Causes : impureté du chloroforme. — Règles pour sa conservation.** — Les causes extrinsèques des accidents mortels de la chloroformisation sont extrêmement obscures et mal connues. L'analyse de faits isolés ne révèle rien.

Duret a donné le relevé de 132 observations de cas mortels publiées de 1865 à 1880. Il les a analysées avec soin, afin de discerner la part de l'agent anesthésique du mode d'administration, de l'état et de la constitution des organes, de la nature de l'opération. De ce tableau, que ressort-il ? Une conclusion purement négative : la mort ne serait imputable ni à un mode d'administration à l'exclusion d'un autre, ni à l'impureté du chloroforme, ni à la durée de l'inhalation. Les circonstances varient, pour ainsi dire, avec chaque fait et chaque individu.

Il y a cependant une tendance très générale des chirurgiens à accuser l'impureté du chloroforme de tous les méfaits de l'anesthésie. C'est là une opinion commode peut-être, puisqu'elle exonère l'opérateur d'une partie de sa responsabilité, mais en tous cas très exagérée et abusive, car le chloroforme le plus pur est encore capable de produire tous les accidents que l'on attribue à ses impuretés.

Le chloroforme pur doit présenter les caractères suivants :

Il ne doit pas rougir le papier de tournesol (auquel cas il contiendrait un acide). Il ne doit pas réduire le nitrate d'argent (il contiendrait alors de l'acide chlorhydrique). Il ne doit pas décolorer le papier tournesol (auquel cas il renfermerait du chlore). Il ne doit pas laisser de résidu ni d'odeur lorsqu'on l'évapore lentement sur la porcelaine. Il ne doit pas s'enflammer, à moins qu'il ne contienne de l'alcool, de l'éther ou d'autres produits étrangers. Il doit avoir une densité de 1,48 et bouillir à 60°8.

Cependant les impuretés du chloroforme ne sont pas une simple chimère. Le commerce de la droguerie met en vente des chloroformes impurs, ayant la même densité que le chloroforme pur, de telle sorte que ce caractère est illusoire. La distillation fractionnée permet au contraire de décéler assez facilement ces tares, dues probablement à ce que l'on a employé pour la préparation industrielle de cet agent des alcools mal rectifiés.

Le chloroforme pur doit distiller à 60°8. Il contient quelquefois des produits lourds, qui distillent à des températures supérieures. Lorsqu'on les évapore à une basse température, par exemple dans la main, ils laissent une mauvaise odeur et des produits lourds, d'aspect oléagineux.

Il y a plus. Le chloroforme le plus pur, préparé par le procédé classique de Soubeiran (alcool et chlorure de chaux) ou par la réaction de la soude sur l'hydrate de chloral, et rectifié ensuite sur le sodium métallique, ce chloroforme pur s'altère rapidement en présence de la lumière. M. J. Regnauld (*Soc. Biol.*, 15 *novembre* 1884) a vu qu'après deux à cinq jours d'exposition à la lumière il manifestait des traces de décomposition : on y trouve du chlore, de l'acide chlorhydrique, du gaz chloroxycarbonique.

Ces altérations exigent deux conditions : la présence de l'oxygène et l'action de la lumière. On les évite complètement en conservant le chloroforme à l'obscurité, ou simplement en y ajoutant une quantité très faible, 1 p. 1000, d'éther ordinaire.

Ainsi le chirurgien devra se rappeler qu'il n'est pas obligé d'avoir toujours du chloroforme fraîchement préparé : il suffit qu'il conserve à l'obscurité la provision qu'il en possède. Exiger du chloroforme pur, bien rectifié à 61°, le conserver à l'abri de la lumière, y ajouter 1 p. 1000 d'éther au besoin, telles sont les prescriptions pratiques que le chirurgien devra suivre.

Et maintenant, est-il vrai, est-il prouvé que les impuretés du chloroforme, si l'on n'a pas réussi à les écarter, soient aussi dangereuses qu'on le dit, et qu'elles soient responsables des méfaits dont les accuse le préjugé commun? — Je ne le crois pas. — Parmi les produits d'altération qui se développent dans un chloroforme pur, le chlore, l'acide chlorhydrique, peuvent sans doute augmenter l'effet irritant des vapeurs sur les premières voies et exalter la salivation, la toux, avec les conséquences qui en résultent; ils accroissent aussi le danger de la syncope primitive. Mais, on le voit, ils ne peuvent être responsables que des irrégularités ou des accidents du début. Les autres corps ($C^2O^2Cl^2$) et les produits lourds du chloroforme impur (chlorure d'éthylène, etc.) peuvent accroître l'excitation musculaire sans introduire, semble-t-il, des périls nouveaux. Quant à l'action nauséeuse et aux vomissements que M. Perrin attribue aux impuretés du chloroforme, ils dépendent plutôt des à-coup de la chloroformisation et de la sensibilité des malades.

En résumé, la suspicion du chirurgien relativement aux altérations du chloroforme a une conséquence favorable : c'est de l'amener à n'employer uniquement qu'un produit pur. Mais, au point de vue de la théorie, ce serait un préjugé fâcheux de croire que les accidents sont causés plus souvent par les impuretés que par l'agent lui-même.

c. **Mécanisme physiologique des accidents. Syncopes respiratoires et cardiaques.** — On a, jusqu'ici, très insuffisamment analysé les causes des accidents mortels; on est même assez mal renseigné sur les circonstances qui les accompagnent. On voit le sujet succomber dans l'excitation ou l'adynamie, tandis que le cœur et la respiration s'arrêtent lentement ou brusquement. C'est tout. Comme toujours, c'est une des branches du trépied vital de Bichat qui fait chavirer le vase : c'est le cœur, le poumon, ou le système nerveux général. On ne précise pas davantage.

Nous essaierons d'apporter un peu de lumière dans

cette étude. Nous écarterons d'abord de la liste des cas mortels ceux dans lesquels la chloroformisation joue un rôle accessoire, c'est-à-dire ceux qui surviennent *après* le chloroforme, ou *sous* le chloroforme, pour nous restreindre à ceux qui surviennent vraiment *par* le chloroforme. — Duret a distingué en effet ces trois séries, dont la dernière seule exige un examen attentif.

Dans la première se rangent les cas de mort *après* le chloroforme ; la mort survient aussitôt après l'opération, ou dans les heures qui suivent, par syncope tardive, ou encore dans les jours suivants, par congestion pulmonaire ou cérébrale (Richet et Depaul).

Dans la seconde catégorie se trouvent réunis les cas de mort *sous* le chloroforme : elle comprendrait des faits nombreux de *choc traumatique mortel*, chez des sujets chloroformés, au moment précis où le chirurgien incise la peau, où il introduit la sonde dans un trajet fistuleux, le cathéter dans l'urèthre, l'écarteur entre les paupières. On a expliqué ces accidents par l'arrêt réflexe que détermine l'excitation des nerfs sensitifs, soit sur le cœur, soit sur la respiration (Vigouroux, 1861) ; ou par une syncope facilitée, chez un individu affaibli, par une hémorragie nouvelle. — Enfin nous trouvons la catégorie des véritables accidents mortels par le chloroforme. Ils sont de trois sortes, selon le moment et les circonstances où ils se produisent : 1° les *syncopes primitives* (*respiratoire* et *cardiaque*) ; 2° les *syncopes secondaires* (*respiratoire* et *cardiaque*) ; 3° l'*apnée toxique* :

1° Dans le premier cas, la mort survient aux premières inhalations (choc initial), soit par *syncope cardiaque réflexe*, chez les personnes nerveuses, impressionnables, affaiblies par des suppurations ou des hémorragies, ou chez des sujets, normaux d'ailleurs, à cœur irrégulier (chez les animaux à irrégularités cardiaques habituelles, chiens); ou bien elle survient par *apnée réflexe* dans des conditions analogues.

2° Dans le second cas (syncope secondaire ou bulbaire), la narcotisation est plus avancée : l'arrêt du cœur est brusque ou lent; l'arrêt respiratoire lui-même peut se produire lentement et progressivement, ou bien brusquement par spasme tétanique de la glotte (Le Fort). J'ai proposé, pour ces cas, une désignation empruntée à la physiologie nerveuse, celle de *syncopes automatiques,* qui s'oppose aux précédentes, *syncopes réflexes.*

3° Dans le dernier groupe enfin, se rangent les cas mortels survenus par l'*intoxication chloroformique complète.* Le poison surabondant ou trop longtemps maintenu a fait son œuvre destructive; les éléments anatomiques, et particulièrement les éléments nerveux, sont atteints dans leur vitalité. Mais, dans cette intoxication chloroformique successive et profonde, il y a un rouage qui est le premier affecté par ordre de date et dont la destruction entraîne le détraquement général de la machine organique. Il semble que ce soit le mécanisme respiratoire. Du moins, les observations des physiologistes concluent dans ce sens : celles d'Arloing, celles de Paul Bert, les miennes, montrent ordinairement la respiration s'arrêtant la première. La clinique, d'autre part, a quelquefois signalé des arrêts primitifs du cœur : nous en avons constaté aussi, mais rarement. Comme nous le verrons plus tard, la contradiction n'est qu'apparente :

la syncope, si elle ne précède point l'apnée, la suit au moins de très près.

Cette apnée toxique peut revêtir diverses formes. Elle peut se produire conformément au type physiologique, les inspirations devenant de plus en plus lentes, superficielles et purement diaphragmatiques. Dans d'autres cas, elle est hâtée par quelque complication existant du côté de l'appareil respiratoire.

Cette complication peut agir par *gêne mécanique*, comme il arrive lorsque les premières voies sont oblitérées par les mucosités ou par la chute de la langue, ou lorsque des adhérences pleurales limitent l'excursion des parois thoraciques. D'autres fois, ces causes occasionnelles de l'apnée toxique pneumobulbaire consistent dans des lésions pathologiques préexistantes, telles que la congestion pulmonaire qui peut être aggravée, à la rigueur, par les vapeurs acides du chloroforme impur.

Le chloroforme (de même que le chloral) diminue la puissance expiratoire (P. Langlois et Ch. Richet, *Acad. Sciences*, 1er *avril* 1889). La puissance inspiratoire est peu modifiée. Le chien anesthésié peut inspirer de l'air en soulevant une colonne de 15 à 25 millimètres de mercure, presque comme l'animal à l'état de veille; mais son expiration reste passive, due uniquement à l'élasticité pulmonaire, et, de ce chef, il ne peut soulever une colonne de 10 millimètres. L'apnée toxique peut donc survenir sous l'influence du plus léger obstacle surajouté à l'expiration.

Il est utile que les chirurgiens soient prévenus de cette circonstance, car ils ont certainement une tendance à croire que le véritable obstacle est dû à l'inspiration.

— Le tableau des accidents du chloroforme a été tracé d'une autre manière. Un médecin chloroformiseur, M. Aubeau, mieux placé que le chirurgien lui-même pour connaître la marche de l'anesthésie, qui lui est entièrement confiée, les présente ainsi (*Soc. Biol.*, 13 *mars* 1885) :

Le danger, c'est la syncope respiratoire. La syncope cardiaque primitive serait absolument exceptionnelle. L'auteur distingue deux cas : la syncope *respiratoire convulsive;* l'arrêt *parésique* ou *adynamique*.

1° La syncope respiratoire convulsive est un phénomène de début. « On vient de placer le chloroforme devant la bouche et les narines du patient. Il fait une ou deux inspirations, qui le suffoquent, se raidit dans une secousse convulsive, étend les bras pour repousser la compresse, et tombe foudroyé. »

Nous connaissons cet accident : c'est celui que, tout à l'heure, nous avons appelé la *syncope respiratoire primitive*. L'explication en a été donnée.

Cette syncope convulsive peut se produire d'une autre manière, quelques minutes après le début des inhalations, dans la période d'excitation, tandis que le malade s'agite, bavarde, chante, crie, lance à droite et à gauche les bras et les jambes. La respiration se fait par saccades ; plusieurs inspirations profondes et précipitées sont suivies d'une expiration tellement prolongée, que l'anesthésiste se demande avec inquiétude si cette expiration n'est pas la dernière. Puis la respiration se suspend brusquement, le malade retombe inerte sur le lit d'opération, et le cœur cesse de battre. Quelle place donner à ces faits dans le tableau général? Il n'y a point de doute : c'est ce que nous avons appelé la syncope *respiratoire secondaire* ou *bulbaire*. Seulement l'auteur ne l'aurait observée, dans la pratique de M. Péan, que pendant la période d'agitation.

2° Enfin, la *syncope respiratoire parésique* ou *adynamique* est un phénomène ordinairement plus tardif (quoiqu'il puisse survenir quelquefois pendant que le patient entend encore et est capable d'obéir). La respiration est lente, paresseuse, superficielle, sans déplacement appréciable des côtes ; puis, tout à coup, sans autre manifestation extérieure, elle se suspend définitivement. Ceci n'est autre chose que l'*apnée toxique*, due à la dépression continue et progressive exercée sur le système nerveux par le chloroforme. Il n'y a qu'une particularité à noter : c'est qu'elle se serait produite avant même la période d'anesthésie confirmée chez des sujets anémiques, épuisés, cachectiques, pusillanimes, impressionnables.

— On voit que toutes ces descriptions des accidents chloroformiques, malgré leur apparente diversité, concordent cependant et se laissent ramener à un seul type que nous résumerons ainsi : Il y a cinq accidents; ce sont, de l'aveu commun : la syncope respiratoire primitive, la syncope respiratoire bulbaire ou automatique, ou secondaire, et les deux syncopes cardiaques correspondantes. Enfin, un accident d'abus chloroformique (l'abus pouvant n'être que relatif à l'état du sujet), c'est l'apnée toxique, c'est-à-dire la syncope respiratoire parésique ou adynamique.

d. **Conclusions. Théorie de la production des accidents chloroformiques. Remèdes.** — Les résultats, convenablement interprétés, fournis par la physiologie et l'observation clinique, nous semblent pouvoir se formuler dans les propositions suivantes :

I. Le danger réel de la chloroformisation vient du cœur et non pas de la respiration. C'est aussi de l'état du cœur que viennent les principales contre-indications. Contre l'arrêt du cœur l'on est sans ressources. Au contraire, la respiration artificielle remédie à l'insuffisance respiratoire ; de sorte que la facilité et la sûreté du remède rendraient le danger nul s'il se bornait à l'altération des puissances respiratoires. Mais ce danger tire au contraire sa gravité de l'imminence de l'arrêt cardiaque ; et, à cet égard, il importe peu que celui-ci précède la syncope pulmonaire ou qu'il la suive de très près.

II. Contrairement à l'opinion commune, l'arrêt du cœur est un phénomène d'excitation, et non point de paralysie, de parésie. Sur les cinq accidents chloroformiques, il y en a quatre, tout au moins, dans lesquels il en est ainsi. Cette remarque fournit l'indication rationnelle des moyens (méthode atropine, morphine et chloroforme) de les prévenir. Quant au cinquième, à l'apnée toxique par abus du chloroforme, nous verrons que, précisément, par une conséquence naturelle, ces mêmes moyens en restreindront aussi l'imminence.

Les preuves sont faciles à fournir :

— En ce qui concerne la *syncope respiratoire primaire* ou de début, la démonstration a été fournie par Paul Bert. Cet arrêt respiratoire foudroyant est dû à l'excitation, réfléchie sur le bulbe, des nerfs sensitifs des premières voies aériennes par l'agent anesthésique (trijumeau, laryngé) ; l'accident ne se produit plus lorsque, sur un animal trachéotomisé, on fait pénétrer les vapeurs anesthésiques dans la trachée, au-dessous du larynx. On peut imputer à cet arrêt respiratoire *laryngo-réflexe* quelques-uns des cas de mort foudroyante observés par les chirurgiens au début des inhalations. Il constitue un des dangers redoutables de la méthode d'inhalation dite « par sidération ».

— La *syncope respiratoire secondaire* ou *automatique* est encore un phénomène d'excitation. Seulement, cette fois, ce ne sont plus les nerfs périphériques qui transmettent au centre l'irritation reçue, c'est le centre bulbaire lui-même qui est directement excité par les vapeurs chloroformiques qui l'imprègnent, soit que ces vapeurs y soient menées en grande abondance, soit que des conditions particulières aient accru son excitabilité. La preuve qu'il s'agit bien d'une excitation bulbaire automatique résulte, entre autres raisons, des faits suivants : le moment où le phénomène se produit, qui est souvent la période d'excitation, alors que la moelle est excitée par l'agent anesthésique ; le type suivant lequel se fait l'arrêt respiratoire, l'expiration étant moins entravée que l'inspiration.

Ces syncopes respiratoires ne sont point mortelles par elles-mêmes, mais elles le deviennent par leur retentissement sur le cœur. Dans notre mémoire sur le sang asphyxique (1883), M. Morat et moi avons montré comment la suppression de la respiration entraînait l'arrêt mortel du cœur. Il s'agit, dans ce cas, d'une inhibition cardiaque produite par excitation automatique du noyau du vague, et non pas, comme on le croyait, d'un arrêt parésique du cœur. Si l'on vient à couper les nerfs pneumo-gastriques à l'animal asphyxiant, le cœur, qui est en arrêt imminent, repart avec un rythme accéléré, et l'issue mortelle est éloignée. Cette réaction de la respiration sur la circulation du cœur n'a pas moins de raisons de se produire dans le cas d'asphyxie chloroformique. Ainsi se trouvent justifiés, pour ces deux premiers cas, les deux principes que nous avons posés précédemment ; et j'ajoute : ainsi se trouve justifié le principe qui a été le point de départ de notre méthode nouvelle d'anesthésie.

Restent les deux syncopes cardiaques directes. On connaît la syncope cardiaque primitive. Chez l'animal non anesthésié, on sait depuis longtemps que l'excitation douloureuse d'un nerf de sensibilité générale peut provoquer une syncope passagère. Claude Bernard avait fait de cette expérience une expérience de cours. Développant ce fait classique, François Franck a comparé plus tard, à ce point de vue des arrêts réflexes, l'excitation des différents nerfs sensitifs, trijumeau, laryngé, bout central du pneumo-gastrique (*Acad. des Sciences*, *décembre* 1876, *octobre* 1878, *mai* 1879, *août* 1879). Les vapeurs irritantes de l'agent anesthésique rendent possible ou réel cet arrêt cardiaque en agissant sur quelques-uns de ces nerfs sensitifs, que l'arrêt en question soit d'ailleurs couvert et masqué par l'effet respiratoire ou qu'il en soit isolé. Le désaccord ne peut porter que sur un point tout à fait accessoire pour l'objet qui nous occupe. C'est celui-ci : Vigouroux, en 1861, et Vulpian avaient assuré que l'excitabilité du modérateur cardiaque était accrue au début de l'anesthésie : de là, les syncopes qui se produisent à la première incision du couteau, lorsque le chirurgien n'attend point l'anesthésiation suffisante. Cette période d'excitabilité accrue s'étend-elle plus loin que le début, et peut-elle s'observer plus tard, ainsi que j'ai cru le voir? François Franck ne le pense pas : l'excitabilité lui a paru toujours diminuée à mesure que l'on tend vers l'anesthésie complète. Le débat portait donc sur le moment où commence cette diminution. François Franck parlait de l'excitabilité réflexe : moi, de l'excitabilité automatique produite par les excitants généraux (sang asphyxique). Or, Paul Bert a étudié l'excitabilité directe du cordon lui-même, et il a vu que cette excitabilité diminuait, mais (et c'est là le point essentiel) qu'elle diminuait lentement et ne disparaissait pas jusqu'à une période très éloignée et après un temps très long d'anesthésie confirmée. C'est cette excitabilité du modérateur cardiaque, même diminuée, qu'il importe de supprimer, parce qu'elle reste encore l'élément essentiel du péril chloroformique. (*Soc. de Biol.*, 14 *avril* 1883.)

— Nous n'avons plus que quelques mots à dire du quatrième accident, la syncope cardiaque bulbaire ou automatique. C'est un accident rare sans doute ; mais nous savons que, heureusement, tous ces accidents chloroformiques sont rares. Il suffit qu'il puisse se produire, et, à notre avis, cela n'est pas douteux. Cet arrêt cardiaque peut être primitif ou succéder immédiatement à l'arrêt respiratoire qui le masque et, peut-être, en accélère la production. C'est à ce phénomène que nous croyons pouvoir rapporter quelques observations de Vulpian et d'Arloing. Il n'y a pas de doute qu'ici encore il ne s'agisse d'une excitation du noyau bulbaire modérateur du cœur.

En résumé, tous ces arrêts du cœur qui constituent les véritables accidents de la chloroformisation, qu'ils soient primitifs ou consécutifs, réflexes ou automatiques, sont certainement *actifs;* ils sont dus à l'action du pneumo-gastrique et de nature à être empêchés par la suppression de l'activité de ce nerf.

Il résulte de cette étude que les moyens de remédier aux dangers de la chloroformisation s'offrent à nous, d'une manière rationnelle, sous deux formes : 1° la suppression de l'activité du pneumo-gastrique (résultat qui peut être atteint au moyen d'une dose suffisante d'atropine); 2° l'économie du chloroforme, seule condition capable d'éloigner le dernier et le plus constant accident des anesthésies prolongées, c'est-à-dire la mort par apnée toxique résultant d'une imprégnation excessive de l'organisme par l'agent anesthésique. Or, il arrive, par une heureuse fortune, ainsi que nous le verrons bientôt, que la même méthode va précisément réunir ces deux conditions et cumuler les deux espèces d'avantages (liv. III, chap. VI).

§ 6. Traitement des accidents de la chloroformisation. — Respiration artificielle. — Électrisation. — Nitrite d'amyle. — Obstacles mécaniques. — Inversion totale.

Le véritable remède aux accidents de la chloroformisation doit consister, non pas à les traiter, mais à les prévenir. Il y a cependant à dire quelques mots des procédés qui sont mis en usage lorsque l'accident est survenu. Il est d'ailleurs utile d'en examiner les principes.

Les principes du traitement sont de ranimer les battements du cœur, — d'entretenir artificiellement la respiration, lorsqu'elle tend à s'arrêter, — d'écarter les causes mécaniques d'asphyxie.

— Les procédés de respiration artificielle ont pour effet de parer au danger de l'anesthésie profonde entraînant la mort par apnée. Nous avons vu que la syncope était alors consécutive à l'apnée : aussi le rétablissement de la respiration empêche-t-il l'arrêt du cœur; il permet même la reprise des battements; il conjure vraiment une mort imminente.

Mais, bien que l'on recoure empiriquement à ce procédé de respiration artificielle à peu près dans tous les cas, on comprendra qu'il ne peut avoir d'effet utile que dans celui seulement que nous venons de signaler, et qu'il restera impuissant dans les autres, lorsque la syncope est primitive et précède l'arrêt respiratoire. C'est le cas du choc chloroformique, de la syncope laryngo-réflexe et de la syncope secondaire. Les explications théoriques que nous avons données font donc prévoir les circonstances où le mode de traitement sera souverain et celles où il sera inefficace. Il n'est ni infidèle, ni capricieux, comme l'ont pensé la plupart des chirurgiens : il est seulement adéquat à des conditions déterminées.

Quant à l'application, on sait combien elle peut être variée : on emploie l'insufflation bouche à bouche et l'insufflation pharyngienne, procédés à peu près illusoires; l'insufflation trachéale au moyen des sondes de Chaussier, de Depaul, de Tarnier, de Marcet; les respirations thoraciques de Marshall; le procédé de Pacini, qui consiste à soulever rythmiquement le moignon des épaules, de manière à élever le sternum et les côtes; le procédé de Howard, la faradisation des nerfs phréniques.

— Contre la syncope cardiaque précédant l'apnée, le chirurgien est à peu près désarmé : le seul procédé vraiment rationnel consisterait dans la faradisation du segment cervico-dorsal de la moelle, dans le but de ranimer l'action des accélérateurs cardiaques : il n'y a aucune excuse à pousser l'électrisation jusqu'au bulbe, ainsi que l'ont fait quelques chirurgiens. Bryant, en Angleterre, a employé avec succès, dans des cas de ce genre, les inhalations de nitrite d'amyle.

— Contre les causes mécaniques d'asphyxie, le traitement est indiqué par la nature même de l'obstacle: tirer en avant la langue en prolapsus, lorsqu'elle obstrue la glotte, débarrasser le pharynx des mucosités qui s'y amassent.

— Nélaton avait proposé le procédé empirique de l'*inversion totale,* qui consiste à renverser le malade la tête en bas. Il aurait tiré avantage de cette pratique assez fréquemment. La théorie le justifierait dans le cas de l'anesthésie chloroformique, si l'on admet que le chloroforme anémie les centres nerveux et que l'anémie vient s'ajouter à l'effet spécifique du toxique : l'inversion ramènerait le sang dans les parties déclives, et cela suffirait quelquefois à ranimer la respiration et le cœur. Une lettre de Marion Sims à M. Rottenstein relate un de ces heureux succès du célèbre chirurgien. L'opération avait duré quarante minutes;

elle était terminée, et déjà l'on appliquait les dernières sutures, lorsque l'on s'aperçut que le pouls faiblissait et que la respiration s'arrêtait; presque aussitôt on cessa de les percevoir. Nélaton donna l'ordre de renverser la malade, sans préjudice des autres moyens. Ce fut seulement au bout d'un quart d'heure que la respiration reparut et que le pouls se releva sous le doigt qui l'observait. Lorsque le danger sembla écarté et l'état normal rétabli, on replaça la malade sur le lit; mais tout aussitôt le pouls et la respiration cessèrent. Il fallut de nouveau pratiquer l'inversion : elle eut le même succès passager qu'elle avait eu d'abord. On fut obligé de recommencer une troisième fois la même manœuvre, et de maintenir la position verticale jusqu'à ce que la malade eût complètement repris connaissance. Autre exemple : Un chirurgien russe, M. Sporer, au moment où il extirpe un polype du conduit auditif chez un enfant de six ans, voit s'arrêter subitement la respiration et le pouls. « Il saisit l'enfant par les pieds, le porte à la fenêtre, et le tient ainsi suspendu, la tête en bas, en le balançant dans l'air. » Au bout de cinq minutes, le visage se colore, la respiration renaît, et l'enfant est sauvé.

L'expédient de l'inversion a rencontré quelques succès de ce genre qui ne prouvent rien en sa faveur, car les accidents auxquels il porte remède ne sont point propres à l'anesthésie. En abaissant la tête, on appelle le sang dans les parties déclives, on le fait affluer au cerveau et dans les différents départements de l'encéphale, y compris le bulbe rachidien. On corrige ainsi l'anémie des centres nerveux produite par le chloroforme. Mais cette inversion ne se justifie plus dans le cas de l'anesthésie par l'éther, bien que quelques opérateurs y aient recours : on sait, en effet, que l'éther, loin d'anémier les centres nerveux, les hyperémie. On comprend bien alors que l'encéphale, déjà gorgé d'un sang empoisonné, n'en réclame pas un surcroît nouveau. La méthode non seulement n'est d'aucun secours, mais son seul effet serait d'aggraver une situation déjà périlleuse.

Enfin, même en ce qui concerne le chloroforme, il n'est peut-être pas suffisamment établi que, dans toutes les périodes, l'anémie cérébrale soit un fait constant. Cl. Bernard a signalé la succession de deux états opposés à cet égard : une phase d'hyperhémie correspondant au début de la chloroformisation ; une phase d'anémie qui répond à l'anesthésie continuée. (*Leç. sur les Anesth.*, 1875, p. 122.)

§ 7. Contre-indications : État constitutionnel. États pathologiques. Siège et nature de l'opération.

Les accidents que nous venons d'énumérer, et dont nous avons indiqué le mécanisme, ont leur cause dans l'action même de l'anesthésique, mais ils peuvent trouver des conditions adjuvantes dans le sujet. En un mot, le danger peut passer *de possibili ad actum* par le fait du sujet ou de la nature de l'opération. Il faut connaître ces risques spéciaux : ils peuvent devenir l'origine de véritables contre-indications. Nous dirons toutefois que la valeur de ces contre-indications est d'autant moins impérieuse que le procédé de chloroformisation lui-même devient plus réglé et offre plus de sécurité. Il est possible que, avec les procédés plus parfaits récemment préconisés, quelques-unes des prohibitions anciennement formulées doivent disparaître.

Etat constitutionnel. — Les contre-indications tirées de l'*état constitutionnel* sont relatives à l'*âge*, au *sexe*, au *tempérament*. D'une façon générale, il faut accepter comme vrai le principe donné par les chirurgiens anglais : « Trop de prostration et trop d'excitation ne valent rien pour l'anesthésie chirurgicale ».

L'âge ne fournit point de contre-indications véritables. On a chloroformé sans inconvénients des enfants de 5 à 30 jours (Kallenthaler), de 1 à 10 mois (Nordmann, Heyfelder). Giraldès, de Saint-Germain, Lannelongue, n'ont jamais eu d'accidents. Bergeron (1878) croit à l'innocuité absolue des anesthésiques.

L'âge avancé n'est pas une condition plus défavorable que l'extrême jeunesse : les cas mortels sont rares (Perrin, Kallenthaler).

Les *tempéraments* nerveux et anémiques paraissent le plus prédisposés aux accidents.

Les *individus à tendance syncopale habituelle*, nerveux, impressionnables, défaillants sous la moindre cause, ceux qui se trouvent dans de mauvaises dispositions psychiques, qui sont peureux, craintifs, faciles à déprimer, sont exposés aux accidents, pendant toutes les phases de la chloroformisation, mais surtout au début (cas de Marchand, de Pozzi).

L'anémie constitutionnelle profonde prédispose aussi aux accidents funestes.

L'*alcoolisme* aggrave également les risques de la chloroformisation ; les phénomènes d'excitation sont exagérés : attaques convulsives, épileptiformes, tétaniques, delirium tremens, manie aiguë (cas de Perrin, Jalaguier, Jansom, Reewe). L'ivresse, le delirium, constituent des contre-indications absolues (Verneuil, Péronne); de même l'alcoolisme confirmé et ancien (Gosselin).

Etats pathologiques. — Les *névroses* ne fournissent point de véritable contre-indication (Baillarger, Charcot).

Les *troubles dynamiques* du cœur (palpitations nerveuses et angine de poitrine) augmentent les chances de syncope. Les *affections vasculaires* constituent un risque de plus, mais n'aggravent point le pronostic autant qu'on le pourrait croire (Duret). La dégénérescence graisseuse, qui déjà prédispose à la syncope (Quain, 1853), constitue la plus impérieuse des contre-indications ; si le chirurgien passe outre, il est exposé à voir le sujet succomber dans la période de narcose complète : la contre-indication n'est pourtant rigoureuse que lorsque l'on peut constater des *signes accusés* de la maladie (Duret).

L'*état congestif* des poumons, exposant le sujet à l'apnée initiale ou finale, doit imposer une grande réserve au chirurgien (Richet, Verneuil) : il constitue un danger lointain plutôt qu'un danger immédiat ; mais, en tous cas, il n'offre point de contre-indication rigoureuse. De même en est-il pour la tuberculose et les adhérences pleurales.

Affections chirurgicales. — Dans les traumatismes graves, la règle est de ne point exposer le malade aux dangers du choc ou de la dépression chloroformique. Dans le cas de choc traumatique grave à forme éréthique (Travers), — délire nerveux traumatique de Dupuytren, — on conseille de renoncer au chloroforme et de recourir aux hypnotiques.

L'hypothermie accusée, à la suite d'hémorragie, est

également une contre-indication; de même lorsque le sujet est en algidité traumatique à la suite de plaies par arme à feu, de hernie étranglée, de plaies pénétrantes de la poitrine ou de l'abdomen.

Siège et nature de l'opération. — Dans les *opérations de la face,* l'anesthésie est difficile, et les chirurgiens redoutaient de la produire complète. Aujourd'hui, les procédés opératoires permettent d'éviter le principal inconvénient de l'anesthésie, qui était la pénétration du sang dans les voies respiratoires. On sait, de plus, que le chloroforme permet l'économie du sang, à cause de son action constrictive sur les petits vaisseaux : aussi le recommande-t-on dans l'intérêt du malade et pour le succès de l'opération (Verneuil, 1877). Cependant le danger de l'accumulation du sang dans le pharynx, qui ne l'expulse point lorsqu'il est anesthésié, a déterminé quelques auteurs à rejeter le chloroforme dans les opérations du bec-de-lièvre et de la staphyloraphie. En résumé, Duret formule la règle suivante : Dans les opérations sur la face, on peut employer l'anesthésie dès qu'on s'est assuré suffisamment de l'économie du sang. Les hypnotiques resteraient indiqués pour les opérations sur le larynx et la trachée, de préférence aux anesthésiques.

Les opérations de la *chirurgie oculaire* exigent que l'anesthésie soit poussée très loin : la conjonctive reste plus longtemps sensible que la peau ; les muscles de l'œil, et en particulier l'orbiculaire, résistent plus que tous les autres (Stoeber); au point de vue de la sensibilité, la cornée est l'« ultimum moriens ». De là les accidents relativement nombreux enregistrés par les oculistes, et la réserve de la plupart d'entre eux

(Wecker). La règle était d'en borner l'emploi aux cas d'indocilité ou de pusillanimité des malades, ou au cas où l'on veut obtenir une résolution des muscles de l'œil (Von Graefe). D'autres, sans en condamner l'usage, le limitaient à un certain nombre de cas déterminés (Stoeber, Abadie).

Aujourd'hui ces préceptes n'ont plus d'intérêt, depuis que la découverte des anesthésiques locaux (cocaïne) permet d'obtenir une insensibilisation à peu près sans danger.

La réduction des *luxations*, particulièrement des luxations de l'épaule, prédispose les malades à la syncope (Lisfranc, Verneuil (1866), Bœckel, Guyon, etc.). C'est un danger de plus pour l'administration du chloroforme. La *rupture des ankyloses* est plus périlleuse encore. La *hernie étranglée* depuis plusieurs jours fait également courir des risques sérieux (Gosselin, Richet). Les opérations à la marge de l'anus (fissure, fistule), sont parmi celles qui ont fréquemment déterminé des syncopes mortelles de nature réflexe.

§ 8. Inconvénients du chloroforme dans les opérations pratiquées à la lumière du gaz ou du pétrole.

Lorsque, pour une cause quelconque, l'on est obligé de pratiquer des opérations à la lumière artificielle du gaz ou même du pétrole, l'emploi de l'éther est absolument contre-indiqué, comme on le verra plus loin ; mais l'emploi du chloroforme même n'est pas sans inconvénient. Le chloroforme n'est pas inflammable ; toutefois ses vapeurs peuvent être décomposées par la flamme au contact de laquelle elles arrivent, et la combustion du chloroforme en présence du gaz donne naissance à des corps (chlorure de carbone) extrêmement irritants pour les voies respiratoires. Ces corps forment comme un épais nuage, une buée blanche autour de la flamme. Il suffit que l'opération à la lumière du gaz ou de la amp e à pétrole se soit prolongée pendant une demiheure pour que tous les assistants soient pris de quintes de toux plus ou moins violentes, avec douleurs de tête, étourdissements, nausées. Les opérés subissent cette action à un degré plus marqué encore. On les voit présenter des symptômes brusques d'asphyxie (von Iterson : *Berlin, Kl. Woch,* n° 13, 1889). Ils peuvent éprouver ultérieurement et consécutivement des accidents dûs à cette cause : toux, pneu monie catarrhale (Zweifel). Le chirurgien doit être prévenu de la possibilité de ces accidents, sur lesquels l'attention a été appelée récemment par Stobwasser, von Iterson, Langenbeck, Fischer, A. Zeller, Hartmann et Zweifel.

CHAPITRE V

L'ANESTHÉSIE PAR L'ÉTHER COMPARAISON AVEC LE CHLOROFORME AUX POINTS DE VUE PHYSIOLOGIQUE ET CHIRURGICAL

§ **1**. Physiologie de l'éthérisation. — *a*. Action lente et graduée de l'éther. — *b*. Action vaso-dilatatrice de l'éther; action vaso-constrictive du chloroforme. Conséquences : Économie du sang. — Théorie du sommeil anesthésique. — Différences secondaires. — § **2**. Emploi chirurgical de l'éther par comparaison avec le chloroforme. — Indications relatives à chacun des deux anesthésiques.

Les propriétés anesthésiques de l'éther ont été connues avant celles du chloroforme. Quelques applications en auraient été faites par le chirurgien américain Crawford Long dès 1842. Mais la première expérience rendue publique eut lieu le 21 novembre 1846, à l'hôpital général du Massachusetts, sous la direction de Morton. La découverte se répandit rapidement en Europe.

L'emploi de l'éther a suggéré celui du chloroforme. Flourens proposait dès le 8 mars 1847 la substitution du chloroforme à l'éther; Furnell en fit l'essai sur lui-même en juillet 1847, et vers la fin de la même année le professeur Simpson commença à l'introduire dans la pratique. Son emploi se généralisa très vite; de telle sorte que, presque partout, le chloroforme fut préféré à l'éther. L'anesthésie par le chloroforme devint le procédé universel.

Cependant un mouvement de réaction ne tarda pas à se produire en faveur de l'éthérisation. En France, l'École de Lyon l'a toujours employée, et non seulement elle lui a donné la préférence sur la chloroformisation, mais, à un certain moment, elle a essayé, avec Pétrequin, de faire proscrire cette dernière.

Les chirurgiens américains (particulièrement à Boston) n'ont jamais abandonné l'éther, et les chirurgiens anglais y reviennent. De même les chirurgiens italiens (Naples); à Paris même, il y a quelques années, quelques chirurgiens tendaient à reprendre l'éthérisation (Gosselin).

Il importe donc d'examiner avec attention les avantages et les inconvénients respectifs des deux méthodes et d'en faire une comparaison rationnelle au point de vue physiologique et chirurgical.

§ 1. Physiologie de l'éthérisation.

Le rôle physiologique de l'éther est, dans ses grands traits, identique à celui du chloroforme. Tout ce que nous avons dit de l'un de ces anesthésiques s'applique donc à l'autre d'une manière générale. Les différences portent sur des points de détail, qui, cependant, au point de vue des applications à la chirurgie, peuvent présenter une importance particulière.

On pourrait dire que les particularités présentées

par l'éther découlent de deux conditions principales :

1° L'action de l'éther est plus lente que celle du chloroforme et plus graduée ;

2° L'éther exerce sur la circulation périphérique une action inverse du chloroforme : il dilate le réseau périphérique, tandis que le chloroforme le contracte.

1° **Action de l'éther, plus lente et plus graduée.** — Il résulte de cette lenteur d'action de l'éther que celui-ci est plus propre que le chloroforme à la réalisation d'un certain nombre d'expériences de physiologie générale : par exemple, lorsque l'on veut manifester l'action des anesthésiques pour arrêter le mouvement des cils vibratiles ou les battements du cœur d'un animal à sang froid ; mieux encore, lorsque l'on veut agir sur les plantes, et anesthésier, par exemple, la sensitive, c'est à l'éther qu'il faut avoir recours ; de même, si l'on veut influencer une fermentation alcoolique et graduer les effets produits sur la levure, afin de les mieux analyser, il faut employer l'éther. Dans ces différents cas, l'action du chloroforme est trop énergique et trop rapide.

L'action de l'éther dilate, en quelque sorte, l'anesthésie, l'étend en durée, en sépare les diverses phases. De là, suivant les circonstances et surtout suivant le but que l'on poursuit, des avantages et des inconvénients.

Ainsi, en premier lieu, la période d'excitation, qui est souvent franchie sans arrêt et supprimée avec le chloroforme, est au contraire très apparente et marquée avec l'éther.

La répulsion instinctive provoquée par la première impression de l'agent anesthésique est à peu près universelle. Le malade crie et se débat.

Outre cette excitation de début, rare avec le chloroforme, on constate l'excitation secondaire, avec mouvements, contractures, cris incohérents, mouvements de déglutition et de sputation, exagération des sécrétions, tremblement général.

Le tableau de l'anesthésiation est donc plus animé, plus bruyant, avec l'éther, plus calme avec le chloroforme.

Cette différence fondamentale en entraîne d'autres. La plus importante est certainement que l'éther expose moins que le chloroforme au péril des *syncopes secondaires cardiaques*, que nous avons encore appelées *automatiques*, et qui sont dues à l'action directe des vapeurs anesthésiantes sur le bulbe. — L'irritation du noyau modérateur a pour résultat de provoquer le ralentissement des battements, et, si l'excitation grandit rapidement, d'en provoquer l'arrêt. Entre ce ralentissement précurseur et l'arrêt syncopal, il n'y a presque pas d'intervalle lorsque l'on emploie le chloroforme, et l'accident éclate en même temps que l'avertissement fourni par le ralentissement du pouls. Avec l'éther, le phénomène s'étend, pour ainsi dire, en durée, et perd son caractère périlleux : le cœur se ralentit successivement, parce que l'action excitante sur les noyaux bulbaires du vague est elle-même successive et graduée, et il faudrait prolonger l'irruption exagérée d'éther pendant quatre ou cinq minutes pour produire la syncope fatale.

Un peu plus tard, sous l'action prolongée de l'anesthésique, une nouvelle différence se manifeste entre l'éther et le chloroforme, et la *syncope tertiaire* (arrêt de la respiration avant l'arrêt du cœur) surviendra plus inopinément avec l'éther. Nous savons qu'avec le chloroforme cette syncope, précédée de l'arrêt de la respiration, traduit l'état paralytique des centres bulbo-médullaires, condition qui l'emporte sur la condition d'excitation par suite de l'action lente et graduée de l'anesthésique. Avec l'éther, dont l'action est encore moins vive, le dénouement fatal sera encore moins annoncé. De là le conseil d'Arloing, de préférer l'emploi du chloroforme à celui de l'éther dans toutes les opérations qui doivent durer longtemps et qui exposent à une intoxication lente de l'économie.

2° Action vaso-dilatatrice de l'éther, vaso-constrictive du chloroforme. Conséquences. — La différence de l'action du chloroforme et de l'éther sur le réseau capillaire a des conséquences évidentes : le chloroforme resserrant les vaisseaux pulmonaires, la pression sanguine s'accroît en amont du point rétréci, c'est-à-dire dans le cœur droit. Pour une raison analogue, à savoir resserrement des capillaires généraux, il y a augmentation dans la force des systoles.

Avec l'éther, les effets sont inverses. La dilatation des vaisseaux pulmonaires, facilitant la déplétion du cœur droit, et la dilatation des capillaires généraux facilitant la déplétion du cœur gauche, il y a baisse de pression sanguine, et le pouls devient alterne ou dicrote ; fait signalé, avant toute explication, par les chirurgiens.

Nous devons mentionner cependant une réserve nécessitée par les résultats de quelques travaux physiologistes récents.

Newman, opérant sur la grenouille, prétend avoir constaté que tous les anesthésiques : chloroforme, éther, éthidène, etc., agissent de la même manière sur les vaisseaux pulmonaires en les faisant contracter. Ce fait est en contradiction avec les données admises, et il doit être tenu pour suspect jusqu'à plus ample informé. De même, en ce qui concerne l'état des vaisseaux cérébraux, Hürthle aurait constaté leur dilatation sous l'action du chloroforme. C'est peut-être là un résultat relatif au mode opératoire et aux circonstances de l'expérience et à l'espèce de l'animal (lapin). Sous le bénéfice de ces réserves, dont l'importance n'est pas très considérable, nous pouvons accepter avec confiance l'antagonisme du chloroforme et de l'éther quant à leurs effets vasculaires. D'ailleurs, il suffit d'observer la rougeur des pommettes et du lobule de l'oreille, l'injection de l'œil chez le sujet éthérisé, pour préjuger de l'abondance de la circulation céphalique.

Nous devons faire ressortir deux conséquences intéressantes de ces faits, l'une relative à *l'économie du sang*, l'autre à *la théorie du sommeil anesthésique*.

— La première intéresse la pratique chirurgicale. Le chloroforme expose moins que l'éther aux hémorragies en nappe et permet mieux l'économie du sang : il devra donc être préféré dans les opérations où ces hémorragies sont le plus à craindre, par exemple dans les opérations sur la face.

— Le second point est relatif à l'explication physiologique du sommeil anesthésique. On sait les divergences d'opinion des auteurs en ce qui concerne l'état de la circulation cérébrale pendant le sommeil : les médecins anciens croyaient que le sommeil naturel était produit par l'accumulation du sang dans le cerveau ; les recherches modernes tendent. au contraire, à le rattacher à une anémie cérébrale. Le sommeil anesthésique, ou sommeil provoqué, reconnaîtrait une autre cause. M. Arloing a étudié les changements qu'éprouve la vitesse du courant sanguin artériel qui se distribue au cerveau. Ces expériences vérifient, à propos du cerveau : 1° ce que nous avons vu à propos des autres organes, à savoir que tous les anesthésiques ne produisent pas les mêmes effets sur le système capillaire; 2° que le sommeil par le chloroforme s'accompagne d'anémie; le sommeil par l'éther et le chloral, d'hyperémie cérébrale. Le sommeil provoqué serait dû, ainsi que nous l'avons admis précédemment, à l'action spécifique de l'anesthésique sur les éléments nerveux cérébraux, et non à des modifications de la circulation cérébrale. Ces modifications ne sauraient être mises en cause, puisqu'elles interviennent en sens inverse dans les différents cas : le sommeil anesthésique, produit par l'éther, s'accompagnant d'une dilatation des vaisseaux du cerveau, tandis que le sommeil chloroformique coïncide avec une anémie par constriction.

A ces différences près, la physiologie de l'éther se confond avec celle du chloroforme. La respiration continue de l'éther entraîne toujours la mort, lorsqu'elle est suffisamment prolongée, ainsi qu'il arrive avec le chloroforme. En employant pour l'éther la méthode des mélanges titrés, P. Bert a bien suivi le parallélisme qui existe entre les deux anesthésiques. En dehors des particularités que nous avons fait connaître, il y en a une autre à signaler : c'est que la température de l'animal paraît s'abaisser un peu plus rapidement avec l'éther qu'avec le chloroforme. (*Soc. Biol.*, 4 *août* 1883.) — Quelques chirurgiens auraient observé que l'anesthésie par l'éther survit quelque temps au sommeil ; de sorte que l'on peut suturer une plaie tout en parlant au malade, qui comprend, répond, mais ne sent rien ; avec le chloroforme, l'anesthésie disparaîtrait beaucoup plus rapidement. (Mayo Robson, *Assoc. Britann.*, 13 *août* 1889.)

Différences secondaires : Réflexes localisés. Phénomènes oculaires. — On a encore signalé d'autres différences moins importantes entre l'action du chloroforme et celle de l'éther. Elles s'expliquent toutes d'ailleurs d'après les principes que nous venons d'exposer.

Les *réflexes localisés* sont affectés d'une manière différente. Avec le chloroforme, le réflexe rotulien est d'abord exagéré ; puis il s'atténue jusqu'à suppression complète. Chez le chien et le lapin il disparaît avant le réflexe cornéen. Le réflexe nasal est le plus persistant.

Avec l'éther, les choses se passent un peu autrement. Le réflexe rotulien est exagéré au début, mais il persiste même pendant l'anesthésie complète. Le réflexe cornéen, au contraire, est sensiblement affaibli. Enfin, avec les composés bichlorés — chlorure d'éthylène et de méthylène — qui seront étudiés plus loin, on observe d'autres irrégularités. Les réflexes disparaîtraient sans qu'on puisse constater d'exagération préalable. Et, si nous en croyons Eulenburg (*Cent. f. d. medic. Wiss.*, 1881, n° 61), le réflexe cornéen disparaîtrait avant le réflexe rotulien.

Les mouvements du globe de l'œil présenteraient aussi des différences marquées suivant le mode d'anesthésie. Chez le chien, par exemple, on observerait au début de la narcose chloroformique, du nystagmus vertical ou du strabisme convergent qui passe lentement au strabisme bilatéral divergent. Ces mouvements se répètent une ou deux fois dans le cours de la narcose : ils sont l'expression d'un nystagmus rotatoire lent. Après cette phase, les globes oculaires reviennent à leur équilibre bilatéral.

Dans l'éthérisation, c'est le nystagmus latéral qui apparaît d'abord ; puis on observe une rotation latérale avec déviation inférieure. Ce n'est qu'au réveil que les globes reprennent leur position normale. (Högyes, Kovacs et Kertesz, *Arch. f. Exper. Path. und Pharmak.*, XVI, p. 81.)

Signalons enfin un dernier trait. Lorsqu'on étudie le fonctionnement du muscle cardiaque pur (pointe du cœur de la grenouille ou de la tortue) on constate que le chloroforme en affaiblit les contractions dès le début. Au contraire, avec l'éther on observe une accélération des battements (1/100 d'éther dans le sang artificiel), puis un ralentissement (1,5 d'éther p. 100) ; enfin l'arrêt (2 p. 100). (Sidney Ringer, *The Practitioner*, XXVI et XXVII. — Kronecker et Robertson, *Verhandl. der. Phys. Gesell. Berlin*, 11 *mars* 1881.)

§ 2. Emploi chirurgical de l'éther par comparaison avec le chloroforme. Indications relatives à chacun des deux anesthésiques.

L'éther a été connu avant le chloroforme.

Nous avons rappelé que les chirurgiens n'avaient pas tardé à préférer la seconde de ces substances à la première.

Si l'on cherche les causes de cette préférence, on

en trouve deux principales : c'est d'abord une action anesthésique plus rapide, et, en second lieu, la suppression ou du moins l'atténuation des phénomènes d'excitation, qui sont quelquefois extrêmement intenses lorsqu'on emploie l'éther. Ces avantages s'expliquent, ainsi que nous l'avons indiqué plus haut, parce que, l'action de l'éther étant plus lente et plus graduée que celle du chloroforme, les phénomènes d'excitation, qui sont le premier degré de l'action nerveuse, ont tout le temps de se développer, tandis qu'avec le chloroforme cette première période est réduite et quelquefois annulée.

A ces deux avantages du chloroforme sur l'éther, à savoir : rapidité d'action, atténuation des phénomènes d'excitation, il faut en joindre d'autres que la pratique a révélés plus tard. Le chloroforme n'expose pas aux accidents d'embrasement des vapeurs qui se sont produits quelquefois avec l'éther. Un quatrième avantage résulte de ce que le chloroforme permet mieux l'économie du sang : son action constrictive sur les petits vaisseaux a pour effet de tarir les hémorragies en nappe. En cinquième lieu, d'après Arloing, l'action prolongée du chloroforme est moins dangereuse que celle de l'éther : la syncope tertiaire précédée de l'arrêt respiratoire, qui est la terminaison fatale de l'intoxication lente, survient moins brusquement avec le chloroforme. Enfin, comme nous le verrons tout à l'heure, le chloroforme offre plus d'avantages dans la chirurgie des enfants.

Nous venons d'indiquer les avantages du chloroforme sur l'éther ; voyons la contre-partie :

En premier lieu, l'emploi de l'éther paraît offrir moins de dangers dans la première période de l'anesthésie. Nous avons expliqué, en étudiant la physiologie de cet agent, qu'il exposait moins que le chloroforme à la syncope secondaire ou bulbaire (arrêt du cœur antérieur à celui de la respiration ou le suivant de très près), qui est un des accidents fréquents de l'anesthésie.

C'est là, peut-on dire, le grand avantage de l'éther; c'est celui-là qu'ont en vue les chirurgiens lorsqu'ils assurent que l'éther présente moins de dangers que le chloroforme. Mais nous voyons que cette affirmation est trop absolue. Si nous nous reportons au tableau des causes de mort, nous reconnaîtrons qu'il y a d'autres accidents que la syncope secondaire ou bulbaire, accidents où l'éther peut avoir une part égale à celle du chloroforme ou même une responsabilité plus grande (syncope tertiaire). On comprend d'après cela la stérilité et l'inutilité des discussions dans lesquelles on prétend établir, d'une façon absolue, que l'une des deux substances est plus dangereuse que l'autre. Aucune statistique ne pourra consacrer un pareil résultat, au moins directement. Une critique bien faite pourrait seulement montrer si la cause de mort la plus fréquente est la syncope secondaire, et s'il en était ainsi, comme nous ne sommes pas éloignés de le croire, la conclusion serait évidemment en faveur de l'éther, qui y prédispose moins que le chloroforme. On comprendrait alors les statistiques comme celles de E. Andrews (*Chicago Medical Examiner*), qui donne avec l'éther 1 cas de mort sur 23 204 administrations, tandis que le chloroforme aurait donné 1 mort sur 2 723 administrations.

Exprimer ainsi une préférence générale et exclusive en faveur de l'un des anesthésiques, c'est revenir à une erreur de doctrine pareille à celle de ces médecins qui, sans tenir compte de l'indication, voulaient décider l'Académie, vers 1833, à choisir pour traitement de la pneumonie entre les saignées et les purgatifs. Il y a des cas où le chloroforme convient ; il y en a où l'éther doit être préféré. L'éther doit être préféré lorsque les conditions du sujet ou d'autres causes font redouter la syncope secondaire; lorsque le sujet présente une lésion du cœur droit et de ses orifices, conséquence d'une affection chronique du poumon. Au contraire, dans les opérations prolongées, dans le cas de lésion du cœur gauche, et enfin chez les enfants, le chloroforme conviendrait mieux.

Relativement à ce dernier point, c'est-à-dire aux inconvénients de l'éther dans la chirurgie des enfants, Léon Tripier (1876, Congrès de Nantes), et plus tard MM. Marduel et Dron, ont apporté des faits significatifs : les expériences sur les jeunes animaux (chats) concordent avec les observations précédentes. Les accidents mortels débutent par un arrêt de la respiration. Le poumon s'arrête avant le cœur (Vierordt, Knoll). Il est clair que la cause de ces accidents réside dans une paralysie du bulbe dont les fonctions sont abolies brusquement et sans aucun des signes prémonitoires qui s'observent chez les adultes.

On n'a pas expliqué pourquoi les choses se passaient chez l'enfant autrement que chez l'adulte. Nous proposons, jusqu'à plus ample informé, l'explication suivante : on sait que le système modérateur, en particulier le modérateur cardiaque, est peu développé dans le premier âge (Soltmann, Anrep, Dastre et Morat) : or, comme l'arrêt du cœur (syncope) est dû à une excitation passagère de la faculté modératrice (dans la plupart des cas, sauf ceux d'intoxication profonde), il en résulte que l'arrêt, le ralentissement même, se manifesteront difficilement chez l'enfant, et que le bulbe pourra être atteint et la respiration arrêtée inopinément sans que l'attention soit éveillée par des symptômes du côté du cœur. La théorie nous amène à penser que ces arrêts respiratoires sont plus inquiétants que réellement périlleux, puisque en l'absence de dangers du côté du cœur la respiration artificielle peut y remédier. Mais, d'autre part, comme l'éther est plus dangereux pour la respiration, et plus capable de produire l'apnée toxique, le chloroforme, toutes choses égales d'ailleurs, lui devient préférable dans la chirurgie des enfants pour les opérations un peu prolongées.

— Un mot encore sur le danger de l'embrasement des vapeurs d'éther au cours d'une anesthésie. C'est là un accident assez fréquent, et, bien que les suites en soient ordinairement sans gravité, cet accident contre-indique l'emploi de cet agent dans tous les cas où il faut opérer à la lumière ou pratiquer des cautésations.

Des accidents survenus à Boston, à Lyon, ont appelé l'attention sur le danger qu'offre le maniement de l'éther en présence d'une bougie allumée, d'un feu libre. M. G. Roux (*Thèse de Lyon,* 1879) a rappelé les faits bien connus des chimistes relativement à l'inflammabilité de l'éther à distance; les vapeurs qui s'échappent d'un récipient d'éther forment une traînée qui peut conduire la flamme, à une distance de plusieurs mètres, depuis le point en ignition jusqu'au récipient. Le cautère actuel et le thermocautère Paquelin peuvent donner lieu à des embrasements de ce genre s'ils sont portés au rouge-blanc, ou même au rouge-cerise seulement, lorsque le dégagement des vapeurs est abondant. Les vapeurs combustibles tendent, dans une première phase d'oxydation, à élever la température du métal, qui devient alors suffisante pour produire la flamme.

LIVRE II

DES DIVERS ANESTHÉSIQUES

CHAPITRE PREMIER

GÉNÉRALITÉS

1. Définition et caractères essentiels des anesthésiques généraux. — § 2. Distinction avec les narcotiques. — § 3. Caractères chimiques. — § 4. Comparaison des différents anesthésiques. Pouvoir anesthésique. Pouvoir toxique.

§ 1. Définition et caractères essentiels des anesthésiques.

Le nombre des substances capables de produire l'anesthésie est, pour ainsi dire, illimité. L'éther et le chloroforme ne possèdent pas, à cet égard, un privilège unique, isolé, et, pour ainsi dire, spécifique. Ils ne sont que les types les plus connus, les plus maniables et les plus avantageux de la classe extrêmement nombreuse des substances anesthésiantes; et peut-être est-il permis de dire que l'avantage qu'ils présentent par rapport aux autres tient à des conditions absolument secondaires lorsque l'on envisage le fond des phénomènes, mais qui deviennent très importantes pour l'application à l'homme et aux animaux :

c'est, à savoir : une plus grande régularité d'action, une stabilité plus grande, une gradation plus lente et successive des effets.

Quels sont les caractères d'une substance anesthésique? Quels sont les corps qui présentent ces caractères? Peuvent-ils se ranger dans des groupes chimiques analogues? Comment se juge leur puissance anesthésique et leur aptitude à être utilisés par la médecine? Voilà quelques points que nous devons examiner brièvement.

L'expérience a appris que le trait distinctif des anesthésiques généraux est l'*universalité de leur action* et le *caractère passager et transitoire de cette action*. L'anésthésique agit sur tous les éléments anatomiques, sur toutes les variétés de protoplasme, depuis la cellule végétale jusqu'à la cellule nerveuse; il atteint toutes les activités physiologiques, depuis la germination de la plante jusqu'à la sensibilité consciente. Le second caractère, non moins essentiel à la définition, c'est que cette influence paralysante est temporaire; de telle sorte que l'activité vitale est seulement suspendue, rendue latente, et qu'elle peut reparaître après avoir sommeillé quelques moments : ceci revient à dire que le protoplasme ne subit, du fait de l'anesthésique, aucune altération définitive et profonde. Que cette altération soit une coagulation, une déshydratation, ou qu'elle soit d'une autre nature, il importe peu : il faut seulement qu'elle soit spontanément réparable et passagère.

Une substance qui remplit ces deux conditions essentielles est, en principe, un anesthésique, mais ce n'est pas encore un bon anesthésique utilisable en physiologie ou en médecine. La substance ne sera un *bon anesthésique*, elle ne rendra des services que si elle remplit une troisième condition ; à savoir, si son *action s'exerce d'une manière graduée et successive ;* si elle est mesurée, c'est-à-dire ni trop lente, ni trop rapide.

Le premier effort de l'agent anesthésique porte sur les parties les plus délicates, c'est-à-dire sur les tissus nerveux, et, parmi ces tissus, sur ceux dont la fonction est la plus élevée, sur le cerveau et sur la moelle, instruments des actes psychiques, de la sensibilité et du mouvement. Si l'agression peut être arrêtée à ce moment, la substance jouera le rôle d'anesthésique véritable, et la chirurgie pourra l'utiliser pour abolir le sentiment de la douleur et les réactions de la motilité dans les opérations. Mais si, après ce premier effort, l'attaque trop impétueuse se précipite sans temps d'arrêt ni trêve, de manière à anéantir les autres fonctions nerveuses, alors ce ne sera plus qu'un poison redoutable.

— D'autre part, si l'action est trop lente, l'inconvénient, pour être d'une nature opposée, n'en sera pas moins rédhibitoire : la substance excitera les centres nerveux sans les anéantir, et l'effet en sera directement contraire à celui que recherche le chirurgien. Entre ces extrêmes, entre ces agents, les uns trop lents, les autres trop précipités, se classent dès à présent l'éther, le chloroforme et le protoxyde d'azote. Ce sont les plus connus. Mais il y en a beaucoup d'autres, sans compter ceux que l'avenir nous réserve, qui se rapprochent plus ou moins de ceux-ci, et que nous devons passer maintenant en revue.

§ 2. Distinction des anesthésiques et des narcotiques.

Avant d'aborder cette énumération, il importe de faire une remarque. Quelques médecins ont tendance à classer parmi les anesthésiques des substances qui ne répondent cependant pas exactement à la définition précédente; à savoir les narcotiques, substances soporifiques ou stupéfiantes, et les médicaments nervins. C'est à tort. En principe, l'action des narcotiques n'est ni *passagère*, ni *universelle;* elle se dissipe lentement; elle n'atteint pas tous les tissus, pas même tous les éléments nerveux. Le nombre de ces substances s'étend indéfiniment : à la liste ancienne des dérivés de l'opium et de la belladone sont venus s'ajouter le sulfonal, le somnal, et d'autres encore. Sans doute, quelques-unes d'entre elles présentent avec les véritables anesthésiques des analogies plus ou moins lointaines. Il est possible que l'on trouve plus tard entre les deux catégories des anesthésiques et des narcotiques, certains intermédiaires qui permettront d'établir une sériation plus ou moins continue. Il suffit cependant que la distinction soit encore possible aujourd'hui pour qu'elle soit utile à maintenir. L'étude scientifique est à ce prix : elle consiste à analyser d'abord, c'est-à-dire à distinguer. Nous écarterons donc les narcotiques de notre examen.

§ 3. Caractères chimiques.

Les substances anesthésiques forment plusieurs groupes. Dans une première catégorie, isolé, solitaire, se trouve le protoxyde d'azote. — Puis vient un second groupe, comprenant des composés organiques assez divers, entre lesquels il est peut-être difficile de saisir un lien de parenté : éthers, hydrocarbures, dérivés chlorés.

La plupart des éthers sont anesthésiques : tels les éthers chlorhydrique, azotique, acétique, chlorique; d'une façon générale, tous les hydrocarbures et leurs dérivés éthyliques et méthyliques : le sesquichlorure de carbone, le tétrachlorure de carbone, la benzine, l'amylène. On a pu dire que tous les composés carbonés, volatils ou gazeux, lorsqu'ils sont insolubles dans l'eau, sont anesthésiques; outre les précédents, cette règle permet de comprendre le bisulfure de carbone dans la liste des anesthésiques.

Les caractères physico-chimiques du composé permettent ainsi de préjuger ses propriétés physiologiques, la nature de son action sur l'organisme, peut-être même l'intensité de cette action. En effet, on a prétendu déduire de la composition chimique elle-même une règle pour apprécier l'énergie physiologique de la substance anesthésique. On a avancé ainsi, avec une suffisante exactitude, que le pouvoir anesthésique était proportionnel à la quantité de carbone (Ozanam, 1859).

§ 4. Comparaison des anesthésiques. — Puissance anesthésique. — Puissance toxique.

Comparaison des anesthésiques. — On discute depuis la découverte de l'anesthésie sur les mérites relatifs des substances qui la produisent, et les chirurgiens, en particulier, ont exprimé des jugements très différents sur leurs risques comparatifs. Ces jugements font intervenir deux éléments essentiels, à savoir la puissance anesthésique et la puissance toxique, — et, en outre des éléments secondaires tenant à l'action de la substance sur les divers appareils, action qui ne peut être appréciée que par une étude détaillée de ses effets physiologiques.

La puissance anesthésique est jugée ordinairement par la quantité de la substance consommée pour produire l'anesthésie. On dit, par exemple, que l'opération a exigé 20 grammes de chloroforme. Ces évaluations, comme l'a fait observer M. Bert, n'ont aucun sens, étant donnée la manière de procéder habituelle aux chirurgiens. Que la compresse soit approchée plus près ou maintenue plus loin des narines, que le sujet fasse une inspiration plus ample ou plus faible, et le résultat est tout différent. Ce qui importe en réalité, c'est l'*état de saturation* de l'air qui arrive aux poumons chargé de vapeur anesthésiante (loi de la tension partielle, méthode des mélanges titrés). Si cet état de saturation est maintenu constant, et que le sujet ou l'animal respirent d'ailleurs avec régularité, l'anesthésie présentera elle-même un caractère et une marche régulière, et les comparaisons deviendront possibles. Expérimentalement, on réalise ces conditions en mélangeant à un volume donné d'air (100 litres, par exemple) un poids déterminé d'anesthésique, 6, 8, 10, 12, 15 gr. de chloroforme dans un récipient où l'animal puise l'air qu'il inspire. L'air expiré est rejeté directement au dehors. En employant des moyens de ce genre, M. Bert a constaté que, pour une espèce animale déterminée, le chien par exemple, l'anesthésie était obtenue en mélangeant aux 100 litres d'air des quantités variables entre certaines limites pour une même substance. On obtient, par exemple, des anesthésies chloroformiques différentes dans leur marche et leur durée avec les mélanges 6 p. 100 jusqu'à 15 p. 100. Mais il y a un mélange optimum, par exemple ici, 10 p. 100. — On peut faire les mêmes recherches avec l'éther, l'amylène, le chlorure d'éthyle. On trouvera ainsi pour l'anesthésiation optima des chiffres, 20 p. 100, 17 p. 100, 13 p. 100. Il semble que ces chiffres 20, 17, 13, 10, puissent représenter avec assez de précision les pouvoirs anesthésiques de ces diverses substances.

— La puissance toxique s'appréciera par la quantité qui, dans les mêmes conditions, amènera certainement la mort de l'animal. — Il s'agit ici de la *mort par intoxication lente et profonde,* c'est-à-dire de l'accident ultime qui se manifeste, ainsi que nous l'avons dit plus haut, par l'arrêt de la respiration. On suppose évités tous les accidents de la route, tels que la syncope laryngo-réflexe, la syncope bulbaire, le choc.

Mais il faut reconnaître que ces indications, qui peuvent avoir un certain intérêt pour diriger le praticien, n'ont cependant point une véritable valeur scientifique, à cause de leur indétermination et de leur caractère purement approximatif.

Nous passerons rapidement en revue les différents anesthésiques qui ont été successivement préconisés, en commençant par le protoxyde d'azote et en examinant successivement : le chloral, le bromure d'éthyle, les dérivés chlorés du formène, ceux de l'éthylène et des substances diverses dont la classification méthodique n'est pas possible.

Nous terminerons cette revue par la cocaïne, qui n'est pas un véritable anesthésique, et qui n'aurait aucun droit à figurer dans cette liste, si son emploi comme anesthésique local n'obligeait le chirurgien à être exactement renseigné sur ses effets généraux.

CHAPITRE II

PROTOXYDE D'AZOTE

§ 1. Découverte des propriétés du protoxyde d'azote. Son emploi.

C'est la découverte des propriétés du protoxyde d'azote qui ouvre l'histoire de l'anesthésie : l'emploi de ce gaz a permis, pour la première fois, de réaliser ce rêve hardi longtemps considéré par la science médicale comme une chimère : la suppression de la douleur. Nous avons dit ailleurs (voir historique) que les premiers essais d'administration de ce gaz à l'homme sont dus à Beddoes et à son préparateur Humphry Davy : ces essais furent exécutés, en 1790, dans l'établissement *Medical Pneumatic Institution*, précisément créé par Beddoes pour appliquer à la cure des maladies les « airs artificiels » que les fondateurs de la chimie moderne venaient de découvrir.

Ces tentatives restèrent à la fois célèbres et stériles, jusqu'au jour où le dentiste américain Horace Wells retrouva, en 1844, la propriété du protoxyde d'azote d'éteindre la sensibilité, propriété aperçue au commencement du siècle par Davy.

Ce fut là le point de départ de l'anesthésie dentaire par le protoxyde d'azote, aujourd'hui très répandue en Amérique et sur le continent. — Pour donner une idée de la popularité dont a joui cet agent, il suffit de rappeler que, du mois de février 1864 au mois de mai 1877, c'est-à-dire dans une période de treize ans, 97,429 personnes ont été insensibilisées par le protoxyde d'azote dans le seul établissement de Colton, à New-York. Les accidents mortels sont extrêmement rares : on en a signalé seulement quatre ou cinq cas (cas de Duchesne, Paris), et rarement (1 fois sur 150) les opérés ont éprouvé des nausées.

Aujourd'hui la cocaïne tend à se substituer au protoxyde dans la pratique des dentistes.

Les chirurgiens, cependant, ne tiraient aucun service de ce procédé. Ce n'était pas encore la véritable anesthésie chirurgicale nécessaire aux opérations de quelque durée. L'insensibilisation que l'on obtient avec les inhalations de protoxyde d'azote ne dure que quelques secondes, et, d'autre part, on ne peut les prolonger sans péril imminent d'asphyxie.

Le protoxyde d'azote, exclu de la grande chirurgie, restait donc confiné dans la pratique des dentistes et paraissait n'en devoir jamais sortir, lorsque M. Paul Bert fit connaître, en 1878, une méthode nouvelle qui en accroissait singulièrement la puissance et en étendait les applications.

§ 2. Physiologie du protoxyde d'azote.

Le protoxyde d'azote est, comme on le sait, une combinaison d'azote et d'oxygène qui contient, pour 100 volumes, 100 volumes d'azote et 50 volumes d'oxygène, avec condensation d'un tiers. Sa solubilité dans l'eau est assez considérable (1,3 à 0° ; 0,67 à 20°), — Il se liquéfie à 0° sous une pression de 50 atmosphères : cette propriété permet d'en emmagasiner de grandes quantités dans des vases de petit volume, très résistants, et par conséquent de le transporter facilement.

a. **Action sur le sang. — Indifférence et inertie du protoxyde d'azote.** — La première question que les physiologistes aient dû se poser à propos du protoxyde d'azote est celle-ci : Le protoxyde d'azote est-il un gaz respirable ? Dans la pratique de l'anesthésie, c'est toujours un mélange respirable qui est offert à la muqueuse pulmonaire, — mélange d'air atmosphérique avec la vapeur de l'éther ou du chloroforme, — permettant à la fonction respiratoire de s'exercer librement, hors de tout risque d'asphyxie. Or on est obligé, pour obtenir l'anesthésie par le protoxyde, d'administrer ce gaz pur. Il fallait donc savoir si ce gaz pur était respirable et pouvait être offert impunément aux poumons.

L'expérimentation pouvait seule renseigner à cet égard, car la théorie permet l'alternative. Le protoxyde d'azote contient en effet de l'oxygène comme l'air atmosphérique; il en contient même davantage, — le tiers de son poids, tandis que l'atmosphère n'en contient que le cinquième; — mieux que celui-ci, il entretient les combustions. On était en droit de se demander si cette combinaison pouvait être utilisée par l'organisme comme l'est le mélange atmosphérique; et, dans le cas où le sang n'en pourrait extraire l'oxygène, si les tissus eux-mêmes sauraient tirer parti de cet oxygène engagé avec l'azote, comme ils font de l'oxygène combiné avec l'hémoglobine dans les globules que le sang leur présente à chaque moment.

L'expérience a répondu négativement (Jolyet et Blanche, 1873). Le protoxyde d'azote est sans usage pour les tissus animaux ou végétaux; il ne peut être utilisé directement par les éléments anatomiques. Des graines d'orge et de cresson ne peuvent germer dans une atmosphère de ce gaz pur; si la germination est commencée, elle s'arrête momentanément : elle reprend si l'on remplace ce milieu inerte par un milieu oxygéné. A cet égard le protoxyde se comporte comme le chloroforme et l'éther. Quoi qu'en aient dit des chirurgiens comme Demarquay et des physiologistes comme Longet, le sang ne l'utilise pas mieux que les tissus eux-mêmes (Hermann, 1864). Les globules du sang ne s'en chargent point : ils le laissent dans le plasma sanguin où ils baignent eux-mêmes. Dans cette liqueur du sang, le protoxyde d'azote peut se dissoudre, comme l'air se dissout dans l'eau, en suivant les lois physiques de Dalton : ainsi le gaz n'est pas décomposé par les globules, il n'agit pas non plus sur eux pour prendre la place de l'oxygène : il est indifférent, faiblement soluble; il laisse noir le sang noir. A la vérité, on connaît en chimie physiologique une combinaison du protoxyde d'azote avec l'hémoglobine, combinaison très énergique, cristallisable et isomorphe à celle de l'oxygène et de l'oxyde de carbone; mais cette combinaison ne se produit pas dans l'organisme; elle ne se forme point lorsque l'on fait respirer au sujet du protoxyde d'azote. Elle n'offre qu'un intérêt chimique.

Le protoxyde est donc irrespirable, et les inhalations du gaz pur doivent entraîner l'asphyxie comme il arrive avec les autres gaz indifférents. Et, en effet, les animaux sont tués rapidement en présentant les convulsions habituelles de la mort par privation d'air; de même est-il mortel à l'homme, et c'est « commettre un crime contre la vie des personnes que de l'administrer à l'état de pureté » (Hermann). Il est dangereux au même titre que tout gaz impropre à la respiration; il l'est même davantage, car l'homme qui est plongé dans une atmosphère inerte est averti du péril qu'il court par l'oppression et les affres de l'asphyxie, tandis que l'ivresse du protoxyde lui dissimule la mort qui le menace et éteint le sentiment de conservation qui le pousserait à rechercher l'air respirable.

Comment donc s'expliquer l'innocuité des célèbres épreuves que Davy et tant de ses compatriotes ont faites au commencement du siècle? C'est qu'ils ne faisaient pas usage de gaz pur : ils respiraient un mélange de protoxyde et d'air. Les ballonnets de soie gommée dans lesquels le gaz était conservé laissaient pénétrer de l'oxygène à travers leurs parois perméables.

b. **Propriété anesthésique indépendante de l'effet asphyxique.** — Pour que l'action insensibilisatrice du protoxyde d'azote puisse se produire, il faut que la liqueur du sang dissolve une quantité maxima de protoxyde : il faut qu'elle soit saturée. Si l'on mélange le gaz à l'air et qu'on le présente ainsi dilué au sang qui traverse les poumons, celui-ci n'en prend plus une dose suffisante pour paralyser les centres nerveux : il n'y a plus d'anesthésie. Le sujet soumis à l'action de ce mélange éprouve les impressions suivantes : saveur sucrée; bourdonnements d'oreille; troubles de la vision; picotements, surtout aux extrémités; sensation d'allègement; perte du mouvement volontaire; diminution de la sensibilité à la douleur; tendance à la gaîté. L'expérience prouve qu'il n'y a ni perte de connaissance, ni anesthésie complète. On voit par là l'inanité des efforts que H. Wells avait tentés.

Pour résumer ces faits en une brève formule : *le protoxyde pur anesthésie, mais il tue par asphyxie; le protoxyde mélangé ne tue point, mais il n'anesthésie pas*. Cette vérité est aujourd'hui hors de conteste.

Ainsi l'anesthésie marche de pair avec l'asphyxie. Jolyet et Blanche, Duret, d'autres encore, ont professé qu'elle en était une conséquence : c'est là une erreur. S'il en eût été ainsi, le protoxyde d'azote eût été à jamais condamné en tant qu'anesthésique, puisqu'il ne serait qu'un agent d'asphyxie. Les expériences de P. Bert ont montré que la propriété anesthésique était, au contraire, indépendante et distincte de tout phénomène asphyxique. Déjà Goltstein (1876) avait vu que la propriété anesthésique appartenait bien au gaz lui-même; pour prouver que le protoxyde n'est pas un gaz indifférent, il avait suffi d'examiner la sensibilité et les actions réflexes chez des animaux qui respirent simplement un gaz inerte, comparativement avec ceux qui respirent du protoxyde d'azote. Il y a donc incontestablement une action propre exercée par le protoxyde d'azote, action propre qui vient se superposer à l'asphyxie et qui lui imprime une allure particulière. Le gaz dissous dans le plasma sanguin agit évidemment sur les éléments nerveux de l'encéphale et de la moelle, au contact desquels il est amené. De quelle nature est cette action du protoxyde sur l'élément nerveux, on l'ignore; mais le retour rapide à l'état normal, lorsque a cessé l'inhalation, prouve bien qu'il ne se produit pas une altération durable ou profonde : l'élément nerveux n'est pas aussi profondément modifié que dans le cas de l'éther et du chloroforme.

§ 3. Emploi chirurgical du protoxyde d'azote.

a. **Impossibilité d'employer le gaz pur** — Les expériences précédemment rappelées semblaient condamner le protoxyde d'azote en tant qu'anesthésique. On ne pouvait l'employer ni pur, ni mélangé. On ne pouvait l'employer pur, parce que s'il insensibilise il asphyxie en même temps; on ne pouvait l'employer mélangé, parce que s'il cesse alors d'asphyxier il n'insensibilise plus. Il n'avait plus d'usage que dans les opérations de très courte durée, pendant lesquelles l'asphyxie n'a pas le temps de se développer. C'est ce qui arrive dans la chirurgie dentaire. Lorsqu'on fait respirer au sujet à opérer du gaz pur, l'anesthésie apparaît 30 à 40 secondes après le commencement de l'inhalation : l'asphyxie ne fait alors que commencer. Chez les enfants, l'anesthésie se montre après une ou deux inhalations. Le temps pendant lequel elle se prolonge suffit à exécuter l'extraction de la dent. L'opération a donc lieu dans une période d'anesthésie complète et d'asphyxie commençante. Le patient est jeté, dès les premières inhalations, dans une sorte d'ivresse, avec sensation agréable d'allégement et de déplacement; le sol paraît se dérober sous ses pieds; il perd tout point d'appui et se sent enlevé et transporté rapidement comme s'il s'élevait en ballon. Pendant ce temps, le pouls s'accélère jusqu'à 120, 150 pulsations et devient petit. Le boursouflement de la face, son aspect livide, la couleur violacée des lèvres, l'oppression respiratoire, forment un tableau peu rassurant et qui impressionne vivement les assistants. C'est cet ensemble qui indique à l'opérateur qu'il faut arrêter l'inhalation et qui lui donne le signal de l'opération. L'asphyxie confirmée exigerait que l'inhalation fût continuée encore pendant une minute : c'est cette prolongation que l'opérateur a soin d'éviter. Le retour rapide et complet à l'état normal permet, au besoin, de renouveler plusieurs fois de suite ces courtes anesthésies.

Plutôt que de soutenir un état de choses qui deviendrait vite menaçant, l'opérateur préfèrera répéter l'épreuve et faire son œuvre en deux ou plusieurs reprises. C'est grâce à ce pénible artifice, qui consiste à produire une série d'anesthésies brèves et intermittentes séparées par des phases de sensibilité, que les chirurgiens américains et H. Wells lui-même ont pu faire servir le protoxyde d'azote à des opérations de longue haleine. Les difficultés d'un tel procédé, son caractère hasardeux, en limitaient tout naturellement l'application; et, après comme avant ces tentatives, il restait exact de dire que le protoxyde d'azote était impropre aux grandes opérations.

b. **Artifice de Paul Bert : compression du mélange protoxyde et oxygène.** — Une analyse physiologique très pénétrante a permis à P. Bert de saisir les causes de la difficulté et de la faire disparaître. Elles étaient contenues dans la loi générale très remarquable que l'éminent physiologiste avait établie : *L'action des gaz sur l'être vivant est réglée par leur tension partielle* (voir ch. III, l. Ier). L'anesthésie exige que le protoxyde d'azote soit employé pur. Qu'est-ce à dire ? Quand il est pur, il est offert aux poumons à la pression atmosphérique extérieure. La nécessité de sa pureté se résume donc dans la nécessité de le présenter à la pression d'une atmosphère. L'effet sera le même si l'on offre au plasma sanguin un mélange gazeux où la pression particulière du protoxyde soit encore d'une atmosphère, la pression totale du mélange étant naturellement supérieure. Les lois connues de la dissolution font comprendre que la quantité absorbée sera la même que si l'on employait le gaz pur. L'action anesthésique sera identique. On conçoit ainsi qu'en comprimant le protoxyde dilué avec un autre gaz, on arrivera à en introduire autant qu'en l'offrant pur, mais non comprimé. La compression compensant ainsi la dilution, l'effet physiologique sera le même. Cet artifice ne changera donc pas la situation en ce qui concerne l'insensibilisation à obtenir, mais il la modifiera en ce qui concerne l'asphyxie à éviter, car le gaz mélangé au protoxyde et qui sert à le diluer peut être l'oxygène, le gaz vital, le gaz respirable.

Il s'agit donc, pour permettre l'anesthésie tout en prévenant l'asphyxie, d'offrir au plasma sanguin un mélange comprimé où la pression partielle du protoxyde soit égale à la pression barométrique, et où la pression partielle de l'oxygène soit la même que dans l'air, c'est-à-dire égale à $\frac{1}{5}$ de la pression barométrique, exactement à $\frac{21}{100}$ d'atmosphère. Le sujet respirera comme dans l'air pur et s'anesthésiera comme dans le protoxyde pur, cumulant ainsi les avantages des deux gaz.

Comment constituer ce mélange? La tension totale devra être la somme des tensions partielles des deux gaz, c'est-à-dire 1 atm. + $\frac{21}{100}$ ou $\frac{1}{5}$ d'atm. = $\frac{5}{6}$ d'atm. La pression du mélange sera donc supérieure de $\frac{1}{5}$ d'atmosphère (15 centimètres de mercure) à la pression atmosphérique. Il contiendra 5 volumes de AzO et 1 volume d'O mesurés à la pression atmosphérique. En résumé les inductions théoriques amenaient donc à penser que l'on produirait l'anesthésie sans asphyxie si l'on mettait en rapport avec le poumon de l'animal un mélange de 5 volumes de protoxyde et de 1 volume d'oxygène amené à une pression supérieure de 15 centimètres à la pression atmosphérique.

c. **Application à la physiologie.** — L'expérience physiologique a vérifié de point en point cette induction : après une ou deux minutes l'animal est complètement anesthésié; la pupille est dilatée; on peut toucher la cornée ou la conjonctive sans faire cligner l'œil; pincer un nerf de sensibilité, amputer un membre, sans provoquer de réaction : la résolution musculaire est complète. Cet état peut se soutenir une demi-heure ou une heure sans nul changement. D'autre part, la vie végétative persiste : la respiration continue sa vie végétative, le cœur conserve son rythme, le sang sa couleur, la température animale son degré. Le retour à l'état normal est incomparablement plus rapide qu'avec tout autre anesthésique : après trois ou quatre respirations à l'air libre, l'animal est entièrement réveillé, il reprend sa gaieté et sa vivacité, il marche librement, il court (P. Bert). Dès que l'inhalation a cessé, le protoxyde s'élimine par le poumon.

d. **Application à la chirurgie. Avantages.** — Il ne restait plus qu'à appliquer le procédé aux opérations sur l'homme. Deux chirurgiens des hôpitaux, MM. Labbé et Péan, en commencèrent l'essai dès le commencement de l'année 1879 ; d'autres chirurgiens suivirent : Perrier, Le Dentu, en France, Deroubaix à Bruxelles. Le nombre (Blanchard, *Thèse de Paris*, 1880) des opérations pratiquées par la méthode de P. Bert dépassa en peu de temps 150, et l'on peut dire qu'en principe son excellence fut mise hors de doute.

Les avantages principaux de la méthode de P. Bert sont les suivants : l'atténuation de la phase d'excitation, l'indifférence chimique vis-à-vis des tissus, la régularité de l'administration du gaz et son innocuité. Les phénomènes d'excitation sont peu marqués ou font entièrement défaut : le malade ne se débat point ; il est anesthésié au bout de 3 ou 4 respirations. Quant aux phénomènes de contracture qui peuvent se manifester dans le cours même de l'anesthésie, il suffit d'augmenter la pression pour les faire disparaître.

Tandis que les autres anesthésiques (carbures et chloro-carbures d'hydrogène) exercent sur les éléments anatomiques une action chimique plus ou moins profonde (coagulation, déshydratation, dissolution), et plus ou moins lente à disparaître, d'où les malaises consécutifs à leur emploi, le protoxyde d'azote, simplement dissous dans le plasma sanguin, n'exerce sur les tissus qu'une action superficielle et temporaire, qu'en témoigne ainsi le retour presque instantané de la sensibilité, de la volonté et de l'intelligence. Ce retour présente une particularité intéressante à noter. On voit, en effet, dans beaucoup de cas, l'intelligence reparaître avant la sensibilité. Il y a là quelquefois une période de cinq à six minutes d'analgésie complète pendant laquelle le malade voit, entend, converse avec les assistants. Péan a utilisé cette persistance de l'analgésie après la cessation de l'inhalation pour des opérations rapides sur la face. D'autres, Klikowitsch par exemple, en ont tiré un très bon parti dans la pratique obstétricale (*Archiv. für Gynœk*, XVIII).

D'autre part, l'administration du protoxyde d'azote est très facile à régulariser : il suffit d'augmenter ou de diminuer la pression dans la cloche pour augmenter ou diminuer la quantité d'AzO du sang et, par suite, son énergie anesthésique. Une fois la pression fixée à un point, la quantité du gaz ne varie plus, et son action se maintient d'une façon rigoureuse. On règle donc exactement avec le manomètre la marche de l'anesthésie. Le dosage est plus facile dans le cas présent qu'avec les anesthésiques ordinaires.

Quant à l'innocuité de la méthode, elle est prouvée, outre les essais déjà tentés par P. Bert, par la pratique universelle des dentistes dans le monde entier. Le nombre des personnes soumises à l'action du protoxyde se chiffre par centaines de mille, et pourtant l'on n'enregistre que deux cas de mort authentiques

(Rottenstein). Le protoxyde d'azote offre donc une sécurité incomparable.

e. **Inconvénients de la méthode. Appareils nécessaires.** — L'inconvénient de la méthode consiste dans l'installation compliquée qu'elle exige. Le sujet doit respirer un mélange de 15 parties d'oxygène pour 85 parties de protoxyde d'azote à la surpression de 15 cent. de mercure, mais en réalité à la surpression beaucoup plus favorable de 20 ou 22 cent. de mercure. Pour cela, il faut un masque exactement appliqué sur la bouche et sur le nez et communiquant avec le réservoir-sac qui contient le mélange et qui doit subir la surpression de 20 cent. de mercure (2/10 d'atm.). Pour que cette pression qui s'exerce à la surface interne du poumon soit sans danger, il faut qu'elle s'exerce également à l'extérieur du corps ; en un mot, il faut que le sujet soit dans la même condition où il est normalement lorsqu'une égale pression, celle de l'atmosphère, agit *intus* et *extra*. Ceci oblige à placer le sujet dans une chambre métallique, ou cloche, pouvant supporter cette surpression de 20 cent. C'est la chambre d'opération. Là se trouvent, avec les aides, le chirurgien et le malade ; seulement, tandis que le chirurgien et ses assistants respirent simplement l'air comprimé de la cloche, le patient respire le mélange anesthésique contenu dans le sac à parois flexibles. Le séjour des opérateurs dans l'air comprimé n'a pas d'inconvénient réel : ils peuvent ressentir seulement une impression de tension de la membrane du tympan.

La seule difficulté vraiment sérieuse consiste donc dans l'installation des appareils, chambre d'opération en tôle étanche, pompe à compression. Ces conditions excluent la chirurgie de campagne et la chirurgie d'armée du bénéfice de la méthode. Dans les villes, il est facile d'avoir dans les hôpitaux et dans les établissements d'aérothérapie des cloches à poste fixe, ou même des cloches mobiles, montées sur camion, comme celle que le Dr Fontaine a fait construire pour les opérations à domicile.

Ces observations font comprendre toutes les conditions favorables et défavorables de l'anesthésie par le protoxyde sous tension. Sa supériorité devient absolument indiscutable lorsqu'il s'agit des opérations de longue durée, telles que l'ovariotomie, « à cause de la facilité d'élimination du gaz, de l'absence de combinaison chimique avec les tissus, du retour rapide à l'état normal, et parce que la dépression du système nerveux paraît moindre qu'avec le chloroforme » (Duret). La complication instrumentale, d'autre part, ne permet pas d'espérer que cette méthode doive s'étendre beaucoup. Elle reste pleine d'intérêt et d'enseignements pour la physiologie. En pratique chirurgicale, elle cèdera la place aux procédés plus récents et plus commodes des mélanges titrés et aux méthodes mixtes (liv. III, ch. VI).

f. **Recherches de physiologie psychologique.** — La méthode, comme nous l'avons dit, offre la facilité de régler exactement, avec le manomètre, la dose qui convient; elle permet de maintenir ou prolonger l'état qui paraît favorable, ce qui n'a lieu ni avec l'éther, ni avec le chloroforme. Ce n'est pas seulement pour la médecine qu'une telle facilité sera précieuse : la physiologie psychologique a quelques profits à en attendre. En ralentissant, pour ainsi dire à volonté, la marche de l'anesthésie, on pourra l'analyser, en séparer les périodes, en distinguer toutes les phases. Si la doctrine est vraie qui place l'abolition de la douleur avant celle de l'intelligence, et si les diverses facultés cérébrales sont dissociables par l'anesthésie, cette méthode fournira le meilleur moyen de l'éprouver expérimentalement. Enfin on pourra peut-être reproduire à coup sûr les phénomènes qui avaient tant passionné les esprits au temps de H. Davy, et connaître les conditions de cette ivresse extraordinaire qui avait valu au gaz hilarant le nom fabuleux de « gaz du paradis ».

CHAPITRE III

LE CHLORAL

§ **1**. Découverte. Emploi : *a*. Ingestion gastrique. *b*. Injection intra-veineuse. Précautions. *c*. Injection intra péritonéale. — § **2**. Physiologie du chloral : *a*. Action sur le cœur. *b*. Action sur les vaisseaux. *c*. Effets sur la respiration, sur la température, sur la cornée. — § **3**. Emploi chirurgical. Inconvénients et dangers. — § **4**. Emploi en physiologie. Théorie de l'action chloralique. Dédoublement.

§ 1. Découverte. — Emploi.

Le chloral $C^4H\,Cl^3\,O^2$, découvert en 1832 par Liebig, étudié plus tard par Dumas et Staedeler, a été introduit en thérapeutique en 1869 par Oscar Liebreich. Les expériences instituées par le physiologiste allemand eurent un grand retentissement et provoquèrent des recherches nombreuses. On s'en fera une idée d'après cette indication, due à Pollak, qu'en moins de cinq ans, de 1869 à 1874, il a paru au delà de 312 mémoires sur cet objet.

Nous n'avons pas à faire ici l'histoire complète de cette substance. (Voir Decaisne, *Revue des sciences médicales*, t. XV, 1880.)

Nous nous contenterons de rappeler que le chloral, introduit d'abord dans la pratique comme hypnotique et hyposthénisant, a été préconisé plus tard comme anesthésique. Administré par voie gastrique ou rectale, il n'est, en réalité, qu'un hypnotique ou analgésique : pour exercer une action anesthésiante, il faut qu'il soit introduit dans les veines (Oré, 1872).

Le chloral est employé à l'état d'hydrate de chloral, obtenu en mettant le chloral anhydre en présence de l'eau. Ce corps est très soluble dans l'eau. En solution concentrée, il est très irritant. Il peut, appliqué sur la peau, produire alors le rubéfaction, la vésication et même l'escharification. Son action sur les muqueuses n'est pas moins énergique : son emploi non réglé peut produire des ulcères gastriques (Testut). Les injections sous-cutanées ou endermiques ont été abandonnées en raison de l'extrême irritation qu'elles produisaient : elles ont déterminé des phlegmons, des gangrènes, des décollements considérables, que Vulpian et Giraldès signalèrent les premiers.

Il ne reste donc que trois voies d'administration : l'ingestion gastrique, l'injection intra-veineuse et l'injection intra-péritonéale.

a. **Ingestion gastrique.** — L'introduction dans l'estomac ne permet qu'une action hypnotique ou analgésique. Le chloral ainsi administré ne se rattache à la véritable anesthésie qu'en tant qu'on associe son action au chloroforme ; c'est ce qui a lieu dans la méthode mixte de Trélat. Pour obtenir l'effet soporifique, il suffit d'une dose de 2 grammes ; pour l'effet analgésique incomplet, il faut pousser à 4 ou 6 grammes en vingt-quatre heures. Mais les doses élevées exposent déjà aux vomissements, à la céphalalgie et aux vertiges. — Les doses massives introduites par la voie stomacale ou la voie rectale pourraient à la vérité produire une anesthésie générale; mais on créerait ainsi des dangers beaucoup plus grands que ceux du chloroforme.

b. **Injection intra-veineuse. Précautions.** — Le procédé de l'injection intra-veineuse a été employé par Oré (de Bordeaux) en 1872. On pique la veine, préalablement gonflée, avec une canule-aiguille, et l'on injecte de 4 à 10 grammes de chloral dans une solution au 1/4. On obtient ainsi rapidement le sommeil et une anesthésie complète.

L'injection doit être poussée très lentement, afin d'éviter deux accidents auxquels expose la pénétration rapide, à savoir : la production de caillots sanguins et d'embolies consécutives et, en second lieu, une syncope cardiaque mortelle dont le point de départ est dans le contact du chloral avec l'endocarde.

c. **Injection intra-péritonéale.** — Ch. Richet a proposé, pour les opérations physiologiques sur le chien, l'injection directe de la solution de chloral dans le péritoine (5 décigrammes par kilog. d'animal). On obtiendrait ainsi une anesthésie complète sans menace de syncope et sans accidents inflammatoires. (*Soc. de Biol.*, 21 décembre 1889.)

§ 2. Physiologie du chloral.

Nous dirons deux mots des effets du chloral sur les différents appareils organiques.

a. **Action sur le cœur.** — Le cœur est particulièrement sensible à l'action du chloral injecté dans les veines. Si l'on ne prend point les précautions particulières dont nous venons de parler, afin que la substance n'arrive que très diluée au contact de la paroi de l'endocarde, on voit se produire une syncope brusque et définitive. On peut admettre, dans ce cas, une irritation des nerfs sensibles de l'endocarde, qui est réfléchie sur le pneumo-gastrique et a pour effet d'arrêter le cœur en diastole.

Cet accident étant évité, on observe ordinairement un ralentissement des battements. Il est vraisemblable que cette modération est due à deux causes : l'une indirecte, c'est la vaso-dilatation générale provoquée par le chloral ; l'autre directe, tenant à une excitation du pneumo-gastrique, moins violente que celle qui tout à l'heure entraînait la syncope. Dans le cas d'empoisonnement avec une dose trop forte, le cœur est arrêté en diastole. On le trouve, à l'autopsie, dilaté et distendu par un sang noir et poisseux ; ce qui tient à ce que la syncope cardiaque est habituellement précédée par l'arrêt de la respiration.

Ces indications suffisent à faire comprendre que le chloral, à cause même de sa tendance à favoriser les syncopes cardiaques, est un anesthésique dangereux.

b. **Action sur les vaisseaux.** — Le chloral provoque une dilatation générale des vaisseaux. C'est là un fait caractéristique de l'histoire de cette substance et un fait intéressant dont les physiologistes ont tiré parti pour leurs études. Chez les sujets chloralisés, on note une rougeur persistante de la face marquée surtout aux joues, aux oreilles et aux conjonctives. La vascularisation de l'œil et de l'oreille, chez le lapin, est comparable à celle qui se montre après la section du grand sympathique cervical.

Cette congestion s'observe dans tous les organes (Cl. Bernard). Il y a une hyperhémie générale des muqueuses, poumons, foie, rate, rein, mésentère. Cette hyperhémie peut être poussée jusqu'à la rupture des vaisseaux de moindre résistance et à la production d'ecchymoses. La congestion du rein et les ecchymoses qu'elle entraîne expliquent l'hématurie observée par Vulpian chez le chien. Les méninges et le cerveau participent à cette vascularisation universelle. Hammond (de New-York) l'a observée directement sur le cerveau du lapin et à l'ophtalmoscope sur la pupille rétinienne des sujets chloralisés. — On voit, en résumé, que, sous le rapport de son effet sur la circulation périphérique, le chloral se rapproche de l'éther et qu'il se sépare nettement du chloroforme. — L'hyperhémie cutanée provoquée par le chloral peut être le point de départ d'une éruption exanthématique spéciale, analogue au rasch scarlatiniforme observé par Mayor et Martinet.

c. **Effet sur la respiration; sur la calorification; sur la cornée.** — Le chloral à dose anesthésique exerce un effet non moins perturbateur sur la respiration : cet effet se traduit par l'irrégularité et la faiblesse des mouvements respiratoires, qui deviennent diaphragmatiques, superficiels et saccadés. Il est à noter que ces troubles et l'arrêt définitif auquel ils peuvent aboutir rapidement ne se produisent plus lorsque l'on a sectionné les pneumogastriques (Fr. Franck). L'action s'explique par une irritation des nerfs sensitifs de l'endocarde, conduite au centre respiratoire.

La chloralisation entraîne, toutes choses égales d'ailleurs, un abaissement de température plus grand que la chloroformisation ou l'éthérisation.

On a signalé le fait curieux que, dans l'anesthésie chloralique, l'insensibilité de la cornée se produisait après celle de la peau, contrairement à la règle générale. La muqueuse de la sous-cloison nasale serait la partie du tégument qui serait anesthésiée la dernière.

§ 3. Emploi chirurgical. — Inconvénients et dangers.

Le chloral en injections veineuses produit une anesthésiation très complète. Oré avait constaté ce fait à l'occasion d'injections chloraliques pratiquées chez des tétaniques. Cette observation lui suggéra l'idée d'y recourir dans les opérations chirurgicales. Il présenta les résultats de sa pratique au Congrès de médecine de Bruxelles en 1875. Ils se résumaient en 51 succès sur 53 opérations. Deneffe et van Wetter (de Gand) employèrent également le procédé dans un assez grand nombre d'opérations.

Cependant la méthode ne s'est pas répandue. Il y a d'ailleurs d'excellentes raisons à cet échec : Cruveilhier, Tillaux, Lannelongue (de Bordeaux), ont trouvé, à la suite de l'opération, des caillots volumineux dans les veines.

Les inconvénients et les dangers de la méthode peuvent se résumer ainsi :

1° Inconvénient du mode d'introduction d'une quantité assez considérable de solution dans une veine, que l'opérateur est quelquefois obligé de dénuder;

2° Possibilité d'une syncope cardiaque primitive, mortelle, au moment où le premier flot de la substance arrive au contact de l'endocarde;

3° D'une manière générale, imminence des syncopes cardiaques, qui constituent le danger principal des anesthésiations ; le chloral favorise aussi les troubles respiratoires ;

4° Le chloral ne permet point l'*économie du sang*. La dilatation vasculaire qu'il détermine facilite et entretient des hémorragies diffuses, qui épuisent le malade et gênent l'opérateur.

Pour toutes ces raisons, le chloral est un mauvais anesthésique lorsqu'il est administré isolément. Employé concurremment avec d'autres anesthésiques, dans les méthodes mixtes, il apporte quelques-uns des inconvénients qui lui sont inhérents. — On a utilisé le chloral avec des succès divers dans le tétanos, l'eclampsie et dans la pratique des accouchements.

Ces inconvénients n'offrent plus la même gravité lorsqu'il s'agit d'opérations physiologiques : aussi le chloral est-il fréquemment employé dans les vivisections pratiquées sur le chien et presque exclusivement dans les vivisections sur les grands animaux, âne, cheval (Arloing, Dastre et Morat).

§ 4. Emploi en physiologie. — Théorie de l'action chloralique. Dédoublement en chloroforme et formiate alcalin.

On est loin d'être d'accord sur la manière dont le chloral abolit la sensibilité : une des hypothèses qui a rallié le plus grand nombre de physiologistes, et surtout de chimistes, consiste à admettre que le chloral produit l'anesthésie par le chloroforme provenant de son dédoublement ; sous l'influence des alcalis du sang, il se séparerait, en effet, en chloroforme et formiates alcalins, surtout formiate de soude. Cette théorie a été combattue pourtant par un grand nombre de physiologistes, tant en France qu'en Allemagne, par exemple par Hammarsten, Rajewsky, Musculus, etc., qui n'ont retrouvé le chloroforme ni dans l'air expiré, ni dans le sang des animaux chloralisés. Un second argument c'est que divers produits de substitution chlorés de la série des acides gras analogues au chloral agissent comme le chloroforme, sans donner cependant par décomposition aucune trace de ce corps.

On a encore insisté sur les arguments suivants : d'abord la faible quantité de chloroforme mise en liberté, quantité qui est notablement moindre que celle du chloral employé ; en second lieu, sur l'opposition des effets déterminés par le chloroforme et le chloral, le premier contractant les vaisseaux, tandis que le chloral les dilate : enfin, sur ce que la sensibilité cornéenne est perdue avant la sensibilité cutanée avec le chloral, tandis que c'est le cas inverse qui se produit avec le chloroforme et avec tous les autres anesthésiques.

Arloing (*Thèse de Lyon*, 1879) a essayé de concilier ces contradictions. D'après ce physiologiste, le dédoublement aurait lieu réellement : dans le sang, le chloral se transformerait en chloroforme et en formiate de soude. L'effet anesthésique serait dû au chloroforme ; les effets vasculaires, le ralentissement du sang, l'arrêt du cœur et de la respiration, au formiate alcalin, ou plutôt à la résultante des actions du chloroforme et du formiate. L'étude directe des effets produits par le formiate serait en accord avec cette conclusion. D'autre part, l'effet anesthésique du chloroforme serait facilité parce que, le dédoublement ayant lieu au contact même des éléments nerveux, tout le chloroforme produit serait actif; et cette circonstance ferait tomber l'objection de l'effet relativement considérable de doses assez faibles.

A l'appui de son opinion, l'auteur rappelle ce qui se produit avec certains tissus végétaux, tels que ceux de la sensitive. L'irritabilité de la sensitive est abolie lorsque cette plante absorbe du chloroforme par ses racines ; elle ne l'est pas par l'absorption du chloral. Cela tiendrait à ce que les tissus de la sensitive, ayant une réaction acide, ne permettent pas le dédoublement du chloral, tandis que, chez les animaux affectés par cette substance, le milieu sanguin offre, au contraire, l'alcalinité convenable à ce dédoublement.

CHAPITRE IV

LE BROMURE D'ÉTHYLE

§ **1**. Propriétés. — Composition. — Emploi du bromure d'éthyle. — § **2**. Physiologie : *a*. Action sur le système nerveux. Suppression de la phase d'excitation. Intervalle des actions sur le cerveau et sur la moelle. *b*. Action sur le cœur et sur les vaisseaux. — *c*. Action sur la respiration, sur les sécrétions, sur les organes digestifs. — § **3**. Emploi chirurgical et médical. — § **4**. Avantages et inconvénients.

§ 1. **Propriétés. — Composition. — Emploi du bromure d'éthyle.**

Le bromure d'éthyle [C^4H^5Br ancienne notation, C^2H^5Br notation atomique] a été découvert en 1829 par Serullas. C'est un liquide incolore, d'odeur agréable; lourd (densité, 1,43); volatil (point d'ébullition, 40°7); soluble dans l'alcool et dans l'éther en toutes proportions; très peu soluble dans l'eau. Il n'est pas inflammable : une allumette peut en être approchée sans que ce liquide prenne feu; un jet du liquide pulvérisé dirigé sur la flamme d'une lampe à alcool ne s'enflamme point. Il est utile de savoir que, lorsqu'il est pur, son odeur est éthérée et suave, et qu'au contraire, lorsqu'il a une odeur désagréable, il la doit à ce qu'il n'a pas été convenablement rectifié, et qu'il contient des dérivés bromés nuisibles à l'organisme. Le produit commercial est le plus souvent impur.

Nunneley (de Leeds), en 1849, a étudié son action sur les animaux (chats); il reconnut très exactement les particularités que les expériences plus récentes ont popularisées, et il ne cessa, depuis cette époque, de l'employer dans sa pratique pour les opérations sur les yeux et les oreilles et de le préconiser à toute occasion. Ed. Robin (*Acad. des Sc.*, 1851) anesthésia des oiseaux par des inhalations de ses vapeurs, et cela sans danger. Vutzeys, en Belgique, et Rabuteau (*Société de Biologie,* 1876) avaient insisté, à leur tour, sur ses propriétés anesthésiques, comparables à celles du chloroforme, supérieures à celles de l'éther.

L'extrême volatilité de ce corps a engagé quelques expérimentateurs à le mélanger à l'alcool pour le rendre plus maniable (Wood).

§ 2. Physiologie.

a. **Action sur le système nerveux. Suppression de la phase d'excitation. Intervalle des actions sur le cerveau et la moelle.** — L'étude physiologique du bromure d'éthyle est encore fort incomplète. Rabuteau (1876, *Acad. Sc.* et *Mém. Soc. Biol.,* 1880) a essayé son action sur les plantes : celles-ci, enfermées dans une enceinte saturée de ses vapeurs, meurent après que leurs feuilles se sont flétries et norcies, tandis qu'elles survivent à l'action de l'éther dans les mêmes conditions. La germination des graînes est arrêtée ; le plus souvent l'arrêt est définitif.

Sur les animaux, il agit comme un anesthésique très puissant, et son action est caractérisée par la *rapidité* avec laquelle elle se produit et par la brusquerie avec laquelle elle cesse, sans laisser de traces. De plus, et c'est là une conséquence qui découle des explications générales que nous avons données à propos des anesthésiques, on n'observe pas *l'agitation violente* que produit l'éther ou le chloroforme. Enfin, la substance, n'exerçant point d'*action irritante* ni caustique sur la peau ni les muqueuses, ainsi que fait le chloroforme, n'expose pas au danger de la syncope primitive ou laryngo-réflexe.

On rendrait compte, en un mot, de l'action comparée du bromure d'éthyle, en disant que la moelle, le bulbe et les hémisphères cérébraux sont plus sensibles à son action qu'à celle de l'éther et du chloroforme, de telle sorte que la période d'excitation est, pour ainsi dire, *brûlée* dans tous les cas. La phase de paralysie des activités nerveuses est atteinte d'emblée sans être précédée de la phase d'exaltation de ces activités, au moins d'une manière appréciable.

Un autre caractère n'est pas moins intéressant au point de vue physiologique. Le bromure d'éthyle présente le caractère fondamental d'un excellent *analgésique*. L'écart entre l'impressionnabilité des hémisphères et celle de la moelle par le bromure est plus considérable qu'avec les anesthésiques ordinaires. La perte de connaissance est rapide (1 à 3 minutes); l'anesthésie vraie, plus tardive (3 à 5 minutes). Un long intervalle s'écoule donc entre le moment où l'agent frappe le cerveau et celui où il frappe l'axe nerveux. Ce serait là, d'une façon générale, une condition favorable. Elle entraîne pourtant cette conséquence désavantageuse que les réflexes moteurs persistent quelque temps alors que le sujet est déjà insensibilisé : la résolution musculaire n'est pas complète.

Mais ces deux caractères sont loin d'être absolus. L'excitation médullaire est incontestablement moindre qu'avec le chloroforme ; elle se traduit pourtant quelquefois par une rigidité musculaire qui peut persister assez longtemps, et qui ne disparaît que lorsque déjà l'anesthésie est confirmée. En tous cas, la résolution musculaire est tardive.

b. **Action sur le cœur et sur les vaisseaux.** — L'action du bromure sur la circulation se rapproche de celle de l'éther et du chloral ; elle s'éloigne de celle du chloroforme. Comme les deux premiers agents, celui-ci dilate le réseau capillaire (congestion modérée de la face). D'après Ott, il amplifierait le pouls, l'accélérerait et accroîtrait la pression sanguine ; d'après Wood, il diminuerait cette pression, fait qui serait plus conforme à ce qu'on peut attendre de la dilatation du réseau sanguin. Ces deux auteurs sont d'accord pour conclure, de leurs expériences sur la grenouille, que le bromure agit directement sur le cœur, les muscles et ganglions. Quant à la dilatation capillaire, elle se traduit chez l'homme par la congestion plus ou moins forte qui s'observe, au début, à la face, au cou, à la poitrine.

c. **Action sur les sécrétions, sur la respiration, sur les organes digestifs.** — La respiration augmenterait légèrement de fréquence au début ; mais bientôt elle est régularisée et ralentie.

Le bromure d'éthyle produit une excitation glandulaire très vive, une sudation abondante, un ptyalisme très marqué. Cette excitation glandulaire est un des inconvénients du bromure, parce que la salive et des mucosités abondantes viendraient obstruer le pharynx si l'on n'avait soin de les enlever à mesure.

Le larmoiement est assez abondant.

On ne s'entend point relativement à l'action nauséeuse du bromure. Agnew, Haynes, Norton, Prince, croient les vomissements plus fréquents qu'avec les autres anesthésiques ; d'après d'autres, Conner, Lewis, ils ne le seraient pas davantage. La pupille, généralement dilatée, peut cependant présenter des alternatives de resserrement et d'agrandissement.

§ 3. Emploi chirurgical et médical.

L'histoire des anesthésiques nous offre une série de réinventions continuelles : c'est le cas pour le bromure d'éthyle. Il fait sa première apparition en 1849, où Nunnely, de Leeds, l'emploie couramment ; puis, presque oublié, il reparaît trente ans plus tard dans la pratique des chirurgiens américains. L. Turnbull, de Philadelphie (1877-1880), l'essaye sur les animaux, sur lui-même, et l'utilise dans plus de cent opérations. R.-J. Lewis (de Philadelphie) en fait usage dans la pratique hospitalière avec le plus grand succès (janvier 1880, *Medical Times*), et il le considère comme le meilleur agent anesthésique connu. Ce fut à ce moment que M. Terrillon l'introduisit en France et le préconisa pour l'anesthésie locale (voir plus loin). Bientôt après, il en fit usage pour l'anesthésie générale. MM. Berger, Verneuil, Perrier, l'essayèrent dans leurs services hospitaliers.

Bourneville et d'Olier ont employé le bromure

d'éthyle chez des hystériques, et réussi souvent, par ce moyen, à faire cesser les phénomènes convulsifs ou à faire passer les malades de la phase du clownisme à celle du délire. Chez les épileptiques, le traitement prolongé aurait diminué le nombre des accès, et le bromure administré pendant l'accès aurait ou diminué ou supprimé les convulsions. (*Mém. Soc. Biol.*, 1880.) Enfin, nous avons signalé (liv. I, ch. II) l'usage qui a été fait du bromure dans la pratique obstétricale. Cette application n'est qu'une conséquence de la propriété analgésique que nous venons de signaler.

§ 4. Avantages et inconvénients.

Les essais physiologiques et cliniques n'ont pas encore été suivis assez méthodiquement pour permettre de juger définitivement de la valeur du bromure.

D'après ce qui précède, les avantages seraient : 1° la rapidité de l'action ; 2° l'absence d'agitation ; 3° la production facile de l'analgésie ; 4° la sécurité en ce qui concerne la syncope primitive respiratoire ou même cardiaque, la substance n'exerçant point d'effet irritant sur les muqueuses. Lewis et les partisans du nouvel anesthésique prétendent même qu'il expose beaucoup moins que le chloroforme au danger de la syncope secondaire ou bulbaire, et qu'en conséquence il n'y a presque pas à redouter d'accidents cardiaques, mais seulement à surveiller la respiration. Toutes ces assertions sont conformes à la théorie générale, que ne connaissaient certainement pas les auteurs qui les ont émises : il reste à savoir si, en fait, elles sont bien exactes. Dans ce cas, des trois causes d'accidents qu'offrent les anesthésiques, le dernier (apnée par intoxication profonde) serait seul à redouter; mais, par contre, il le serait à un plus haut degré.

Les inconvénients seraient les suivants :

1° L'excitation glandulaire, avec tout le cortège de difficultés qu'elle crée habituellement, par exemple dans le cas de l'éthérisation : râles, obstruction des voies respiratoires, action nauséeuse ;

2° L'action du bromure d'éthyle sur les petits vaisseaux le constitue en état d'infériorité vis-à-vis du chloroforme au point de vue de l'*économie du sang*, particulièrement dans les opérations sur la face ;

3° La résolution musculaire est incomplète, ou, tout au moins, tardive ;

4° Si les analogies physiologiques ne sont pas trompeuses, l'action paralysante prédominante du bromure d'éthyle doit nous faire préjuger que, pour les opérations de longue durée, il offrira des dangers supérieurs à ceux de l'éther et du chloroforme.

D'ailleurs, ses partisans le recommandent surtout dans les opérations rapides, qui ne demandent point une anesthésie très profonde, non plus que la résolution musculaire, telles que dilatation anale, fissures ou hémorroïdes, fistules, rupture des ankyloses.

CHAPITRE V

DÉRIVÉS CHLORÉS DU FORMÈNE

§ **1**. Tétrachlorure de carbone. — § **2**. Chlorure de méthylène. — *a*. Propriétés. — Composition. — Confusions commises à propos de ce corps. — *b*. Physiologie. — *c*. Impossibilité de l'emploi chirurgical.

§ 1. Tétrachlorure de carbone.

On peut considérer chimiquement le chloroforme comme l'un des dérivés chlorés du méthane. On a recherché si les autres dérivés offriraient des propriétés anesthésiques comparables.

La série des dérivés chlorés du formène ou méthane (C^2H^5) comprend quatre termes : le *chlorure de méthyle* (C^2H^4Cl), le *chlorure de méthylène* ($C^2H^2Cl^2$) ; le *chloroforme* (C^2HCl^3) et le *tétrachlorure de carbone* (C^2Cl^4). — Le chlorure de méthyle entre en ébullition à une température de 23° au dessous de zéro. Il ne peut être utilisé que pour l'anesthésie locale. Nous en parlerons plus loin. — Le chloroforme est connu : il nous a fourni le type de l'anesthésique général. Il reste donc à examiner deux produits : le chlorure de méthylène et le tétrachlorure de carbone. Nous nous contenterons de signaler rapidement le rôle du tétrachlorure, qui n'offre pas de ressources à la chirurgie, et nous insisterons davantage sur le chlorure de méthylène.

Le tétrachlorure de carbone, (C^2Cl^4 ou chloro-carbone) est un liquide très mobile, incolore, d'une odeur suave, éthérée et camphrée. Il est moins volatil que le chloroforme (point d'ébullition, 78°); il est plus lourd (densité 1, 6) ; il est extrêmement peu soluble dans l'eau.

On peut l'administrer comme le chloroforme. Il possède des propriétés anesthésiques énergiques, déjà signalées par Morel (1876). Son étude physiologique à cet égard à été reprise par Laffont (*Thèse de Paris*, 1877) et par Rabuteau (*Soc. de Biologie*, 13 juin 1885).

Chez la grenouille, l'anesthésie apparaît lentement, et le réveil se produit aussi très tardivement après qu'a cessé l'absorption des vapeurs. Chez les animaux à sang chaud, l'effet anesthésique est aussi très lent à naître et lent à s'éteindre. On constate une première période d'excitation extrêmement vive, marquée par des convulsions toniques et cloniques qui éclatent, dès les premières inhalations, d'une façon presque instantanée. La pupille est dilatée. — Lorsque, dans la seconde période, l'insensibilité survient, le cœur est rapide et la pression baisse : l'action du vague sur le cœur serait atténuée ou même annulée. Enfin, si l'on pousse l'inhalation plus loin encore, il y a collapsus, et la mort survient peu après, comme dans l'intoxication chloroformique profonde.

Cette substance n'a pas été essayée sur l'homme :

ses effets connus ne semblent autoriser aucune application à la chirurgie.

§ 2. Chlorure de méthylène.

Le chlorure de méthylène, encore appelé bichlorure de méthyle, ou formène bichloré, ou chlorométhyle, $C^2H^2Cl^2$, intéresse davantage le chirurgien. Il faut, eu égard à son activité anesthésique, le rapprocher du chloroforme, de l'éther, du protoxyde d'azote et du bromure d'éthyle.

a. **Propriétés. Composition. Confusions commises à propos de ce corps.** — C'est un liquide mobile, très lourd; sa densité à 18° est D = 1.34. Il est beaucoup plus volatil que le chloroforme. Son point d'ébullition est à 30°5.

Une particularité signalée par J. Regnauld (*Bull. Acad. Méd.*, 2e série, T. XII, p. 568) explique le désordre et la contradiction des opinions qui ont été exprimées sur cet agent anesthésique : c'est que le produit livré par le commerce sous le nom de *chlorure de méthylène* n'a rien de commun avec ce composé chimique; c'est un produit différent, mal nommé; un mélange de chloroforme et d'alcool méthylique en proportions voisines de 70 p. 100 de chloroforme et 30 p. 100 d'alcool méthylique. C'est cette solution mixte, improprement désignée comme chlorure de méthylène, qui a été employée par les chirurgiens anglais, et surtout par Spencer Wells et en France par L. Lefort : nous l'appellerons chloroforme méthylique, et nous examinerons son action en parlant des méthodes mixtes. (Voir plus loin.)

L'action du véritable chlorure de méthylène pur

ne saurait donc être déduite des observations faites avec le chloroforme méthylique. C'était une étude nouvelle à entreprendre. J. Regnauld et Villejean l'ont faite avec soin (*Soc. Biol.*, 22 mars 1884).

b. **Physiologie.** — Ils ont opéré sur le chien et administré la vapeur de chlorure de méthylène au moyen de l'inhalateur de Junker.

Ils ont constaté que la substance possédait des propriétés anesthésiantes très énergiques. Son effet est extrêmement rapide. L'insensibilité est obtenue en moins de deux minutes. Mais ces phénomènes d'anesthésie s'accompagnent d'une excitation musculaire considérable. Dès le début, il y a de l'agitation : l'animal pousse des cris. Puis on observe au bout de 2 minutes, et pendant que l'anesthésie survient et persiste, du nystagmus, des mouvements cloniques qui simulent la marche ou la natation, des contractions musculaires généralisées, de la contracture des mâchoires, un état tétanique alternant avec des attaques épileptiformes ou choréiformes qui persistent même après le réveil. D'ailleurs, l'animal semble plongé dans un état d'obtusion cérébrale et d'hallucination.

c. **Impossibilité de l'employer en chirurgie.** — Le chlorure de méthylène, comparable ou supérieur au chloroforme par sa puissance anesthésique, lui est infiniment inférieur sous ce rapport que, au lieu de produire la résolution musculaire si précieuse en chirurgie, il provoque au contraire un état violent d'excitation des muscles. Ces phénomènes sont constants ; ils constituent une complication redoutable, et ils paraissent devoir exclure le chlorure de méthylène de la pratique chirurgicale. Ce composé n'aurait sur le chloroforme que cet unique avantage, d'être absolument inaltérable sous l'influence combinée de l'air et de la lumière, et de pouvoir être conservé indéfiniment à l'état de pureté.

D'ailleurs, dans l'état actuel des choses, les applications de ce corps ne pourraient être que très limitées, car les procédés de préparation et de purification du formène bichloré exigent un temps et des frais considérables.

CHAPITRE VI

DÉRIVÉS CHLORÉS DE L'ÉTHYLÈNE. — AMYLÈNE AUTRES ANESTHÉSIQUES

§ **1**. Chlorure d'éthyle. — § **2**. Chlorure d'éthylène : *a*. Anesthésie. *b*. Opacité cornéenne. — § **3**. Chlorure d'éthylidène. — § **4**. Méthyl-chloroforme. — § **5**. Chlorure d'éthylidène monochloré. — §. **6**. Acétate d'éthyle. — § **7**. Benzoate d'éthyle. — § **8**. Amylène.— § **9**. Composés divers.

On a essayé sans beaucoup de méthode, et en quelque sorte au hasard, l'action d'un certain nombre d'autres composés chimiques. Nous rassemblons dans ce chapitre les renseignements succincts qui concernent ces tentatives. Leur intérêt est surtout physiologique : aucun de ces composés ne peut, au point de vue chirurgical, soutenir la comparaison avec ceux que nous avons étudiés jusqu'ici.

Les dérivés chlorés de l'éthane ou éthyle dont on a recherché l'action sont ceux dont le point d'ébullition n'est pas trop élevé. Pour ceux dont le point d'ébullition est supérieur à 120°, ils ne sont pas assez volatils pour pénétrer en quantité suffisante dans le poumon et exercer une action anesthésiante. Les dérivés essayés sont : le dérivé monochloré, C^2H^5Cl ou $CH^3 — CH^2Cl$: c'est le *chlorure d'éthyle;* les deux dérivés bi-chlorés, à savoir : le *chlorure d'éthylidène* $C^2H^4Cl^2 = CH^3 — CHCl^2$, et le *chlorure d'éthylène* $C^2H^4Cl^2 = CH^2Cl — CHCl^2$, — deux dérivés tri-chlorés : le *méthyl-chloroforme*, $C^2H^3Cl^3 = CH^3 — Cl^3$, et le *chlorure d'éthylidène monochloré* $C^2H^3Cl^3 = CH^2Cl — CHCl^2$. — On a enfin essayé aussi le chlorure d'éthyle tétrachloré (éther d'Aran) C^2HCl^5.

§ 1. Chlorure d'éthyle.

L'éther chlorhydrique ou le chlorure d'éthyle (C^2H^5Cl) a été essayé autrefois par Flourens, Tracy, Babri, Harless et Heyfelder. Il entre en ébullition à 11°; à 15° c'est un gaz incolore. Il est sans intérêt.

§ 2. Chlorure d'éthylène. — Anesthésie. Opacité cornéenne.

Le chlorure d'éthylène, ou *huile des Hollandais* ($C^2H^4Cl^2$), a pour densité 1.27. Son point d'ébullition est 85°5. Son action sur l'organisme a été étudiée par Rabuteau (*Soc. Biol.*, 13 juin 1885). Il produit chez les grenouilles une anesthésie lente à apparaître, plus lente encore à se dissiper. Chez les cobayes, l'inhalation détermine des convulsions et de l'hyperesthésie. L'anesthésie complète n'a pu être obtenue par Rabuteau. Cependant R. Dubois et L. Roux ont fait inhaler les vapeurs de ce composé aux chiens, et réalisé un état anesthésique dont la description n'a pas été suffisamment donnée. En 1848 et 1849, Simpson, Snow et Nunnely l'ont employé comme anesthésique, et ce dernier l'a recommandé vivement (Rottentein).

R. Dubois et L. Roux ont signalé les phénomènes particuliers qui se manifestent du côté de l'œil. Au bout de 16 à 18 heures après la cessation des inhalations, les deux cornées perdent leur transparence et prennent une teinte bleuâtre opalescente qui donne à la physionomie de l'animal un aspect étrange. Cet état est permanent. La cornée seule est atteinte; les autres milieux de l'œil sont intacts : les sensibilités spéciale et générale ne semblent pas modifiées; la vue est conservée, gênée seulement par l'opacité cornéenne. Celle-ci, d'abord uniforme, se montre au bout de quelque temps comme constituée par de nombreuses arborisations blanchâtres, rayonnantes, limitant des espaces plus clairs (R. Dubois et L. Roux : *C.-R. Acad. Sc.*, 27 juin 1887). Le résultat a été le même lorsque l'on s'est servi de la voie hypodermique.

§ 3. Chlorure d'éthylidène.

Le chlorure d'éthylidène ($C^2H^4Cl^2$) est un isomère du précédent; mais il présente un groupement moléculaire différent. C'est un liquide analogue au chloroforme, lourd (densité 1.182); il bout à 59°. Il est difficile à conserver : il s'altère à l'air, en prenant une réaction acide.

Il anesthésie les animaux à sang froid (grenouilles) complètement, mais lentement. Son action sur les cobayes est plus lente encore, et dans les deux cas l'anesthésie cesse très rapidement (Rabuteau, *Soc. Biol.*, 13 juin 1885).

Ce corps aurait été employé par Snow en 1852

pour des opérations de petite chirurgie ; par Sauer (1868) pour l'extraction des dents. Langenbeck en aurait également fait usage, et, contrairement à ce que Rabuteau indique chez les cobayes, le chirurgien allemand aurait constaté la rapidité de l'anesthésie, son uniformité et sa persistance.

Rutherford Macpharl (*Edimb. Med. Journ.*, septembre 1879) en a étudié l'action sur l'homme, sur un médecin qui a bien voulu se prêter à l'expérience. La période d'excitation a été peu marquée : il y a eu de la loquacité, mais peu de mouvements désordonnés ; la face était normale. Au bout de huit minutes l'anesthésie était complète, avec résolution musculaire. R. Macpharl insiste sur la rapidité du réveil et l'absence de troubles consécutifs. Six minutes après la cessation des inhalations, le sujet avait repris ses sens ; il se levait et marchait sans vertige.

§ 4. Méthylchloroforme.

Le méthylchloroforme ($C^2H^3Cl^3$) est un dérivé trichloré de l'éthane. C'est un liquide d'une forte densité : 1.372. Il est analogue au chloroforme, mais ses vapeurs ont une odeur plus suave et ne sont point irritantes. Il est moins volatil que le chloroforme. Il bout à 75° au lieu de 60°8. Il résiste à l'action des alcalis, et, lorsqu'il se décompose, il donne de l'acide acétique et de l'acide chlorhydrique, corps absolument inactifs au point de vue anesthésique.

Le méthylchloroforme a été étudié par Tauber (1880), d'abord sur des animaux (grenouilles, pigeons, cobayes, lapins, chiens), puis sur lui-même, sous la surveillance de Langenbeck. Les effets en sont entièrement analogues à ceux du chloroforme, sans présenter sur celui-ci d'avantages vraiment appréciables.

Chez les grenouilles, une dose de 5 gouttes détermine une anesthésie complète de 12 à 19 minutes de durée, qui peut se prolonger trois quarts d'heure si l'on double la dose. Les battements cardiaques ne seraient point modifiés. Chez un chien, 40 à 50 gouttes (4 à 5 grammes) déterminent une anesthésie complète durant 20 minutes; le pouls est à peine modifié; la respiration est plus rapide. Tauber se fit administrer le méthylchloroforme à la dose de 20 grammes : le sommeil et l'insensibilité furent complets au bout de 5 minutes, sans qu'il y eût de phase d'excitation; la respiration resta régulière; le pouls à 84, sans variations marquées. Cet état se soutint pendant 10 minutes. Vomissements au réveil.

Rabuteau (1884) a essayé la même substance sur les grenouilles et les cobayes. Il signale l'action plus lente que celle du chloroforme, et il la croit moins inoffensive.

R. Dubois et L. Roux ont repris cette étude (*Ac. des Sc.*, 31 mai 1887). Leurs essais ont porté sur les chiens. Le sommeil s'est produit en 5 ou 6 minutes, et l'anesthésie complète en 7 ou 8 minutes, avec résolution musculaire. La respiration, d'abord accélérée, devint bientôt calme et régulière et se maintint ainsi. L'abaissement de température au bout d'une heure a été considérable : 3° à 4°.

En somme, l'anesthésie est un peu plus lente à se produire qu'avec le chloroforme. Les avantages du procédé au méthylchloroforme seraient de supprimer ou d'atténuer la période d'excitation, de ne pas exercer d'effet irritant sur les muqueuses; d'où suppression de la toux et de la salivation.

Le seul inconvénient, avec la lenteur de l'action, serait peut-être dû à l'abaissement thermique assez considérable que provoque le méthylchloroforme. Nous savons que c'est là une circonstance qui, dans certains cas (choc traumatique, blessures de guerre) peut créer un péril réel.

§ 5. Chlorure d'éthylidène monochloré.

Le chlorure d'éthylidène monochloré ($C^2H^3Cl = CH^2Cl — CHCl^2$) est un isomère du précédent : liquide d'odeur analogue à celle du chloroforme; densité 1.422; point d'ébullition, 115°. Cette substance a encore été essayée, par Tauber, sur des animaux, grenouilles, pigeons, lapins, chiens. Elle se comporte comme la précédente, mais avec moins d'activité.

§ 6. Acétate d'éthyle.

L'acétate d'éthyle ou éther acétique ($C^4H^8O^4$) est un liquide incolore, d'une odeur douce. Sa densité est 0.89; il bout à 74°; il est soluble dans 9 parties d'eau, soluble dans l'alcool et dans l'éther. Il existerait en proportions appréciables dans les vins blancs.

Son action a été étudiée par Bouisson, par Tracy, par Sigmund (de Prague). Les vapeurs anesthésieraient les grenouilles. Chez les animaux à sang chaud, cobayes, lapins, ses vapeurs auraient peu d'action. Lorsqu'on les introduit par inhalation, une partie s'élimine directement en nature ; une autre partie est détruite par la chaleur du sang en acétate de soude et alcool. L'acétate d'éthyle produirait une légère ébriété, due précisément à cet alcool mis en liberté.

Pour obtenir un effet plus marqué, l'anesthésie, il faut l'introduire simultanément par inhalation et par injection hypodermique (Rabuteau).

§ 7. Benzoate d'éthyle.

L'éther benzoïque serait un anesthésique très puissant sur les animaux à sang froid : son action serait deux fois plus énergique que celle du chloroforme. Il n'aurait pas d'action sur les vertébrés à sang chaud, parce qu'il se décompose à la température de leur sang (Berger et Richet).

Il nous reste à indiquer maintenant quelques dérivés de l'amylène.

§ 8. Amylène.

L'amylène (C^5H^{10}) est un liquide incolore, très mobile, ayant une odeur alliacée désagréable très prononcées, soluble dans l'éther et l'alcool, très volatil (point d'ébullition, 39°).

L'inhalation de l'amylène détermine une anesthésie extrêmement rapide ; sa cessation est également très brusque. La zone maniable est ici encore plus étroite qu'avec le chloroforme. Au moment où les hémisphères cérébraux sont paralysés, la moelle est déjà excitée légèrement ; en d'autres termes, la suppression de la sensibilité s'accompagne déjà de contractures. On pourrait dire que l'anesthésie amylénique est une anesthésie chloroformique condensée, et que l'anesthésie chloroformique est une anesthésie amylénique dilatée. Les accidents mortels sont plus imminents et arrivent plus inopinément. Ces accidents (2 cas de mort sur 110 opérations) ont obligé de renoncer à son emploi : l'odeur fétide de la vapeur était déjà une incommodité notable. L'anesthésie par l'amylène a été préconisée par Snow (1847), employée par Rigaud, Giraldès, Luton, Robert, Billroth, Jüngkers, avec succès ; Lohmeyer, Spiegelberg, Schuh, Dittel, Braun, Dumreicher, ont signalé ses inconvénients. — L'amylène est aujourd'hui abandonné.

§ 9. Composés divers.

On a employé aussi les composés suivants :

L'*hydrure d'amyle* ($C^{10}H^{12}$), que Richardson a essayé sur lui-même et qui a été utilisé par les dentistes ; le *chlorure d'amyle* ($C^{10}H^{11}Cl$), également employé avec quelques succès pour l'extraction des dents ; — l'aldehyde (C^2H^4O), recommandée par Poggiale en 1848, et essayée par Simpson, qui anesthésie bien, mais provoque une dyspnée intense ; — le *sulfure de carbone* (CS^2), qui anesthésie bien (Simpson), mais laisse une céphalalgie violente ; — enfin le *lycoperdon protheus*, dont la fumée engourdit profondément les animaux (ruches d'abeilles) et l'homme même (Richardson).

Quant au *nitrite d'amyle*, c'est une substance dont les effets, très remarquables, ne se rattachent à l'étude des anesthésiques que parce qu'elle a été employée avec succès en Angleterre par Bryant comme antidote dans l'intoxication chloroformique.

CHAPITRE VII

LA COCAÏNE. — SON ACTION GÉNÉRALE

§ **1**. Découverte de la cocaïne. Ses propriétés. Ses usages. — § **2**. Physiologie de l'action cocaïnique : *a*. Physiologie générale. *b*. Physiologie spéciale : La cocaïne est un curare sensitif. — α. Agitation. — β. Analgésie. — γ. Vaso-constriction. — δ. Action sur la respiration, sur la chaleur animale, sur l'œil; sur les muscles lisses; sur les glandes. — § **3**. Applications à la chirurgie; accidents cocaïniques. — § **4**. Traitement des accidents. — § **5**. Explication des effets et de l'action intime de la cocaïne.

§ 1. Découverte de la cocaïne. — Ses propriétés. Ses usages.

La cocaïne ($C^{17}H^{21}AzO^{4}$) est extraite de la coca (Erythroxylon Coca), plante cultivée en Bolivie et dans certaines localités des Andes, du Pérou, de la Nouvelle-Grenade et de la République Argentine. Depuis une époque reculée, les habitants de l'Amérique du Sud ont employé les feuilles de coca; ils s'en servaient sous forme de chique, en les mâchant mélangées à de la chaux ou à des cendres alcalines. Les Espagnols, au moment de la conquête, en ont trouvé l'usage établi. La vertu de ces feuilles serait d'abolir la faim et la soif, et de permettre, sans fatigue, une dépense de forces considérable. Le premier effet est une impression de chaleur suivie d'engourdissement de la langue et du pharynx, puis une sorte de stimulation qui dissipe les sensations de la fatigue, de la faim et de la soif. L'action se résume en une excitation générale des échanges nutritifs, traduite par l'augmentation de l'urée et de l'acide phosphoriques excrétés. (Fleischer). La cocaïne produit une exagération des combustions organiques, qui, souvent répétée, finit par amener la ruine physiologique de l'organisme et explique la maigreur et le marasme des vieux « Coqueros » (Duchesne). La coca serait donc le contraire d'un aliment d'épargne, au lieu d'en être le type, ainsi qu'on le croyait il y a quelques années.

Les feuilles de coca ne sont guère employées aujourd'hui en thérapeutique. On fait usage de l'alcaloïde qui peut en être extrait, la cocaïne, encore appelée par quelques chimistes *érythroxyline*. Les feuilles contiennent, en réalité, trois produits différents :

1° Une cocaïne cristallisée (3 p. 1000), qui est celle qui doit être employée, en physiologie et pour les applications chirurgicales, à l'état de sels solubles, et particulièrement à l'état de chlorhydrate de cocaïne. Mais on peut retirer de ces mêmes feuilles deux autres substances qui ne peuvent servir en médecine, à savoir : 2° une cocaïne amorphe (5 p. 1000) et neutre, absolument inactive, et une cocaïne liquide (2 p. 1000), douée de propriétés toxiques et convulsivantes, mais non anesthésiques, car elle est sans action locale sur la conjonctive. (Laborde-Duquesnel, *Mém. Soc. Biol.*, 1884 et 18 avril 1885.)

La cocaïne aurait été découverte et isolée pour la première fois par Gardeke (1855) sous le nom d'érythroxyline (Knapp, *Medical Record*, 25 octobre 1884). Elle aurait été découverte une seconde fois en 1857 par Samuel R. Percy (de New-York), qui aurait isolé le principe actif de l'érythroxyline, et montré que son chlorhydrate possédait la propriété singulière d'émousser et de paralyser la sensibilité de la langue. Cependant l'on attribue généralement sa préparation à Niemann, élève de Woehler (1859), et la connaissance de sa propriété d'anesthésier la muqueuse linguale à Schroff, de Vienne, (1862). — La cocaïne, qui est un alcaloïde non volatil et peu soluble, forme des sels solubles, et est ordinairement employée à l'état de chlorhydrate.

Cette substance a été utilisée de deux manières : pour l'*anesthésie locale* et pour l'*anesthésie générale*. Comme anesthésique local, nous en parlerons plus loin, dans un chapitre spécial. C'est l'action anesthésique localisée qui a été la première connue : elle a été utilisée (1878) par Ch. Fauvel et Coupard, dans les affections douloureuses du pharynx et du larynx. Mais déjà antérieurement on connaissait l'action remarquable exercée sur l'œil par cet agent. Instillé dans l'œil, en solution à 1/100, à la dose de cinq à dix gouttes, elle produit l'anesthésie de la cornée et la dilatation de la pupille. L'action est complète au bout de 10 minutes et dure 30 minutes. Le fait a été signalé d'abord (16 octobre 1884) par Karl Koller (de Vienne), et bientôt vérifié par un très grand nombre d'ophthalmologistes. La cocaïne est aujourd'hui d'un usage répandu : elle constitue l'un des plus précieux auxiliaires de la chirurgie oculaire.

Mais la cocaïne a été préconisée aussi et employée pour l'anesthésie générale. — C'est à ce point de vue que nous devons faire connaître les travaux dont elle a été l'objet de la part des physiologistes et des chirurgiens.

§ 2. Physiologie de l'action cocaïnique.

a. **Physiologie générale.** — Le rôle de la cocaïne, en tant qu'anesthésique général, a donné lieu à de nombreuses discussions. En résumé on peut dire que la plupart des physiologistes qui en ont bien étudié l'action refusent de le ranger parmi les anesthésiques généraux. Ils lui reconnaissent seulement la faculté de produire l'*analgésie*. Et cette analgésie générale limitée au tégument coïncide avec une hyperexcitabilité neuro-musculaire qui forme avec celle-ci un contraste remarquable.

L'un des caractères des véritables anesthésiques, c'est l'universalité de leur action. Cl. Bernard a mis cette propriété bien en lumière à propos du chloroforme et de l'éther, qui agissent sur tous les éléments anatomiques, on peut dire sur toutes les formes du protoplasme, qu'il soit animal ou végétal, et sur toutes ses variétés, depuis la cellule d'épithelium vibratile jusqu'à la cellule du ferment levûre de bière, sur toutes les activités physiologiques, depuis la sensibilité consciente jusqu'à la germination.

Ce caractère se retrouve-t-il chez la cocaïne? P. Regnard et R. Dubois le contestent. P. Regnard déclare que, tandis que les alcaloïdes de l'opium et des strychnées, la belladone, etc., arrêtent la fermentation alcoolique, c'est-à-dire l'activité vitale de la levûre, *Saccharomyces cervisiæ,* à dose égale la cocaïne n'agit point. Elle finit toutefois par exercer une action toxique, mais à une dose 100 fois plus forte et dans des conditions où beaucoup d'autres substances étrangères, et qu'on ne peut même regarder comme toxiques, seraient capables de troubler la fermentation. (*Soc. Biol.*, 17 janvier 1885.) D'un autre côté, R. Dubois conteste l'action de la cocaïne sur la germination.

D'autre part, et tout au contraire, A. Charpentier (de Nancy) affirme cette action de la cocaïne à la fois sur la fermentation et sur la germination. Il suffit d'employer des doses convenables. Ces doses n'ont rien d'excessif, et leur action n'est pas une intoxication banale, mais bien une véritable anesthésie. Les intoxications banales, en effet, suspendent la fermentation et la germination d'une manière définitive, en tuant la levûre ou la graine. Au contraire, le caractère de l'anesthésie est de suspendre les phénomènes d'une manière temporaire, de telle sorte qu'ils repartent lorsque l'on éloigne l'agent perturbateur. C'est précisément ainsi que les choses se passeraient avec la cocaïne, qui suspend la vie de la levûre et de la graine d'une manière temporaire, et qui suspend de même l'activité de tous les éléments organiques, nerf moteur de la grenouille, muscle (Laborde), etc. Elle arrête, en particulier, les mouvements des infusoires, et l'auteur cite un infusoire à chlorophylle qu'il a eu l'occasion d'étudier, le *Zygoselmis orbicularis,* dont les mouvements sont supprimés et la fonction chlorophyllienne anéantie avec une dose de 1 cent-millième, résultat qui n'est obtenu qu'avec des doses de strychnine 20 fois plus considérables et des doses d'atropine 100 fois plus grandes. Il est vrai que, dans ce cas, les facultés anéanties par la cocaïne ne reparaissent point. (A. Charpentier, *Soc. Biol.*, 11 janvier 1885, 7 février 1885, 14 mai 1885, 24 décembre 1884.)

En résumé, la cocaïne, tout en présentant quelques-uns des caractères principaux des véritables anesthésiques au point de vue de la physiologie générale, s'écarte cependant de ceux-ci par quelques traits.

Ces différences s'accentuent encore lorsque l'on examine son action sur les animaux et sur l'homme au point de vue de la physiologie spéciale.

b. **Physiologie spéciale. La cocaïne est un curare sensitif.** — On peut faire pénétrer le chlorhydrate de cocaïne dans l'économie de deux manières : soit en injections sous-cutanées, soit en injections veineuses. Si l'on opère sur le chien, la dose physiologique non mortelle pour l'injection intra-veineuse est de 2^mmg^ par kilogramme d'animal. La dose de 5^mmg^ est mortelle. Naturellement les doses peuvent être beaucoup plus considérables en injections sous-cutanées ; mais alors les phénomènes sont moins réguliers, à cause des variations considérables que peut présenter l'absorption.

Les phénomènes généraux produits par la cocaïne introduite dans le sang présentent un intérêt considérable pour la physiologie et ont provoqué un grand nombre de recherches, parmi lesquelles nous rappellerons celles de Vulpian, J. Grasset, Arloing, Laborde, Zuntz, von Anrep, M. Laffont, etc. Le tableau des effets produits par cet alcaloïde a été tracé par tous les observateurs, et la théorie en est aujourd'hui à peu près complète. Cette théorie éclairera mieux les faits et permettra de les mieux comprendre :

D'une façon générale, la cocaïne ne peut être rangée parmi les anesthésiques généraux. La véritable anesthésie ne survient qu'à la fin, comme un phénomène ultime de l'intoxication cocaïnique, alors que la vie de l'animal est en danger. On a pu dire que l'action de la cocaïne était la contre-partie de celle du curare. Tandis que le curare exerce son action sur l'appareil terminal des nerfs moteurs, la cocaïne agit sur les extrémités nerveuses sensitives. Ils respectent l'un et l'autre les fonctions de la continuité des nerfs et n'impliquent que les terminaisons. Dans les deux cas, les troncs nerveux eux-mêmes ont conservé leur excitabilité, ou même la présentent à un degré exagéré. En second lieu, tandis que le curare à doses convenables paralyse les plexus nerveux vaso-constricteurs intra-vasculaires, la cocaïne au contraire les surexcite.

Cette formule contient l'explication de tous les phénomènes observés.

α. **Agitation.** — Les premiers effets appréciables sont dus précisément à l'hyperexcitabilité musculaire réflexe. Avec la dose physiologique, l'animal commence à manifester une extrême agitation. Le chien ne reste plus un moment en repos : il obéit à des impulsions motrices irrésistibles ; il exécute des mouvements violents, continuels, affolés, qui se prolongent pendant des heures entières. Si la dose est plus élevée et voisine de la dose toxique, ce sont des accès convulsifs, (ils font défaut chez les animaux à sang froid), des spasmes, des décharges tétaniques. A cet égard, le tableau extérieur offert par l'animal cocaïnisé ressemble à celui de l'empoisonnement strychnique. Ces manifestations excito-motrices sont naturellement en proportion des doses administrées et présentent des degrés en rapport avec la masse de l'agent et la rapidité de sa diffusion dans l'appareil nerveux.

β. Analgésie. — Avec cette extrême agitation coexiste bientôt une analgésie plus ou moins profonde et purement périphérique. Ce contraste de l'agitation et de l'analgésie, de l'anesthésie tégumentaire et de la suractivité motrice, est, en quelque sorte, le trait caractéristique de l'empoisonnement cocaïnique. Au degré extrême, l'animal ne sent plus les contacts ni les impressions du monde extérieur : son tégument est comme une enveloppe inerte qui établit une barrière entre lui et les objets qui l'entourent : il ne voit plus, il n'entend plus, ne goûte, n'odore plus; il est coupé de toutes ses communications avec le dehors. Et pourtant, à l'intérieur de cette enveloppe inerte, il peut parfaitement sentir, et même plus vivement qu'à l'ordinaire. Les troncs nerveux sensitifs présentent une hyperexcitabilité notable : leur pincement, les irritations de toute nature que l'on peut porter sur eux, provoquent des douleurs intenses et des mouvements réflexes peut-être exaltés.

Tel est, au moins, le degré extrême, qui ne se réalise pleinement que dans le cas d'intoxication profonde. L'animal n'arrive à cet état qu'en traversant plus ou moins rapidement des stades intermédiaires où l'action peut s'arrêter. La succession de ces stades est réglée par les lois générales que nous avons plusieurs fois exposées. Ainsi l'analgésie superficielle, qui s'étend à tout le tégument, pourra être peu marquée chez le chien, un peu plus accentuée chez le lapin, davantage encore chez la grenouille et le cobaye. Les diverses sensibilités cutanées pourront disparaître successivement, et l'animal sera capable de sentir un contact sans l'être de sentir la douleur. Les sensibilités sensorielles disparaîtront plus tard dans l'ordre habituel, la sensibilité auditive persistant la dernière. Mais ce qu'il faut remarquer d'une façon générale, c'est que cette analgésie plus ou moins complète ne débute pas aussitôt que l'excitation motrice, avec laquelle elle finira par coexister : elle est plus tardive : elle survient dans la seconde phase de l'empoisonnement, quand la vie de l'animal est déjà compromise. Aussi, en procédant graduellement, par injections sous-cutanées, Arloing a-t-il vu que le lapin pouvait présenter de la contracture sans insensibilité de la peau ; les yeux étaient encore sensibles : l'attouchement de la conjonctive déterminait encore le réflexe oculo-palpébral. Cette sensibilité persistante était d'autant plus remarquable dans ce cas où le tégument et la conjonctive étaient, en quelque sorte, arrosés intérieurement par le poison circulant dans le sang, qu'elle disparaît assez vite lorsque l'on arrose la conjonctive extérieurement. En versant une goutte de la solution à 1 p. 100 sur l'un des yeux, celui-ci devient insensible, tandis que l'autre, soumis à l'irrigation intérieure de la cocaïne, est resté sensible.

Ce premier degré est bientôt dépassé, et l'analgésie apparaît alors dans l'ordre habituel, révélant une intoxication profonde.

γ. **Vaso-constriction.** — A ces deux traits fondamentaux offerts par les appareils de la vie de relation il faut maintenant ajouter ceux qui se manifestent dans les appareils de la vie végétative.

Le plus caractéristique de ces effets consiste dans la *suractivité du système vaso-constricteur*. Les muqueuses sont décolorées ; l'oreille et les extrémités sont froides ; chez l'homme la face est d'une pâleur extrême. D'autre part, le cœur est accéléré : il présente des irrégularités, des intermittences; ce n'est qu'à la fin, lorsque les phénomènes d'excitation font place à la dépression générale et comateuse, que le cœur se ralentit et s'arrête définitivement, mais seulement après la respiration.

Quant à la pression sanguine, elle est considérablement accrue, et ce fait est précisément en rapport avec la vaso-constriction universelle. — Cette condition générale de l'élévation de la pression sanguine peut être précédée d'un état très passager, sans importance dans le tableau de l'empoisonnement, mais intéressant pour la physiologie, et qui n'a pas échappé à la perspicacité de Vulpian. Dans les premiers moments, la pression artérielle subit un abaissement avant de prendre son niveau élevé caractéristique. Par exemple, la pression carotidienne étant de 13 centimètres de mercure avant l'intoxication s'abaisse à 9 centimètres, pour se relever presque aussitôt à 21 centimètres. L'abaissement de la pression coïncide d'ailleurs avec un ralentissement du cœur, passager comme lui-même : il serait dû à l'action de la cocaïne sur la surface de l'endocarde. Ces phénomènes fugaces font bientôt place aux phénomènes durables et caractéristiques : l'*élévation de pression* et l'*accélération cardiaque*. Ajoutons que l'influence du nerf vague sur le cœur est conservée et même augmentée (Laborde), et que les réflexes vasculaires sensitifs qui ont leur point de départ dans l'excitation du tégument sont diminués ou abolis, ce qui est une simple conséquence de l'anesthésie cutanée.

6. **Action sur la respiration, sur la chaleur animale, sur l'œil, sur les muscles lisses** — La respiration s'accélère;

les graphiques accusent cette accélération avec conservation de la forme des courbes, mais une diminution notable de l'amplitude, jusqu'à ce qu'enfin elle s'arrête un peu avant le cœur.

La température centrale est augmentée : on l'a vue monter de 39° à 40°,2. La production calorifique est accrue (Richet). Le refroidissement que l'on constate en touchant la peau pâle et exsangue du sujet est donc purement extérieur : en réalité, il y a surproduction thermique, et celle-ci est peut-être en relation avec l'agitation musculaire. La cocaïne active la production de chaleur en même temps que la déperdition : c'est une substance qui donne la *fièvre* (Ch. Richet, *Soc. de Biol.*, 15 janvier 1885).

— L'action de la cocaïne ne porterait pas seulement sur les vaso-constricteurs du sympathique, mais aussi, à un certain moment, sur les autres filets nerveux de ce système. On expliquerait ainsi que les mouvements péristaltiques de l'estomac et de l'intestin sont augmentés (von Anrep, 1879) : ces contractions peuvent — avec les doses élevées — aboutir à des vomissements. En ce qui concerne l'intestin, elles déterminent les borborygmes observés par Sprimont et la diarrhée consécutive.

— C'est encore de la même manière que l'on se rendrait compte des phénomènes oculaires, dilatation de l'iris et projection du globe oculaire. En effet, on observe, avec les doses suffisantes, une mydriase notable, une propulsion du globe due à la contraction de la capsule lisse de l'orbite, et un écartement des paupières.

— Enfin il faut signaler, pour compléter ce tableau, le ptyalisme, l'hypersécrétion sous-maxillaire constatée par tous les observateurs (Halsted et Hall, Arloing, etc).

Lorsque l'animal ne succombe pas à l'empoisonnement et qu'il se rétablit, on observe dans la période de retour une certaine maladresse du système musculaire, des phénomènes de titubation, qu'on a expliqués par l'obtusion persistante de la sensibilité tactile.

L'usage prolongé de la cocaïne dans l'iritis, — pour empêcher les synéchies — pourrait développer des phénomènes de glaucôme (Javal, 1886).

— Si maintenant on veut embrasser d'un coup d'œil d'ensemble les phénomènes de l'intoxication par la cocaïne, on dira que cette substance peut bien être considérée comme une sorte de *curare sensitif*, mais qu'elle ne doit pas être considérée comme un anesthésique général.

La cocaïne est donc seulement un anesthésique local, et nous verrons qu'elle est employée à ce titre en médecine et en chirurgie.

§ 3. Applications à la chirurgie; accidents cocaïniques.

Cependant l'étude précédente peut intéresser encore la médecine et la chirurgie, en expliquant les accidents auxquels les malades sont exposés en cas d'administration maladroite de la cocaïne.

Si les précautions ne sont pas observées pour limiter la pénétration de la cocaïne à la région qui doit subir l'opération, si l'alcaloïde est diffusé par le sang dans l'économie tout entière, on voit survenir des accidents qui reproduisent le tableau précédent. C'est ainsi que l'on observe de l'excitation, des tremblements convulsifs, la dilatation pupillaire, une analgésie générale sans perte de connaissance, des irrégularités du pouls (cas de Moreau : *Soc. Biol.*, 10 nov. 1888) ; dans le cas de Ricci (*Deutsch. med. Woch.*, 1887, n° 41) ; on note une excitation extrême, des gesticulations chloréiques, une accélération du pouls et de la respiration ; dans le cas de Dejerine (*Soc. Biol.*, 17 déc. 1887), un état demi-comateux avec contracture musculaire généralisée : — d'autres fois enfin, et assez communément, des nausées, du refroidissement des extrémités, des troubles respiratoires, une pâleur livide, des crampes, des vertiges, de l'angoisse pécordiale, un sentiment de défaillance, des syncopes et du collapsus. Les accidents ne se dissipent qu'assez lentement : la maladie persiste plusieurs jours. Ces phénomènes se sont produits souvent dans la pratique des dentistes et des chirurgiens, particulièrement, semble-t-il, lorsque les injections sont faites à la tête. Delbosc (*Thèse de Paris*, 1888, n° 247) en a rassemblé 78 cas, dont 5 cas de mort. Il est vrai que dans ces cas la quantité de cocaïne injectée sous la peau avait été considérable : elle avait varié de 75 centigrammes à 1 gr. 50. Lépine (*Semaine médicale*, 22 mai 1889) a signalé le danger de doses beaucoup moindres. La dose de 20 centigrammes ne doit pas être dépassée ; elle n'expose point, en aucun cas, à des dangers mortels. La sécurité est encore plus grande lorsque l'on procède à l'injection avec les précautions convenables indiquées par Reclus (voir *Anesthésie locale par la cocaïne*).

§ 4. Traitement des accidents.

On doit donc réussir à éviter ou à atténuer considérablement les accidents cocaïniques. Lorsque ces phénomènes sont survenus, en dépit des précautions ou par suite de leur inobservance, on est à peu près désarmé contre eux. On a proposé, à la vérité, le nitrite d'amyle comme un moyen d'y parer (méthode de Schilling de Nuremberg). Le nitrite d'amyle produit des effets apparents contraires à ceux de la cocaïne. L'inhalation de quelques gouttes de cette substance (5 à 6 gouttes) détermine une dilatation vasculaire généralisée, avec abaissement de la pression sanguine. Toutefois, il ne s'agit pas ici d'un effet vraiment antagoniste de l'effet cocaïnique; car le nitrite d'amyle n'agit point sur les vaso-constricteurs hyperexcités par la cocaïne pour les paralyser: il porte son action sur les nerfs vaso-dilatateurs, qu'il surexcite (Fr. Franck). Ce sont deux actions différentes et non pas opposées. Après inhalation de nitrite d'amyle, loin d'être paralysé, le cordon sympathique cervical a conservé la faculté de resserrer les vaisseaux de la tête. A la vérité, le nitrite d'amyle, en excitant les vaso-dilatateurs fait disparaître la pâleur et la dilatation pupillaire; il diminue la pression artérielle. Mais ces effets ne sont points permanents : ils se dissipent dans un laps de temps de 3 à 4 minutes. L'action fugace du nitrite d'amyle ne peut donc être considérée comme un traitement approprié à l'intoxication cocaïnique, dont le caractère est d'être persistant, prolongé et, en quelque sorte, à longue échéance.

On a encore proposé l'emploi de l'atropine, qui réussirait à supprimer les effets convulsivants (Skinner, 1886). Mosso préconise le chloral : d'après lui, une dose de 46 milligrammes de cocaïne serait annihilée par une dose de 1 gr. 5 de chloral. Inversement, la cocaïne serait un des meilleurs stimulants dans les empoisonnements par les narcotiques.

§ 5. Explication des effets et de l'action intime de la cocaïne.

Les physiologistes se sont préoccupés des causes du curieux phénomène de l'analgésie produite par la cocaïne. Cette analgésie est toute différente de celle qui est due au chloroforme et à l'éther, et elle exige une explication particulière. Elle est, en effet, périphérique et limitée au tégument, tandis que l'insensibilisation due aux anesthésiques généraux est centrale et universelle. L'analgésie s'accompagne ici d'un phénomène localisé aux mêmes parties, à savoir une vaso-constriction énergique. On a rattaché ces deux effets l'un à l'autre, et voulu expliquer le premier par le second. C'est à tort. Le resserrement des vaisseaux, le refroidissement qui en est la conséquence, la diminution des échanges nutritifs dans le tissu atteint par le poison, sont bien capables d'en émousser la sensibité; en réalité, ils n'expliquent pas sa disparition totale, et ils ne peuvent intervenir que comme des circonstances adjuvantes.

La cause véritable est ailleurs, la démonstration en est facile à donner. L'insensibilité de la conjonctive n'est pas due au resserrement de vaisseaux : si, chez un lapin dont l'œil a été insensibilisé par la cocaïne, on coupe le cordon sympathique du même côté, une vascularisation énorme remplace l'anémie, et cependant l'analgésie locale persiste (Arloing). La démonstration peut être donnée autrement au moyen de la pilocarpine, qui produit des effets antagonistes sur les vaisseaux, lesquels sont dilatés, et sur la pupille, qui se contracte. Et cependant l'insensibilité cocaïnique persiste encore (M. Laffont).

La cause véritable réside dans une action nerveuse spéciale. La cocaïne porte son effet sur les éléments nerveux, délicats, dissociés, des terminaisons. Lorsqu'on l'applique sur une muqueuse, le résultat est d'autant plus accentué que le contact avec l'élément nerveux est mieux assuré : la muqueuse la plus atteinte est celle de la conjonctive et de la cornée, où les terminaisons nerveuses sont intra-épithéliales. Il se produit vraisemblablement un changement temporaire, une altération passagère des éléments nerveux directement touchés. Arloing a essayé de saisir cette altération. Il immerge un fragment de nerf sciatique de grenouille dans une solution forte de cocaïne, comparativement à un autre qui est plongé dans l'eau distillée. Celui-ci ne présente de coagulation qu'au voisinage de la gaîne de Schwann : le contenu des fibres est, dans le premier, devenu d'un brun jaunâtre, coagulé et dissocié. Cette explication ne laisse plus subsister qu'une dernière difficulté : elle ne rend, en effet, point compte que l'action doit être plus marquée sur les éléments sensitifs que sur les éléments moteurs. Appliquée sur un tronc mixte, la cocaïne atteint, en effet, les fibres sensitives et détermine une anesthésie périphérique bien avant d'intéresser la motilité. En résumé, il n'y a donc pas de doute que *l'insensibilisation cocaïnique est un effet nerveux, indépendant de tout effet vasculaire.*

Quant aux phénomènes d'agitation, ils sont dus à un état général d'hyperexcitabilité du système nerveux central. L'intensité des réactions réflexes démontre l'augmentation de l'excitabilité de la moelle; pour le bulbe, l'état des vaso-moteurs et de la respiration fournit une preuve équivalente (Vulpian). Enfin, en ce qui concerne les centres supérieurs, leur excitation est manifestée de deux manières : par les phénomènes d'ivresse, de subdelirium, les accès de fureur ou d'attendrissement, la loquacité, l'hilarité, les troubles intellectuels signalés chez l'homme dans les cas d'empoisonnement cocaïnique (voir *Thèse de Delbosc, tableau des accidents*) ; en second lieu, par les convulsions, qui reviendraient, au moins pour une part, à l'excitation corticale (Richet), car l'isolement de la moelle d'avec l'encéphale, en supprimant l'influence de ce dernier, fait aussi disparaître les convulsions (Danini, *Pflügers Archiv.*, XXXI). C'est d'ailleurs cette excitation cérébrale que recherchent les cocaïnomanes, car, malgré la date récente de l'introduction de la cocaïne dans la pratique médicale, on a déjà signalé des personnes, des dentistes surtout, qui recherchent dans l'usage habituel de cette substance des sensations nouvelles et une sorte d'ivresse analogue à celle qu'aiment à se procurer les fumeurs d'opium (cas de Déjerine). D'autre part, on a essayé de mettre en évidence cette action de la cocaïne sur les hémisphères cérébraux en appliquant directement la substance sur la surface corticale mise à nu (Charpentier, *loc. cit.*) ; mais, si l'expérience a réussi chez les animaux à sang froid, elle n'a point réussi chez les animaux à sang chaud, chez qui l'on n'aurait pas obtenu, par ce moyen, de modifications de l'excitabilité cérébrale.

En tout état de cause, il faut conclure que l'action de la cocaïne porte sur le système nerveux. Cet alcaloïde paralyse les terminaisons sensitives, et il excite toutes les autres parties, troncs nerveux, moelle, bulbe, encéphale et système grand-sympathique.

CHAPITRE VIII

PROCÉDÉS PHYSIOLOGIQUES D'ANESTHÉSIE

1. Anesthésie par modification respiratoire. — § 2. Anesthésie par défaut d'oxygène chez les animaux à sang froid. § 3. Anesthésie par application de chloroforme et de chloral sur la peau. — § 4. Anesthésie générale par action sur les nerfs du larynx. — § 5. Anesthésie par l'alcool chez le lapin. — § 6. Anesthésie par l'acide carbonique.

Nous réunissons dans ce chapitre une série de procédés d'anesthésiation qui, sauf peut-être le dernier, anesthésie par l'acide carbonique, — ne semblent susceptibles d'aucune application chirurgicale. Ils n'en ont pas moins un très réel intérêt pour le physiologiste, en lui révélant des réactions et des modalités particulières de l'organisme.

§ 1. Anesthésie par modification respiratoire.

Un dentiste américain, Bonwill (Philadelphie), a constaté un état d'analgésie très remarquable se produisant chez les sujets qui font une série rapide d'inspirations profondes, à raison de cent au moins par minute. L'insensibilisation est telle que les patients supportent sans douleur des opérations comme l'extraction de dents, l'ouverture d'abcès, les cautérisations. Le Dr Lee a appliqué ce procédé avec succès à l'ouverture d'un abcès du périnée et, plus tard, à l'excision de brides cicatricielles. Un autre médecin, Hewson, l'emploie dans la pratique obstétricale. Enfin un dentiste de Monaco, M. Ash, en a tiré d'excellents résultats. — Il importe de faire remarquer que l'opération s'exécute pendant que le sujet continue ses mouvements respiratoires : c'est donc une véritable analgésie. Les choses en sont là : les faits paraissent réels ; mais il faut attendre qu'ils soient plus nombreux et mieux étudiés avant de risquer aucune explication.

§ 2. Anesthésie par défaut d'oxygène chez les animaux à sang froid.

Si l'on soumet une grenouille à l'action du vide, ou si on la plonge dans un gaz inerte, comme l'hydrogène, on voit au bout d'un certain temps l'animal devenir immobile et insensible. Plus tard les mouvements réflexes disparaissent également. Enfin la respiration cesse, mais les mouvements circulatoires persistent encore.

C'est un état passager, qui peut durer, suivant la température extérieure, plus ou moins longtemps, d'un quart d'heure à une heure, l'animal étant remis à l'air. On voit ensuite reparaître les propriétés, dans l'ordre inverse où elles ont disparu et avec un intervalle notable : d'abord la sensibilité réflexe et ensuite la sensibilité consciente et les mouvements spontanés (Reboul et Morat, *Soc. Biol.*, 1er juin 1889.)

§ 3. Anesthésie par application de chloroforme et de chloral sur la peau.

Brown-Sequard a signalé des effets remarquables produits par l'application sur la peau de diverses substances, telles que le chloroforme et le chloral anhydre. Parmi ces effets, de nature variée, l'anesthésie générale est l'un des plus fréquents (*Soc. de Biol.*, novembre et décembre 1880; janvier 1881).

Il faut que la substance soit appliquée sur une grande étendue. On peut anesthésier ainsi des animaux de taille moyenne, comme des chats, en versant quelques centimètres cubes de chloroforme sur la peau du dos.

L'application cutanée du chloroforme produit d'ailleurs chez les animaux, tels que chat, chien, cobaye, lapin, des phénomènes variés. L'action se traduit d'abord par une contraction réflexe des muscles peauciers et des muscles sous-jacents ; puis les phénomènes aboutissent tantôt à un état voisin du sommeil, tantôt à l'état de résolution générale. L'action prolongée du liquide a produit le délire, des troubles variés de la motilité (convulsions, paraplégie, hémiplégie) et des troubles de la sensibilité (anesthésie, hyperesthésie). — Le point où a lieu l'application a, bien entendu, une influence sur la localisation de ces phénomènes. C'est ainsi que l'application sur la région dorsale du cobaye entraîne une raideur cataleptique; dans le conduit auditif externe, des mouvements de tournoiement et de roulement du côté correspondant.

Le chloral appliqué pur et anhydre donne lieu à des phénomènes analogues d'anesthésie et d'hyperexcitabilité motrice, qui deviennent plus facilement mortels; il s'y joint des hémorragies pulmonaires, rénales, intestinales, des sécrétions glandulaires abondantes et quelquefois de la glycosurie.

Ces faits nous révèlent une puissance des applications cutanées que l'on ne soupçonnait pas être aussi considérable. Ils s'expliquent par une inhibition nerveuse : les nerfs cutanés, irrités par l'agent toxique, exercent sur le système nerveux central une influence qui a pour effet, tantôt d'en suspendre l'activité physiologique (inhibition, anesthésie), tantôt de l'accroître (dynamogénie, hyperexcitabilité).

§ 4. Anesthésie générale par action sur les nerfs du larynx.

Brown-Sequard a constaté le fait — très intéressant au point de vue physiologique — que certaines excitations (galvanique, par exemple) portées sur le larynx et sur ses nerfs pouvaient déterminer une anesthésie générale (*Soc. Biol.*, 16 déc. 1882). Il suffit, par exemple, de projeter un courant assez rapide d'*acide carbonique* dans l'arrière-bouche, sur le larynx, pour obtenir, après l'insensibilisation localisée, l'anesthésie générale. Les observations ont été faites chez le chien et le lapin. Le chloroforme et le chloral agissent de même. La cocaïne possède la même propriété.

Quant au mécanisme du phénomène, il est rapporté à la catégorie des actions d'inhibition. L'excitation partie du larynx exercerait sur les régions supérieures du névraxe une influence inhibitoire qui en suspendrait le fonctionnement d'une manière plus ou moins complète.

§ 5. Anesthésie par l'alcool chez le lapin.

I. Strauss (*Soc. Biol.*, 29 janvier 1887) a signalé un moyen de produire chez le lapin une anesthésie extrêmement prolongée et sans danger. On introduit, au moyen d'une sonde uréthrale en gomme, faisant office de sonde œsophagienne, une quantité de 6 à 8 grammes d'alcool éthylique ou de 5 à 6 grammes d'alcool amylique dans l'estomac. L'animal tombe, au bout de quelques minutes, dans un coma profond; la sensibilité est abolie; les réflexes cornéens ont disparu : la respiration et la circulation persistent. Cet état se prolonge quatre ou cinq heures. Puis l'animal se remet graduellement et d'une manière complète.

§ 6. Anesthésie par l'acide carbonique.

La propriété anesthésiante de l'acide carbonique a été utilisée, dès la plus haute antiquité, pour produire l'insensibilisation locale. C'est à cet agent qu'il faut attribuer la vertu merveilleuse de la *pierre de Memphis* dont parlent Pline et Discoride. En 1771, Percival a employé les bains d'acide carbonique pour insensibiliser les sujets, et les chirurgiens contemporains, Simpson, Follin, Monod, Demarquay, ont essayé de renouveler cette méthode d'anesthésie localisée.

Mais l'acide carbonique peut aussi être employé comme anesthésique général. Ch. Ozanam (*Acad. des Sc.*, 25 février 1858) anesthésiait des lapins pendant une heure ou davantage, en leur faisant respirer simplement un mélange d'acide carbonique et d'air.

Le procédé n'offrirait aucun danger. Il a été d'ailleurs appliqué également avec succès à l'homme. Il suffit de projeter un jet léger d'acide carbonique dans la bouche tandis que le sujet respire librement dans l'air ambiant. — Paul Bert avait lui aussi aperçu la propriété anesthésiante de l'acide carbonique (*Pression barométrique*, 1878, p. 1011).

N. Grehant (*Soc. Biol.*, 29 janvier et 12 mars 1887) a régularisé le procédé. Il fait usage d'un mélange titré à 45 p. 100 d'acide carbonique, contenant $CO^2 = 45$, $Az = 35,2$, $O = 20,8$. — Ce mélange contient précisément autant d'oxygène que l'air atmosphérique ; mais une partie de l'azote, gaz inerte, est remplacée par l'acide carbonique. En deux minutes, le lapin présente une insensibilité complète de la cornée ; l'anesthésie peut être maintenue pendant deux heures. Le nombre des respirations s'abaisse à 9 par minute et se maintient avec le rythme abaissé. Les analyses du sang ont montré que la quantité d'oxygène y reste constante, mais que la quantité d'acide carbonique augmente considérablement, et oscille, pendant l'anesthésie profonde, entre 80 et 90 p. 100 cent. cubes de sang. Par exemple, on a : Azote = 1,5 ; oxygène = 20 ; acide carb. = 87.3.

Le procédé pourrait s'appliquer aux animaux de plus grande taille et à l'homme même : la seule difficulté consiste dans l'installation de gazomètres assez grands pour contenir le mélange titré qui répond à une consommation prolongée.

Comme tous les anesthésiques, l'acide carbonique, si l'on en continue l'action assez longtemps, amène la mort de l'animal par arrêt de la respiration, bientôt suivi de l'arrêt du cœur. La mort arrive même, lorsque l'anesthésie a cessé depuis quelques minutes, pendant la période de réveil, avec des phénomènes d'anhélation, de contractures et de faiblesse des membres. Il est intéressant de constater que les cas mortels correspondent en général à un abaissement de température centrale plus considérable, de 2°,6 par exemple, tandis que dans les autres cas l'abaissement de température est beaucoup moindre.

LIVRE III

ANESTHÉSIES MIXTES OU COMBINÉES

CHAPITRE PREMIER

GÉNÉRALITÉS. — ASSOCIATION DU CHLOROFORME ET DE LA MORPHINE

§ 1. Généralités. — § 2. Association du chloroforme et de la morphine. Procédé de Cl. Bernard et Nussbaum. — *a.* Avantages : Suppression de l'excitation. — Suppression de la syncope laryngo-réflexe. Économie du chloroforme. — *b.* Production de l'analgésie. — *c.* Anesthésie chirurgicale complète. — *d.* Balance des avantages et des inconvénients.

§ 1. Généralités.

L'idée d'associer les anesthésiques entre eux ou à des substances narcotiques, ou, en général, à des modificateurs du système nerveux, dans le but d'augmenter l'activité de l'anesthésie ou d'en corriger les inconvénients, a donné naissance à la méthode des *anesthésies mixtes*. Cette idée a été réalisée, en 1873, par Nussbaum (en Allemagne), mais préconisée et étudiée bien antérieurement (1869), par Cl. Bernard, en France. Il s'agissait dans ce cas de l'association de la morphine au chloroforme, méthode connue aujourd'hui sous le nom de *méthode combinée de Cl. Bernard*, ou de *narcose de Nussbaum*. Beaucoup d'autres tentatives ont suivi celle-là, et ont produit les méthodes de Forné (association du chloroforme au chloral); de Trélat (association du chloral à la morphine et de leur mélange au chloroforme): de Clover (association de l'éther au protoxyde d'azote); d'Obalinsky (association de la cocaïne au chloroforme); de Stefani et Vachetta (association de l'alcool au chloroforme et à l'éther); de Dastre et Morat (association de l'atropine et de la morphine au chloroforme).

A cette liste nous ajoutons l'anesthésie par le pseudo-chlorure de méthylène, c'est-à-dire en réalité par l'association du chloroforme à l'alcool méthylique (procédé de Spencer Wells), bien que, comme nous le verrons, le chloroforme soit, dans ce mélange, le seul élément actif. Rationnellement ce procédé devrait être rangé parmi les procédés d'administration du chloroforme et rattaché à la méthode des mélanges titrés.

§ 2. Association du chloroforme et de la morphine. Procédé de Cl. Bernard et Nussbaum.

Nussbaum, à Munich, voulant prolonger une opération d'extirpation de tumeur chez une femme chloroformée, lui fit faire une injection sous-cutanée de morphine. D'autre part, à la suite de ses recherches physiologiques, Cl. Bernard avait, à la même époque, proposé, ce qui est plus rationnel, d'employer le chloroforme chez des sujets déjà soumis à l'action de la morphine. Le procédé de Cl. Bernard et celui de Nussbaum diffèrent donc en ce que dans l'un l'on administre la morphine après le chloroforme, et dans l'autre on l'administre avant. D'ailleurs les résultats sont sensiblement les mêmes dans la pratique, et les méthodes sont confondues aujourd'hui l'une avec l'autre.

a. **Avantages : Suppression de la période d'excitation ; Suppression de la syncope laryngo-réflexe; Économie du chloroforme.** — La théorie faisait prévoir quelques-uns des avantages qui devaient résulter de cette combinaison. En effet, la morphine exerce d'abord une action paralysante sur les hémisphères cérébraux et un peu plus tardivement sur la moelle : le sujet qui est soumis à son influence se trouve ainsi préparé à ressentir plus facilement les premiers effets de l'anesthésique. Lorsque l'on administre ensuite le chloroforme, les premiers flots qui arrivent aux centres nerveux trouvent ceux-ci déjà déprimés et ne provoquent plus les phénomènes d'excitation que le chirurgien redoute à cause de leur violence chez les alcooliques, chez les femmes et les enfants. Cette suppression de la période d'excitation s'observe dans presque tous les cas, et constitue l'un des grands profits de la méthode. Un autre avantage consiste en ce que l'irritation produite par le chloroforme sur les premières voies respiratoires est atténuée : il n'y a plus de danger de syncope laryngo-réflexe.

On comprend encore, à cause de cet état même d'obtusion préalable des centres nerveux, qu'il suffit d'une quantité plus faible de chloroforme pour observer l'anéantissement fonctionnel de ces organes. Par là disparaît le danger des doses excessives.

b. **Production de l'analgésie.** — Nous avons déjà dit (voir ch. II, livre I) que le procédé à la morphine était l'un des plus favorables à la production de cet état singulier que l'on nomme l'analgésie. Dans la chloroformisation ordinaire, les irrégularités inhérentes au procédé d'inhalation ne permettent pas de régler les doses de manière à graduer les effets, et il faut en quelque sorte donner trop de chloroforme pour en donner assez. La suppression des phénomènes de l'intelligence, de la perception, de la sensibilité, se fait pour ainsi dire d'un coup et en masse : il n'y a point de dissociation. Au contraire, chez le sujet morphiné on peut faire inhaler le chloroforme par quantités très faibles, et on arrive à supprimer la perception sans abolir entièrement la conscience. On a ainsi des sujets qui sont à la fois analgésiques et conscients. Le malade possède encore un certain degré de sensibilité tactile, auditive et visuelle; il a perdu la sensibilité générale; il éprouve une sensation vague d'engourdissement et d'étourdissement, mais la conscience et l'intelligence persistent, présentant seulement un léger degré d'obnubilation. « Cet état d'analgésie est très utile pour les opérations qu'on pratique sur la bouche. On peut dire au malade : Crachez! et le malade crache; ouvrez largement la bouche! il entend, il exécute à l'instant ce mouvement, et, malgré cela, il n'éprouve pas de douleur. » (Nussbaum.)

Toutefois, il faut reconnaître qu'un tel état est difficile à maintenir : il faut, pour cela, faire absorber régulièrement de petites quantités de chloroforme, et l'opérateur se trouve encore placé entre les deux écueils du *trop*, qui amènera l'anesthésie, et du *trop peu*, qui amènera le retour de la conscience. C'est une condition essentiellement passagère, dont on ne peut encore tirer profit que pour les opérations de courte durée.

c. Anesthésie chirurgicale complète. — La méthode

mixte, morphine-chloroforme, peut aussi être utilisée pour produire l'anesthésie profonde, avec résolution musculaire complète, nécessaire aux grandes opérations. On l'obtient plus facilement qu'avec le chloroforme, et on peut la faire durer plus longtemps.

Le procédé mixte a été employé par Rigaud et Sarrazin, à Strasbourg, en 1870; par Guibert, à Saint-Brieuc; par Labbé et Goujon, à Paris; par Molow, à Moscou; par Crombic. Aubert, de Lyon, en a également fait usage. Pour les grandes opérations chirurgicales et pour les manœuvres obstétricales, on injecte en une fois 15 à 20 milligrammes de chlorhydrate de morphine sous la peau. Le chloroforme ne doit être administré que quand la morphine a été absorbée, c'est-à-dire au bout de 15 à 20 minutes en moyenne : il faut se rappeler seulement que le temps nécessaire à l'absorption peut éprouver quelques variations suivant les circonstances.

d. **Avantages et inconvénients.** — Nous avons signalé, tout à l'heure, les avantages de cette méthode mixte, à savoir : la suppression de la période d'excitation, la suppression de l'irritation laryngée et de la syncope respiratoire et cardiaque que celle-ci peut provoquer, enfin l'économie du chloroforme. On a prétendu qu'elle écartait aussi, dans une certaine mesure, le danger de la syncope secondaire (Vibert, *Soc. de thérapeutique*).

Quant aux inconvénients de la méthode, on en a signalé deux. Le premier serait de faciliter les syncopes respiratoires (Fr. Franck, *Soc. d'an. et phys. de Bordeaux*, 1881). On verrait, dans le cours d'une anesthésie parfaitement normale, alors que le chloroforme est écarté depuis quelque temps, les mouvements respiratoires s'éteindre progressivement, puis se suspendre. Le cœur continue de battre régulièrement, puis tout à coup s'arrête brusquement.

Cependant, dans tous les cas, la respiration artificielle, faite simplement par pressions sur le thorax, s'est toujours montrée efficace quand on n'a pas attendu l'arrêt complet du cœur (Fr. Franck, *Soc. Biol.*, 14 avril 1883). Verneuil (*Ass. française*, *La Rochelle*, 1882) a insisté également sur les dangers de la chloroformisation chez les morphinomanes.

Il faut signaler toutefois que ces syncopes respiratoires, faciles à combattre lorsqu'elles sont surveillées, n'appartiennent pas en propre à la méthode mixte : elles seraient seulement plus fréquentes ou plus inattendues qu'avec l'éther et le chloroforme seuls.

Le second inconvénient, mais cette fois moins certain, c'est que la méthode mixte produirait un abaissement de température dangereux (Poncet). Ceci contre-indiquerait son usage dans les cas de chocs traumatiques (chirurgie de guerre), de stupeur générale et de péritonisme (Duret, Sarrazin et Poncet). L'objection s'applique d'ailleurs à toute espèce de procédé d'anesthésie.

Le bilan des accidents recueillis par Bossis (*thèse de Paris*, 1879) se résume en deux cas d'excitation au début, un cas de cyanose (cité par de Brinon), et trois cas de mort, dont l'un est le résultat d'une imprudence manifeste et un autre est contesté.

CHAPITRE II

ANESTHÉSIE PAR LE PSEUDO-CHLORURE DE MÉTHYLÈNE. — ASSOCIATION DU CHLOROFORME A L'ALCOOL MÉTHYLIQUE. PROCÉDÉ DE SPENCER WELLS

§ **1**. Explication de l'effet anesthésique. — § **2**. Différences des résultats. — § **3**. Emploi en chirurgie. — § **4**. Conditions nécessaires. — § **5**. Valeur de la méthode.

§ 1. Explication de l'effet anesthésique.

On vend, en Angleterre, sous le nom de chlorure de méthylène, une substance qui n'a de commun avec ce composé que le nom seulement. C'est, ainsi que l'a établi J. Regnauld, un simple mélange de chloroforme avec l'alcool méthylique. Les proportions de ce mélange varient légèrement, et c'est là l'une des causes qui pourraient expliquer la légère diversité d'effets qu'il produit. En général, ce liquide mixte contient 70 p. 100 de chloroforme et 30 p. 100 d'alcool méthylique. La désignation qui lui conviendrait le mieux serait celle de chloroforme méthylique.

Le vrai chlorure de méthylène est un anesthésique convulsivant impropre aux applications chirurgicales. (Voir livre II, ch. V.)

Le pseudo-chlorure de méthylène, au contraire, produit une anesthésie véritable. A la vérité, cette anesthésie présente souvent des irrégularités, et les opérateurs professent à son égard des jugements assez différents. — La composition de ce pseudo-chlorure, simple mélange d'alcool et de chloroforme, explique ses effets. La physiologie peut rendre compte de l'anesthésie observée, expliquer ses irrégularités, indiquer les conditions qui doivent donner à la méthode sa pleine efficacité.

Qu'est-ce que cette anesthésie par le prétendu chlorure de méthylène ? Il est aisé de voir que ce n'est pas autre chose qu'une anesthésie chloroformique pure, pratiquée par la méthode des mélanges titrés.

En effet, écartons, pour un moment, les causes de variations qui tiennent à l'organisme lui-même et qui en traduisent les différentes susceptibilités. Le sujet qui respire le chloroforme méthylique respire deux choses : des vapeurs de chloroforme et des vapeurs d'alcool.

Dans les conditions de quantité et de durée où elles interviennent, les vapeurs d'alcool ne peuvent exercer qu'une influence insignifiante. Les expériences directes, celles de Stefani et Vachetta, celles de Quinquaud, celles de R Dubois, ne laissent pas de doute à cet égard. Les vapeurs méthyliques sont tout au plus capables de provoquer, suivant les cas, des symptômes très légers d'ébriété et d'obtusion cérébrale, qui favoriseront dans une très faible mesure l'action des vapeurs chloroformiques sur le cerveau. L'action principale revient à celles-ci, et il ne s'agit, en somme, que d'une anesthésie par le chloroforme pur, pratiquée seulement suivant un mode particulier. La présence de l'alcool méthylique n'introduit qu'une particularité dans le mode d'administration : c'est de diminuer la tension de la vapeur anesthésique offerte au poumon. Le liquide mixte émet deux sortes de vapeurs : alcoolique et chloroformique. La tension de cellè-ci se trouve réduite d'une valeur au moins égale à la tension de la valeur alcoolique. La tension partielle de la vapeur chloroformique est donc atténuée dans une proportion qui précisément resterait constante, si le mélange liquide ne se détitrait point. Par là, elle devient plus propre à exercer une action réglée et mesurée sur l'organisme.

C'est là un cas particulier de la méthode générale des mélanges titrés, cas réalisé empiriquement d'une manière grossière. On peut réaliser, en effet, le mélange titré des vapeurs de chloroforme et d'air de deux manières différentes : en employant des appareils (gazomètres), ou en employant des dissolvants. Le procédé le plus exact est celui de Paul Bert, qui consiste à faire usage du double gazomètre de Saint-Martin (livre I, ch. IV) : on dilue une certaine proportion de vapeur chloroformique dans un récipient de capacité déterminée, et c'est cet air chloroformé, chargé de vapeurs anesthésiantes de tension connue, qui arrive au poumon. La seule cause d'inexactitude du procédé tient aux différences de température qui pourraient se produire dans le cours d'une opération et entraîner des variations plus ou moins considérables dans la tension partielle de la vapeur chloroformique.

La seconde manière de réaliser le mélange titré est moins exacte. Elle consiste à dissoudre le chloroforme dans un liquide neutre, alcool, glycérine, vaseline, eau, qui laissera échapper la vapeur anesthésique avec une tension inférieure à la tension normale, tension qui restera toujours la même, à la condition que le mélange ne se détitre point. C'est dans ce but précis que P. Bert, Quinquaud, R. Dubois, ont essayé le mélange chloroforme-alcool. L'emploi du pseudo-chlorure de méthylène constitue une tentative du même genre. Il est curieux de constater que des chirurgiens ont été ainsi amenés, empiriquement et sans se douter de ce qu'ils faisaient, à appliquer cette méthode physiologique des mélanges titrés, pour laquelle ils professent probablement un certain dédain.

§ 2. Différence des résultats.

Le tableau des effets du chloroforme méthylique devait reproduire simplement les effets du chloroforme, mieux réglés au début et tels que les a décrits Paul Bert; mais il est évident aussi que cette régulation plus parfaite de l'anesthésiation n'aura lieu qu'autant que les conditions de la méthode des mélanges titrés seront respectées; et, d'ailleurs, elle ne se soutiendra pas. Il est fatal que le mélange se détitrera, et que son activité, à la fin, différera de ce qu'elle est au commencement. Elle diffèrera également d'une opération à l'autre, à mesure que l'on conservera plus longtemps l'échantillon dont on aura fait provision. Ces différences seront légères, sans doute, parce que les points d'ébullition de l'alcool méthylique, 66°5, et du chloroforme, 60°1, sont voisins, et voisines aussi leurs tensions de vapeur aux diverses températures ; mais elles iront s'accumulant. Il y a donc là de quoi comprendre parfaitement les inégalités que les chirurgiens ont constatées dans les effets de cet agent anesthésique et les divergences de leurs opinions.

Ajoutons d'ailleurs que ce détitrage est la seule altération qui se produise. La conservation du chloroforme est absolument assurée par son mélange avec une faible quantité d'alcool méthylique.

En fait, les chirurgiens qui ont eu recours au pseudo-chlorure de méthylène ont obtenu des résultats très divers. Les uns, comme Spencer Wells, ont observé des anesthésies régulières ; d'autres ont noté de l'agitation, des vomissements, des signes d'asphyxie, ou encore l'impossibilité de réaliser l'anesthésie.

§ 3. Emploi en chirurgie.

Le prétendu chlorure de méthylène, — exactement le chloroforme méthylique — a été employé par un grand nombre de chirurgiens qui avaient fondé sur lui de grandes espérances. Richardson, après l'avoir essayé sur lui-même, en avait conseillé l'usage à Spencer Wells. Celui-ci commença ses tentatives en 1867. Au bout de quelques années, il avait pratiqué avec succès, à l'aide de ce seul agent anesthésique, 180 opérations plus ou moins graves. Le nombre s'élèverait aujourd'hui à plus de 1 000 (L. Le Fort, *Acad. de Méd.*, 25 juin 1889). Beaucoup de chirurgiens ont suivi l'exemple de Spencer Wells : nous citerons seulement Marshall, Nussbaum, Hollender, Barnes, Jüngkers, Clover, Patruban, Tourdes, Hepp, Rendle, Sanger, Hegar, Kaltenbach, Lawson, Taylor.

Ce n'est qu'en 1887-1888 que cet agent semble avoir pénétré dans la pratique chirurgicale française. Il y est entré sous deux formes : tel qu'il est fourni par la fabrication anglaise, sous le nom emprunté de chlorure de méthylène ; en second lieu, sous le nom de *liquide de Regnauld*, composé de 80 p. 100 de chloroforme et de 20 p. 100 d'alcool méthylique. Léon Le Fort et Polaillon ont exposé devant l'Académie de médecine (25 juin et 16 juillet 1889) les résultats de leurs essais.

Tous les chirurgiens s'accordent à dire que ces résultats sont entièrement analogues à ceux du chloroforme. Nous avons d'autant moins à nous en étonner que nous savons déjà que ce n'est pas assez dire : ce sont les effets mêmes du chloroforme, du chloroforme administré suivant le principe de la méthode des mélanges titrés.

§ 4. Conditions nécessaires.

Mais pourquoi y a-t-il des différences dans ces résultats? Comment Spencer Wells a-t-il tiré de sa méthode tant de bénéfices, tandis que Polaillon déclare que les mérites de cet agent ont été très exagérés?

La raison en apparaît immédiatement aux yeux du physiologiste, qui se rend compte des conditions qu'implique la méthode des mélanges titrés. C'est ici que la science rationnelle reprend son avantage sur l'empirisme.

Si nous ne tenons pas compte de variations du

côté de l'organisme lui-même, dont la susceptibilité individuelle peut être plus ou moins différente, il ne peut y avoir d'identité dans les effets que si le poumon du sujet reçoit un mélange d'air et de vapeurs anesthésiques d'un titre défini et constant. Il faut pour cela remplir deux conditions : 1° que la vapeur chloroformique atténuée soit toujours mélangée à la même quantité d'air; 2° qu'elle soit émise avec une tension constante. La seconde condition exige que le mélange soit employé toujours à la même température, qu'il soit saturant et qu'il ne se détitre pas. Or, si le liquide n'est pas en grand excès dans le récipient où passe l'air, le détitrage devient une fatalité. Le liquide de la fin de l'opération n'est plus celui du début. Les différences ne seront sans doute pas considérables, parce que, comme nous l'avons dit, les tensions de vapeur de l'alcool méthylique et du chloroforme sont peu différentes; elles ne seront cependant pas négligeables.

La condition du mélange avec une même quantité d'air exige un appareil-récipient dont les dimensions soient appropriées à la saturation de l'air inspiré, et il faut encore que les vapeurs soient conduites à la bouche sans se mêler de nouveau à l'air extérieur. C'est ainsi que Spencer Wells a opéré. Il a fait usage de l'appareil de Jungker et non point d'une simple compresse. Le hasard lui a fourni évidemment les dimensions d'appareil convenables pour les sujets moyens : c'est à cela qu'il a dû ses bons résultats. Il s'est trouvé placé, par une heureuse chance, dans ces conditions *optima* d'administration chloroformique dont la physiologie explique la nécessité rationnelle.

Mais ces effets ne sont pas encore autre chose que

ceux du chloroforme corrigés, dans la mesure du possible, par la régularité de l'administration. Il n'y a d'évités que les inconvénients et les dangers inhérents au mode d'administration ordinaire.

§ 5. Valeur de la méthode.

Il n'est pas douteux que le hasard, — puisqu'ils se sont fiés au hasard, — a été moins favorable aux chirurgiens qui ont eu de mauvais résultats. Ne pas employer l'appareil de Jungker ou tout autre, — verser du pseudo-chlorure de méthylène sur une compresse, c'est, scientifiquement parlant, faire une chose absurde et contradictoire, puisque c'est s'arranger pour détitrer un mélange dont la seule vertu tient à ce qu'il favorise le titrage. En négligeant les conditions exigées par la théorie, on s'expose, comme il est arrivé, à ne point réaliser l'anesthésie, ou à provoquer l'asphyxie, ou à avoir enfin une anesthésie irrégulière, troublée, dangereuse. La faute n'est pas alors à la nature capricieuse : elle est à l'opérateur, qui a manqué à des règles rigoureuses. Empiriquement appliquée et sans être comprise, la méthode de Spencer Wells est aussi dangereuse que la chloroformisation ordinaire. De 1869 à 1876, Kappeler lui attribue neuf cas de mort.

Au contraire, bien comprise et bien appliquée, nous ne doutons pas qu'elle ne soit préférable au procédé commun : elle bénéficiera des avantages que les physiologistes ont démontré être attachés à la méthode des mélanges titrés.

Drozda (*Deutsch. Arch. f. Kl. med.*, 1880) a indiqué les résultats de trente opérations pratiquées avec le secours de cet agent. — Dans la moitié des cas, il y a eu excitation : de même, nausées et vomissements dans la majorité des opérations. Polaillon a rapporté 27 observations; deux fois l'anesthésie a été incomplète : cinq malades ont vomi au commencement du réveil; un a vomi pendant le sommeil. Le sommeil est léger, le réveil facile. Il y a eu un commencement d'asphyxie. En résumé, le liquide de Regnauld serait préférable au chloroforme ordinaire pour anesthésier les femmes; il lui serait inférieur pour l'anesthésie des hommes. — L. Le Fort rejette le liquide de Regnauld, et adopte le liquide anglais. Il l'a employé dans 33 cas. — Il y a eu agitation légère dans le tiers des cas. Pendant l'opération, il y a eu deux fois des vomissements, six fois après l'opération. L'anesthésie a été un peu plus lente à se produire et un peu plus durable qu'avec le chloroforme. En comparant ces effets à ceux du chloroforme pur, il y a avantage numérique pour le procédé du chloroforme méthylique. Il n'est pas douteux pour l'auteur que cette dernière méthode présente une supériorité sur la méthode vulgaire.

A nos yeux, cet avantage, que nous ne nions point, est encore insuffisant. La méthode des mélanges titrés, employée rationnellement lorsque l'outillage le permet, offrirait des avantages bien supérieurs. Et, à défaut de ces appareils, l'usage de la méthode mixte, atropine et morphine, donnerait des résultats préférables.

CHAPITRE III

EMPLOI COMBINÉ DU CHLORAL ET DU CHLOROFORME
PROCÉDÉ DE FORNÉ (1874)

§ 1. Méthode. — § 2. Avantages et inconvénients.

§ 1. Méthode.

Le Dr Forné, médecin de la marine, a remplacé dans le procédé de Cl. Bernard la morphine par le chloral. Les raisons théoriques de cette substitution n'ont pas été suffisamment mises en lumière. Les expériences de Cl. Bernard montraient par avance que les deux manières de procéder devaient produire une anesthésie tranquille. Pratiquement le chloral agit comme hypnotique ; il endort les sujets, et cet état de sommeil est favorable à l'action plus graduée du chloroforme. Il suffit alors de petites doses de chloroforme pour transformer le sommeil du chloral en sommeil anesthésique. Il serait intéressant de savoir s'il y a une période analgésique comme dans le cas de la morphine.

La tactique chirurgicale consiste à faire prendre

au sujet de 2 à 5 grammes de chloral par les voies digestives; et, au bout d'une heure, tandis qu'il est plongé dans le sommeil chloralique, on administre le chloroforme par inhalations, selon la méthode ordinaire. Dolbeau, Guyon, Perrin, essayèrent le procédé de Forné, et en apprécièrent empiriquement les avantages et les inconvénients devant la Société de chirurgie. Perrin l'a employé avec succès chez un malade atteint de nervosisme; Dolbeau et Guyon lui reprochèrent de supprimer la réaction et de plonger les malades dans un état de somnolence prolongée, avec tendance au refroidissement progressif, entraînant danger de mort. A la vérité, la dépression observée par ces chirurgiens et le refroidissement pouvaient être attribués en partie à la dose vraiment exagérée de chloral qu'ils avaient administrée. Il semble cependant que l'objection ait quelque chose de fondé, car le chloral, ainsi qu'on le sait, amène une dilatation générale des vaisseaux et, en conséquence, toutes choses égales d'ailleurs, un refroidissement plus grand que le chloroforme, qui, au contraire, diminue la circulation cutanée.

§ 2. Avantages et inconvénients.

Le Dr Forné et Maurice Perrin attribuaient à cette méthode deux avantages : le premier, de diminuer le danger de l'administration du chloroforme; le second, d'épargner aux malades craintifs ou rebelles l'excitation et les accidents du début de la chloroformisation. Ce dernier point, tout au moins, paraît acquis : c'est le bénéfice de tout narcotique associé au chloroforme de supprimer la période d'excitation.

Quant à l'espérance d'atténuer par là les dangers de la chloroformisation, la théorie, à défaut d'une pratique insuffisante encore, ne la justifie qu'en partie. L'accident principal de la chloroformisation provenant de la facilité de l'arrêt du cœur, le chloral, par son influence cardiaque très marquée, ne peut qu'accroître le péril. A cet égard, il est inférieur à la morphine; peut-être compense-t-il en partie ce grand désavantage en favorisant moins que celle-ci les arrêts respiratoires. C'est un point à élucider : on ne peut affirmer qu'il en soit réellement ainsi. Le gain est donc problématique, tandis que le désavantage est certain. De plus, le chloral, par la dilatation vasculaire généralisée qu'il produit, empêche l'économie du sang : il expose aux hémorragies diffuses. En tenant compte de tous ces arguments, on comprendra qu'il soit difficile d'admettre que son association au chloroforme se recommande plus spécialement que celle de tout autre narcotique.

CHAPITRE IV

ASSOCIATION DU CHLORAL A LA MORPHINE ET DE LEUR MÉLANGE AU CHLOROFORME. PROCÉDÉ DE TRÉLAT (1879), DE PERRIER (1880)

§ **1**. Anesthésie incomplète. — § **2**. Anesthésie complète.
§ **3**. Avantages et inconvénients.

§ 1. Anesthésie incomplète.

Le Dr Jastrowitz a le premier combiné le chloral à la morphine dans un but thérapeutique. Plus tard le professeur Trélat a employé le procédé dans sa pratique chirurgicale à l'hôpital de la Charité. (Choquet, *Thèse de Paris,* 1880.)

Il y a à distinguer deux cas : 1° l'association du chloral à la morphine, pour les opérations qui n'exigent qu'une anesthésie incomplète, analgésie sans résolution musculaire ; — 2° l'association du mélange précédent au chloroforme pour les grandes opérations qui exigent une anesthésie complète.

Dans le premier cas, M. Trélat administre à ses malades une potion contenant, suivant les âges, de 4 à 9 grammes d'hydrate de chloral pour 20 à

40 grammes de sirop de morphine dans 120 grammes d'eau. La potion doit être prise en deux fois, à un quart d'heure d'intervalle. L'ingestion est suivie quelquefois d'hypersécrétion salivaire et de nausées. La face rougit, la pupille se dilate; il y a accélération du pouls et de la respiration. Au bout de quarante minutes surviennent la somnolence, l'engourdissement, la diminution de la sensibilité générale et de la sensibilité cornéenne. Au bout d'un quart d'heure le sujet est plongé dans un sommeil comateux, avec affaiblissement des sensibilités spéciales, du goût, de l'olfaction, du tact, de la vue et enfin de l'audition. Cet état se maintient pendant une heure et demie environ. C'est pendant cette période que l'on procède à l'opération : épithélioma de la langue, strabotomie, explorations, etc., en général aux opérations sur la bouche qui exigent que le malade conserve un degré de sensibilité suffisant pour prêter sa coopération au chirurgien et expectorer le sang qui s'écoule dans l'arrière-gorge.

§ 2. Anesthésie complète.

Dans le second cas, qui est celui des opérations de longue durée ou douloureuses, il est nécessaire d'ajouter l'action du chloroforme à l'hypnotisme produit par la potion précédente. Les inhalations ne donnent plus lieu aux phénomènes d'excitation habituels, ce qui constitue un premier profit. Le second avantage consiste en ce que de faibles doses de chloroforme suffisent à amener l'anesthésie complète. Le retour à l'état complètement vigile se fait lentement : il tarde de trente-six à quarante-huit heures.

C'est cette longue période d'assoupissement qui paraît constituer le seul inconvénient sérieux de la méthode. — On comprend que les états dépressifs doivent la contre-indiquer.

Le procédé de Perrier ne diffère de celui de Trélat qu'en ce que le chirurgien « tâte la susceptibilité » du sujet dans les jours qui précèdent l'opération, de manière à administrer l'exacte quantité qui conviendra pour obtenir le degré d'anesthésie désiré. — Berger a employé le chloral avec avantages dans divers cas (Duret, Jarry).

§ 3. Avantages et inconvénients.

Nous avons fait observer, à propos de la méthode de Forné, que les raisons physiologiques de cette association du chloral plutôt que de tout autre narcotique au chloroforme nous échappaient. Peut-être le chloral expose-t-il moins que la morphine aux accidents respiratoires : il expose davantage aux accidents cardiaques. A défaut d'un jugement empirique basé sur un nombre considérable d'épreuves, la théorie doit nous faire craindre que le chloral n'ajoute aux dangers du chloroforme dans les premières phases de l'opération. Toutefois, lorsqu'on combine son action à celle de la morphine, on atténue par là même sa nocivité propre, sans diminuer cependant les profits du narcotisme préchloroformique, qui sont : la suppression de la phase d'excitation et l'économie du chloroforme. A cet égard, le procédé de Trélat serait supérieur à celui de Forné et Perrin. Mais l'on ne saurait affirmer qu'il ait une supériorité appréciable sur la méthode de Cl. Bernard et Nussbaum.

CHAPITRE V

MÉTHODES MIXTES DIVERSES

§ 1. Association du protoxyde d'azote à l'éther. Procédé de Clover.

Un chirurgien anglais, Clover, s'est proposé de tirer parti de la courte anesthésie due au protoxyde d'azote pour supprimer la phase d'excitation de l'anesthésie par l'éther (*Brit. med. Journal*, 1868-77; Rotenstein, Lutaud).

La méthode de Clover consiste à sidérer le malade par le protoxyde d'azote et à continuer ensuite sans transition l'anesthésie par l'éther.

C'est, en somme, une anesthésie par l'éther avec tous ses inconvénients habituels, préparée par l'inhalation du protoxyde d'azote. Son but est afin d'éviter la période d'excitation et les incommodités qui en résultent tant pour le malade que pour le chirurgien. H. Thompson, un grand nombre de chirurgiens de Londres et M. Péan, à Paris, en ont fait usage.

L'instrumentation sans être très compliquée n'est cependant pas non plus très simple. Elle se compose d'abord du récipient métallique dans lequel le protoxyde d'azote est conservé à l'état liquide. Le gaz liquéfié qui s'en échappe traverse un vase entouré d'eau chaude destinée à réchauffer le protoxyde refroidi par le passage de l'état liquide à l'état gazeux. Ce système est mis en communication, par un tube, avec le masque en caoutchouc qui doit être appliqué sur le visage du patient. A ce masque aboutit également le tube communiquant avec le vase à éther. Un robinet permet de faire succéder rapidement l'arrivée de la vapeur éthérée à celle du protoxyde.

M. Paul Bert a signalé un danger de ce procédé : le mélange de protoxyde d'azote et de vapeur d'éther est un mélange détonnant qui, manié sans précaution, pourrait occasionner les plus graves accidents.

§ 2. Association de l'alcool au chloroforme et à l'éther. Procédé de Stefani et Vachetta.

Deux médecins italiens, Stefani et Vachetta, ont proposé (*Ann. univ. di med. et chir.*, juin 1880) d'associer l'alcool au chloroforme et à l'éther. L'administration de ces anesthésiques présenterait moins de dangers si l'on faisait prendre d'abord aux malades des liqueurs alcooliques. Les auteurs italiens pensent que la syncope et l'asphyxie seraient moins à craindre dans cette façon de procéder : les phénomènes consécutifs, vomissements, somnolence prolongée, abaissement de la température, seraient moins accusés. L'homme légèrement alcoolisé est anesthésié plus rapidement et avec une moindre quantité d'éther ou de chloroforme.

Ces idées ont été confirmées, d'après Stefani et Vachetta, par les résultats obtenus expérimentalement chez les chiens, auxquels ils faisaient prendre de fortes doses de vin de Marsala avant de les soumettre aux anesthésiques.

Cette méthode doit être rapprochée de l'anesthésiation par le prétendu chlorure de méthylène (voir plus haut, ch. II, livre III), qui n'est en réalité qu'un mélange de chloroforme et d'alcool méthylique. Ce procédé, préconisé par Spencer Wells en Angleterre. a été appliqué en France par Léon Le Fort et Polaillon.

Un procédé analogue a été appliqué pour l'anesthésie des animaux par Quinquaud (*Soc. Biol.*, 23 juin 1883). On fait respirer au chien l'air qui est en contact avec une solution à parties égales de chloroforme et d'alcool (15 cent. cubes de chloroforme et 15 cent. cubes d'alcool). L'insensibilité cornéenne est complète en quatre ou cinq minutes. Si l'on prolongeait la respiration dans ces conditions, la mort surviendrait en un quart d'heure environ : on fait donc respirer l'air d'un flacon contenant une solution plus diluée, au neuvième, contenant 14 cent. cubes de chloroforme pour 112 d'alcool, dont on maintient le titre. L'anesthésie peut être ainsi entretenue pendant quatre heures sans danger. L'alcool favorise la rapidité d'action du chloroforme, mais diminue la résistance vitale. (R. Dubois : *Soc. Biol.*, novembre 1883.)

§ 3. Association de la cocaïne au chloroforme Procédé d'Obalinsky.

Différents expérimentateurs (Tchaikowsky, Dransart, Terrier) ont essayé d'unir l'action du chloroforme à celle de la cocaïne. C'était là une tentative tout à fait empirique, car ce que l'on sait pertinemment de l'histoire physiologique de ces deux substances ne justifierait guère les espérances qu'on a fondées sur leur association.

Obalinsky (de Cracovie) procède ainsi :

Il chloroformise légèrement le sujet ; puis, pendant ce sommeil chloroformique léger, il injecte sous la peau 2 à 5 centigrammes de cocaïne en solution à 3 p. 100. Cette pratique aurait les avantages suivants, d'après vingt-cinq essais réalisés sur différents sujets :

1° Elle permettrait d'entretenir l'anesthésie générale avec une moindre dose de chloroforme ;

2° Elle rendrait les vomissements plus rares ;

3° Elle supprimerait au réveil les sensations désagréables, courbature, etc. ;

4° Elle atténuerait les phénomènes d'excitation nerveuse.

§ 4. Association du diméthylacétal au chloroforme. Procédé de von Mering.

Le diméthylacétal est un composé ternaire répondant à la formule $C^4H^{10}O^2$. Son point d'ébullition est à 64°. Il est assez volatil pour être administré par voie d'inhalation.

Von Mering a proposé de l'associer au chloroforme (*Berlin, Klin. Wochenschrift*, n° 43, 1882). On mélange deux volumes de diméthylacétal à un volume de chloroforme. Ce mélange, administré par inhalation aux animaux, produit un sommeil profond. La respiration resterait régulière : le cœur ni la pression sanguine ne seraient modifiés.

§ 5. Autres procédés.

Nous dirons seulement deux mots de quelques autres procédés dont l'intérêt n'est pas considérable et ne mérite pas une plus longue mention.

C'est d'abord le procédé de Rabuteau, qui associe au chloroforme, non plus la morphine, comme Cl. Bernard, mais, la narcéine. Cette modification ne serait pas sans avantages : elle ferait disparaître les effets nauséeux et les vomissements. L'essai aurait réussi sur des chiens (*Soc. Biol.*, n° 16, 1883).

On peut signaler, en second lieu, la méthode mixte oxygène-chloroforme préconisée par Neudorfer et simplifiée par Kreutzmann (*Centr. f. Chir.*, n° 35, 1887). Celui-ci emploie l'appareil de Junker : l'inhalateur est mis en rapport avec un sac à oxygène en caoutchouc et avec le récipient à chloroforme. — L'essai a été réalisé sur 25 malades. On aurait obtenu une anesthésie rapide et un rapide réveil, sans malaise. Pas d'excitation ; pas de vomissements.

Il nous reste maintenant à parler de celle des méthodes combinées à laquelle nous attribuons actuellement le plus de valeur : c'est la méthode atropine-morphine-chloroforme.

CHAPITRE VI

LA MÉTHODE MIXTE : ATROPINE-MORPHINE ET CHLOROFORME. PROCÉDÉ DE DASTRE ET MORAT.

§ **1**. Principe. — § **2**. Résultats pratiques : 1° en physiologie opératoire ; 2° en chirurgie humaine. — § **3**. Avantages de la méthode : *a*. Avantages propres. *b*. Avantages communs avec la méthode de Cl. Bernard et Nussbaum. *c*. Suppression des inconvénients de cette dernière. — § **4**. Inconvénients possibles. — § **5**. Tentatives antérieures.

§ 1. Principe.

Le principe de la méthode a été posé plus haut, lorsque nous avons donné la théorie des accidents de la chloroformisation (Liv. I, ch. IV, § 5, *d*.). Nous avons vu que, dans les quatre formes principales d'accidents, c'est l'excitation du système modérateur cardiaque, du pneumogastrique et de son noyau bulbaire qui crée le péril. La section des deux nerfs vagues serait le moyen théorique et brutal de l'écarter. Une telle manière de faire est inadmissible. Il y a, au contraire, un procédé pratique et délicat pour arriver au même résultat : il consiste dans l'emploi de l'atropine. L'atropine équivaut à la section des nerfs vagues ; elle détruit l'excitabilité des filets cardiaques du vague et de leur noyau bulbaire (Meuriot, 1868).

Mais l'atropine ne saurait être employée seule. Elle offre, par elle-même, certains dangers ; elle produit des phénomènes d'excitation excessifs, souvent plus bruyants que réellement redoutables, mais que la plupart des médecins sont disposés à exagérer encore. Il existe contre ce médicament un préjugé universel et indéracinable. On ne peut songer à en proposer l'emploi qu'à la condition d'écarter ces inconvénients : c'est ce que l'on fera en l'associant à son antidote, la morphine. La méthode consistera donc dans l'association morphine-atropine-chloroforme.

Avant d'entrer dans l'étude des détails, indiquons les résultats.

§ 2. Résultats pratiques.

a. **En physiologie opératoire.** — Le chien est infiniment plus sujet aux accidents chloroformiques que l'homme. Avec le chloroforme seul, dans le laboratoire de la Sorbonne, nous perdions un chien sur trois, et, pour les deux autres, il y avait souvent des menaces d'accidents ou des irrégularités dans l'anesthésie. Depuis dix ans (1878-1888), tous les chiens opérés ont été anesthésiés par le procédé mixte, et, sur des centaines d'animaux, je n'en ai pas vu mourir un seul. Toujours j'ai obtenu l'anesthésie absolue, typique, complète, sans agitation, avec résolution parfaite, pouvant durer deux et trois heures sans aucun danger. M. Morat, à Lyon, est dans le même cas. Il faut, pour arriver sûrement à ce résultat, dépenser une quantité de chloroforme vingt fois, trente fois moindre que pour y arriver problématiquement avec la méthode ordinaire.

Voici la manière de procéder :

Dix minutes avant l'opération, on introduit en injection sous-cutanée une solution contenant :

2 centigrammes de chlorhydrate de morphine,

2 milligrammes de sulfate d'atropine,

par centimètre cube. On injecte 1/2 centimètre cube par kilogr. du poids de l'animal, c'est-à-dire 5 centimètres cubes si le chien pèse 10 kilogr., 10 centimètres cubes s'il pèse 20 kilogr. En d'autres termes, on injecte par kilogr. d'animal 1 centigramme de chlorhydrate de morphine et 1 milligramme de sulfate d'atropine. Puis on fait respirer le chloroforme ; 2 ou 3 grammes de chloroforme suffisent pour une anesthésie parfaite de deux heures de durée. Une telle économie de l'agent anesthésique réduit singulièrement les dangers de l'intoxication par abus chloroformique.

b. **En chirurgie humaine.** — La méthode a été employée en chirurgie humaine. C'est Aubert (de Lyon) qui a eu le mérite d'appliquer ce procédé, que Morat et moi avions proposé vainement aux chirurgiens, montrant une fois de plus que les initiatives ne sont pas plus rares en province qu'à Paris. Beaucoup de chirurgiens lyonnais, et Léon Tripier l'un des premiers, ont imité l'exemple d'Aubert.

Voici la formule employée par les opérateurs :

Injection, quinze à trente minutes avant l'opération, de 1 centimètre cube 1/2 de la solution suivante :

Chlorhydrate de morphine.	10 centigrammes.
Sulfate d'atropine.	5 milligrammes.
Eau distillée.	10 grammes.

Gayet (de Lyon), pour obtenir l'anesthésie en oculistique, employait la solution suivante, plus riche en atropine :

Chlorhydrate de morphine.	20 centigrammes.
Sulfate d'atropine.	2 centigrammes.
Eau distillée	20 grammes.

et il injectait, vingt minutes avant l'opération, 1 centimètre cube de cette solution.

Aubert a rendu compte de ses essais (*Soc. Biol.*, 21 avril 1883) en ces termes : « Je ne connais actuellement rien de préférable ni de plus pratique... Les avantages de ce mode sont les suivants : 1° la sécurité; 2° la rapidité plus grande avec laquelle on obtient le sommeil; 3° le calme absolu du malade; 4° la facilité du réveil; 5° la simplicité des suites, au point de vue des malaises et des vomissements ultérieurs... Quelques-uns de mes collègues de Lyon, et particulièrement MM. les professeurs Gayet et Léon Tripier ont, à mon instigation, employé le même mode d'anesthésie (*Soc. Biol.*, 1883, p. 628). M. Gayet s'en loue particulièrement pour la chirurgie oculaire, à cause du calme très grand que l'on obtient, et qui est dans ce cas d'une importance très grande. » Les résultats ont été excellents. Le nombre des cas s'élevait (1887) à plusieurs milliers, sans aucun accident.

§ 3. Avantages de la méthode.

a. Avantages propres; *b.* Avantages communs avec la méthode Claude Bernard et Nussbaum ; *c.* Suppression des inconvénients de cette dernière. — Le procédé d'anesthésie mixte que nous préconisons présente les avantages propres pour lesquels il a été imaginé, à savoir d'éviter les syncopes cardiaques et particulièrement la syncope secondaire, contre laquelle l'opérateur se trouvait désarmé.

D'autre part, il offre les avantages de la méthode de Claude Bernard et Nussbaum (morphine-chloroforme), c'est-à-dire qu'il supprime l'agitation du début, les mouvements de déglutition et de sputation et le tremblement général semblable à un frisson intense qui s'observe quelquefois en plein sommeil anesthésique. Ce sont les profits connus de la méthode mixte (morphine-chloroforme) que l'on retrouve tout naturellement ici.

Mais on sait que cette même méthode présente des inconvénients. La morphine, en effet, ne diminue point le danger des syncopes cardiaques : au contraire, elle semble l'exagérer. Verneuil (1882, *Congrès de l'Association française, La Rochelle*) a insisté sur le péril que la chloroformisation fait courir aux morphinomanes. Fr. Franck (1881) a signalé la production plus facile des syncopes respiratoires ; il faut noter toutefois que ces syncopes cèdent très facilement à quelques tentatives de respiration artificielle par pressions thoraciques, pourvu que l'on n'ait point attendu l'arrêt complet du cœur.

Poncet (*Soc. Biol.*, 1883, p. 287) a reproché à l'association morphine-chloroforme un effet dépressif qui deviendrait redoutable chez les blessés en état de stupeur ou de choc traumatique prolongé.

Enfin, dernier trait défavorable, la morphine accroît les effets nauséeux et les vomissements de la chloroformisation. Ces vomissements, qui surviennent, soit pendant les suspensions, soit au réveil, soit plus tard, et quelquefois enfin pendant l'opération même, sont autre chose qu'un simple incident désagréable ou incommode : ils peuvent constituer, dans certains temps délicats de l'opération, une complication dangereuse.

Or, de ces trois inconvénients, les deux premiers sont certainement très atténués dans notre méthode, et la situation n'est pas plus défavorable qu'avec le chloroforme simple. L'atropine, en particulier, ne paraît pas modifier la puissance expiratoire. Quant au troisième, l'effet nauséeux ou de vomissement, il est presque entièrement supprimé. A l'occasion de la communication d'Aubert et des miennes à la Société de Biologie (1883, p. 289), Brown-Sequard s'exprimait ainsi : « Dans l'immense majorité des cas, l'addition d'une certaine dose d'atropine à la dose de « morphine empêche les vomissements et même les « nausées que cette dernière substance, employée « seule, aurait occasionnés ».

Déjà, dès 1860, Brown-Sequard avait été conduit à une règle plus générale encore, et qui consiste à employer ces deux alcaloïdes simultanément dans tous les cas où l'usage de l'un deux était nécessaire ou utile. On accroît ainsi la puissance thérapeutique de chacun d'eux sans accroître de la même manière la puissance toxique.

Cette dernière assertion peut donner lieu à quelques observations. Roger (dans une communication à la Société de Biologie, 12 mai 1888), en admettant naturellement l'antagonisme physiologique incontestable des deux substances, c'est-à-dire leur neutralisation mutuelle quant à certains effets physiologiques (effets pupillaires, effets nauséeux), conteste leur antagonisme toxique. Il conclut de ses expériences exécutées sur le lapin que les *doses mortelles* s'ajoutent. Nous n'avons pas à entrer dans l'examen de ces faits : nous nous contentons ici de l'antagonisme physiologique, lequel nous suffit, puisque jamais nous n'avons à approcher des doses mortelles ou toxiques. Je crois d'ailleurs, avec Claude Bernard, que cette considération des doses mortelles ou toxiques est sujette à de graves objections toutes les fois qu'il s'agit de poisons ayant des influences électives marquées sur tels ou tels systèmes organiques. J'ai montré, en particulier, ce qu'avait d'illusoire cette considération des doses toxiques, à propos de mes expériences avec Loye sur les injections d'eau salée. (*Arch. de Phys.*, 1888-1889.)

Revenons à l'effet anti-nauséeux, chez l'homme, de l'association atropine-morphine. On a pu en tirer parti, non pas seulement pour le cas de préparation à l'anesthésie générale, mais dans les cas où, d'ordinaire, l'on emploie les injections de morphine pour calmer la douleur. Sur le conseil de l'un de nous, Ortille (de Lille) avait déjà utilisé ce mélange avec succès chez divers malades. Aubert (de Lyon) a insisté sur cette action anti-vomitive de l'atropine, lorsque l'on emploie l'injection mixte, et il recommande ce mélange, soit pour la pratique habituelle des injections hypodermiques, soit pour l'emploi de la morphine après les repas, si l'indication se présente, soit enfin comme moyen de préparation à l'anesthésie.

Aubert terminait son travail par ces mots : « La sécurité (de ce procédé) est son mérite principal ; mais il présente, de plus, toute une série d'avantages accessoires qui en font le type le plus parfait de tous ceux que j'ai employés jusqu'à ce jour ». Parmi ces avantages accessoires, il y en a deux qui doivent être mis en lumière. — Le premier est la suppression des mouvements de sputation, de déglutition, toux et râles, qui s'observent souvent au début de l'anesthésie et au réveil. « Le besoin de cracher est, ajoutait Aubert, un phénomène auquel nous faisons grande attention dans nos services de vénériens, car, s'il n'est jamais agréable de recevoir de la salive, il l'est moins encore de la recevoir d'une bouche syphilitique. » Or, on sait que l'atropine tarit la sécrétion salivaire, et supprime, avec le besoin de cracher, les mouvements de déglutition, la toux et les râles que risque de produire la pénétration de la salive dans les voies aériennes. — Le second caractère qui frappe l'observateur est le calme absolu du malade, ce que l'on pourrait appeler le silence profond de l'anesthésie ; cette inertie, ce silence, sont tels que le chirurgien, avant d'être familiarisé avec ce spectacle, est tenté de se demander si les sujets opérés respirent et vivent véritablement.

Le dernier trait, sur lequel j'insisterai à mon tour, est l'économie considérable du chloroforme. Dans nos opérations physiologiques, il nous arrive d'obtenir l'anesthésie complète avec des proportions insignifiantes de chloroforme, vingt fois, trente fois moindres que dans la méthode ordinaire, circonstance qui, on le conçoit, est de nature à écarter les dangers de l'intoxication chloroformique vraie.

§ 4. Inconvénients possibles.

Et maintenant, disons deux mots des ombres qui pourraient assombrir le tableau que nous venons de tracer.

Il est possible que l'avenir révèle quelques inconvénients que la pratique actuelle n'a pas encore montrés. Ces inconvénients pourront venir de la très inégale susceptibilité des différents sujets en présence de l'atropine. L'excitation atropinique, si elle n'était pas combattue et annihilée par la morphine, prendrait des formes très capables d'impressionner le praticien et l'entourage du malade. Cependant, il faut bien savoir que ces phénomènes d'agitation sont plus bruyants et plus effrayants que réellement dangereux. Je ne les ai jamais observés, et Aubert, dans son étude, datant de 1883, n'en avait pas encore rencontré d'exemple. D'autre part, il n'est guère possible, d'une façon générale, de descendre au-dessous des doses précédemment fixées sans s'exposer à perdre tous les bénéfices de la méthode. On remarquera, en effet, que les doses employées pour l'homme (1 centigramme et demi de chlorhydrate de morphine et 7 dixièmes de milligramme d'atropine), sont extrêmement faibles et qu'elles seraient insuffisantes chez un chien d'un poids dix fois moindre.

Cependant on a annoncé que des doses d'atropine de 2 à 3 dixièmes de milligramme suffiraient à paralyser les filets modérateurs cardiaques du vague, tout en laissant intacte l'excitabilité des filets accélérateurs cardiaques, viscéraux, pulmonaires (Rummo, *Congrès de méd. ital.*., 15 octobre 1889).

— Le second point est relatif au calme profond qui se maintient chez le sujet après l'opération. Chez l'animal, c'est une condition favorable et que l'opérateur recherche, l'animal réveillé pouvant essayer de se débarrasser des appareils et ligatures, et détruire ainsi les dispositions destinées à assurer le succès de l'opération. Au contraire, en chirurgie humaine, on recherche un prompt réveil. N'y a-t-il point là une sorte de préjugé irrationnel? Si le sommeil post-opératoire est un véritable sommeil réparateur, pourquoi le redouterait-on? Outre qu'il repose le malade, il éloigne le moment où vont apparaître les douleurs et les réactions morales. Ce n'est que dans le cas d'un sommeil dépressif et comateux qu'il y aurait utilité à l'interrompre pour stimuler l'organisme déclinant. Mais, précisément, dans nos expériences physiologiques, le sommeil post-opératoire, au lieu de présenter les caractères d'un abaissement de la vitalité et d'une stupeur dépressive, offre toutes les apparences et les avantages d'un véritable repos, calme et réparateur.

— Le troisième point est relatif à des accidents respiratoires possibles. Le chirurgien devra être prévenu que ces menaces de syncope respiratoire, déjà rendues plus rares, si elles venaient à se produire encore, n'auraient plus la signification périlleuse qu'elles revêtent dans la chloroformisation simple. Elles céderont toujours à quelque manœuvre de respiration artificielle par pressions thoraciques.

§ 5. Tentatives antérieures.

Pour terminer, nous devons rappeler les tentatives qui ont précédé la nôtre. M. Morat et moi avons été conduits à nos essais par des considérations rationnelles et l'application de notions physiologiques. Mais, antérieurement, des tentatives purement empiriques avaient pu se produire.

Harley, en Angleterre, dès 1868 (*British medical Journal*), s'exprimait ainsi : « Dans toutes les conditions où il y a dépression de l'influence nerveuse sympathique, comme la syncope, l'asthénie, le choc, le collapsus du choléra, le défaut d'action du cœur sous l'influence du chloroforme ou d'un autre paralysant cardiaque, l'emploi sous-cutané du sulfate d'atropine à doses variant de un centième à un quarantième de grain, est le moyen le plus approprié, celui dans lequel on peut espérer le plus pour la résurrection du cœur ».

Aubert (de Lyon), qui cite ce passage, ajoute qu'il est surprenant que ces idées si nettes n'aient pas eu d'écho, et que personne en Angleterre, après les années qui ont suivi la publication du mémoire de Harley et qui furent fécondes en catastrophes anesthésiques, n'ait employé ces injections préparatoires à la chloroformisation.

L'association de l'atropine au chloroforme avait été tentée d'autre part à Vienne, dès 1861, par Pitha. Dans un cas où le sommeil anesthésique tardait à s'établir, le chirurgien en détermina l'apparition en administrant un lavement de 1 gramme d'extrait de belladone. Inversement, Aubert administra le chloroforme pour avoir raison d'un délire atropinique, et obtint ainsi un sommeil calme, profond et durable. Brown-Sequard a eu recours au même moyen, et d'autres praticiens ont dû certainement l'employer.

En résumé, notre méthode mixte, préparée par des

tentatives empiriques, devenue plus tard rationnelle, fondée sur des notions physiologiques sûres, consacrée par dix années de pratique de laboratoire sans un seul échec et par huit années de pratique dans les hôpitaux de Lyon, mérite de subir de la part des chirurgiens une épreuve plus étendue, qui en jugera définitivement l'efficacité.

LIVRE IV

ANESTHÉSIE LOCALE

ANESTHÉSIE LOCALE

§. **1**, Historique. Anesthésie par l'acide carbonique. — §. **2**. Procédés par réfrigération : — *a*. Application de glace et de mélanges refrigérants. — *b*. Anesthésie par l'éther. Appareil de Richardson. — *c*. Bromure d'éthyle. — *d*. Chlorure de méthyle. — *e*. Autres réfrigérants. — *f*. Procédé de Lesser. — *g*. Procédé de Ch. Bailly : stypage. — § **3**. Anesthésiques locaux spécifiques. Cocaïne. — *a*. Découverte des propriétés de la cocaïne. — *b*. Modes d'emploi. — *c*. Théorie de l'action de la cocaïne. — *d*. Emploi en chirurgie oculaire. — *e*. Emploi pour les opérations et l'intervention médicale sur les muqueuses. Badigeonnages. — *f*. Emploi pour les opérations de chirurgie courante. Injections dermiques. — *g*. Dangers. — § **4**. Contre-indications.

L'*anesthésie localisée* consiste à rendre insensible la seule partie qui doit subir l'opération, sans l'altérer pourtant, ou la modifier d'une manière prolongée.

Si l'on pouvait trouver un agent qui remplît rigoureusement et complètement les conditions de la définition, l'on n'aurait plus besoin de recourir à l'anesthésie générale et de s'exposer aux embarras et aux dangers qu'elle présente. Il serait infiniment avantageux de laisser au patient le mouvement, la sensibilité, l'intelligence, les conditions habituelles de la santé, et de ne rendre insensible que la région qui doit être mutilée. Mais la physiologie laisse bien peu d'espoir qu'un tel procédé puisse exister et qu'une substance quelconque simplement appliquée sur le tégument puisse agir à toute profondeur ; qu'elle puisse gagner de proche en proche tous les tissus de la partie malade (sans cheminer par les voies sanguines). On ne conçoit donc pas que les organes dolents puissent être atteints sans que tous les autres organes le soient aussi.

Si incomplètement qu'elle soit encore réalisée et quel que soit son avenir, cette méthode n'en rend pas moins — dans le présent — des services précieux à la chirurgie oculaire et à la petite chirurgie. Elle est utilisée (outre les opérations de l'œil) pour les excisions d'abcès, de phlegmons, d'anthrax, de panaris, en général pour toutes les opérations superficielles, car l'insensibilisation ne s'étend jamais profondément au dessous de la peau.

§ 1. Historique. — Anesthésie par l'acide carbonique.

Les anciens ont connu quelques moyens d'anesthésie locale. Pline et Dioscoride parlent d'une certaine *pierre de Memphis* qui s'appliquait sur les parties que l'on voulait rendre insensibles. On la broyait et on la délayait dans du vinaigre. « Quant au grand « marbre du Caire, qui est dit des anciens *Memphitis*, « il se réduit en poudre, qui est fort bonne appliquée « en liniment avec du vinaigre, pour endormir les « parties que l'on veut couper ou cautériser, car elle « amortit tellement la partie qu'on ne sent point de « douleur. » (Pline, L. XXXVI, ch. II, trad. de Pinet). Dioscoride dit de cette pierre de Memphis qu'elle est de la grosseur d'un talent, grasse, et de diverses couleurs.

Littré croit que la pierre était quelque carbonate de chaux dont le vinaigre dégageait l'acide carbonique. Ce gaz, mis en contact avec la peau, produit, en effet, un état d'insensibilité très appréciable, et que les anciens avaient pu remarquer. D'ailleurs, cette propriété a été utilisée en des temps plus voisins du nôtre.

Avant notre temps, les médecins ont encore recouru à divers autres moyens, tels que la narcotisation locale par la morphine et la belladone, et la compression, érigée en méthode régulière par Jacques Moore en 1784. Mais ces moyens ne produisent encore qu'une sorte d'engourdissement.

En 1771, Percival réussit mieux en employant pour insensibiliser les sujets, des bains d'acide carbonique. Malgré les essais de quelques chirurgiens de notre temps, Simpson, Scanzoni, Mollin, Monod, Demarquay et Broca, l'anesthésie carbonique locale était restée sans application usuelle et n'avait gardé qu'un intérêt de curiosité scientifique.

Elle a été remise en honneur, il y a quelques années, par Brown-Sequard. On peut rendre insensible le pharynx ou les premières voies digestives et aériennes en dirigeant sur elles un jet assez rapide d'acide carbonique. — Nous aurons l'occasion de dire, plus loin, que le même procédé peut produire une anesthésie générale. — Pour le moment, nous signalons seulement l'anesthésie locale déterminée par le contact du gaz avec la muqueuse. Cet effet anesthésique du courant de gaz carbonique sur la muqueuse de la gorge et du larynx a donné l'idée à des médecins auristes d'essayer le même procédé sur la peau du canal auditif et du tympan. Gellé (*Soc. Biol.*, 2 mai

1884) a réussi à calmer les douleurs excessives de l'otalgie en projetant rapidement sur le méat auditif environ 1 à 2 litres d'acide carbonique gazeux. — Mais on possède des moyens plus commodes et plus sûrs de produire l'anesthésie locale. Ces moyens sont de deux ordres : 1° la réfrigération, qui peut être obtenue par des procédés et des agents divers ; 2° l'action spécifique de certaines substances, dont la cocaïne est le type. Nous ne citons que pour mémoire l'anesthésie locale par l'électricité. L'application d'un courant induit a souvent permis l'extraction des dents sans douleur.

§ 2. Procédés par réfrigération.

C'est une observation commune qui a conduit à utiliser la réfrigération pour rendre insensibles les parties à opérer. Tout le monde sait que le froid très vif engourdit les membres et les rend incapables de recueillir les impressions du contact et de la douleur. Les chirurgiens avaient su profiter de cet engourdissement. A la bataille d'Eylau, par un froid de 10°, les opérations ne provoquaient presque pas de douleur. Pendant la campagne de Russie, Larrey amputa la cuisse à un jeune soldat adossé à un pan de mur, et qui soutenait lui même le membre mutilé, pendant que quelques camarades maintenaient un manteau au dessus de sa tête, pour le préserver de la neige. — De ces observations communes est née l'idée d'employer la réfrigération artificielle pour pratiquer quelques opérations très simples, ongle incarné, ouverture d'abcès, etc. On appliquait de la glace ou un mélange refrigérant de glace et de sel sur la partie dolente, et l'incision était faite sans autre souffrance que celle même que le froid est capable de produire.

a. **Application de glace et de mélanges réfrigérants.** — L'anesthésie par application de glace ou de mélanges réfrigérants avait surtout été mise en vogue, entre les années 1851 et 1860, par J. Arnott de Brighton. Il appliquait sur la peau un nouet de linge contenant un mélange de glace et de sel marin, dont la température s'abaissait environ à 10° au-dessous de zéro.

D'autres procédés moins grossiers que celui-là lui ont été substitués depuis ; ils exposent moins à l'inconvénient de produire, lorsqu'on dépasse la durée d'application convenable, la congélation des tissus et des eschares superficielles. Tel est le procédé de réfrigération par l'éther.

b. **Anesthésie par l'éther. Appareil de Richardson.** — La réfrigération par l'éther et en général par les liquides volatils constitue un procédé usuel. L'évaporation des liquides volatils, lorsqu'elle est rapide, produit un abaissement de température qui peut être considérable. On immergeait donc la partie (doigt, par exemple) dans l'éther ; ou bien l'on versait l'éther sur la région à opérer, jusqu'au moment où la douleur n'était plus sentie. L'insensibilité était d'autant plus complète que l'évaporation était plus active. Pour l'accélérer, Richet (1854) employait un soufflet, dont on dirigeait le courant d'air sur les points de la peau où l'éther tombait goutte à goutte. Les appareils pulvérisateurs inventés par Richardson (1865) ne sont qu'un perfectionnement simple et d'ailleurs commode de cet outillage un peu primitif.

On a voulu (*Gaz. hebd.*, 1879, n° 36) faire honneur de l'invention de l'anesthésie par l'éther au médecin auriste Wright (1829). Mais ce n'est qu'après la découverte de l'anesthésie généralisée que la question de l'insensibilisation locale se posa véritablement. Simpson, dès 1848, Nunneley et J. Roux, un peu plus tard, employèrent le procédé d'immersion de la partie dolente dans le liquide réfrigérant; L. Hardy, les douches; Maisonneuve, Guérard, d'autres moyens : le succès fut médiocre, jusqu'au moment où Richet (1854) eut l'idée d'activer l'évaporation avec le soufflet et où Richardson surtout, en 1865, proposa les appareils pulvérisateurs qui portent son nom.

Pour cet emploi, l'éther doit être chimiquement pur (densité, 0.723 ; point d'ébullition, 36°5). Le mélange d'alcool ou d'autres substances retarde ou empêche l'anesthésie. La pulvérisation doit être faite rapidement : elle devient douloureuse lorsqu'elle est faite lentement.

Mais les pulvérisateurs d'éther, si convenables d'ailleurs à produire l'anesthésie locale, offrent un inconvénient. Les vapeurs sont inflammables; mélangées à l'air, elles sont explosives. On ne peut donc opérer dans une chambre où il y aurait de la lumière ou du feu ; on s'interdit l'emploi du fer rouge et du thermocautère, deux instruments précieux de l'arsenal du chirurgien. Pour avoir passé outre à ces défenses, quelques opérateurs ont provoqué des accidents déplorables.

Le chloroforme, qui ne présenterait pas ces derniers inconvénients, n'est pas propre, d'autre part, à l'anesthésie locale : il ne produit pas un refroidissement suffisant. Son point d'ébullition (60°.8) est trop élevé et sa chaleur spécifique trop considérable.

c. **Réfrigération par le bromure d'éthyle.** — Le bromure d'éthyle a remplacé avec avantage les moyens précédents. Terrillon a eu l'idée d'employer à l'anesthésie locale cette substance, préconisée déjà pour l'anesthésie générale. Le bromure d'éthyle bout à 41°. Le froid produit par l'évaporation, lorsqu'on le pulvérise à la surface de la peau avec l'appareil Richardson, est considérable et très comparable à celui que produit l'éther. L'avantage serait même au bromure pour la rapidité de l'action et l'économie du liquide (Tourreil).

La pulvérisation doit être abondante et faite de très près, à 10 centimètres environ. Il se produit en 2 ou 3 minutes aux points touchés une plaque blanche qui disparaît rapidement; pendant le temps qu'elle se maintient, la peau est insensible et peut être incisée sans douleur, ainsi qu'une couche mince du tissu sous-jacent. On peut opérer avec le thermocautère sous le jet du liquide pulvérisé.

Les avantages du bromure d'éthyle sur l'éther ordinaire sont de deux ordres : ses vapeurs ne sont pas inflammables; elles ne risquent pas de s'embraser à la flamme du foyer ou de la bougie ou au contact du fer rouge. De plus, les vapeurs qui se répandent dans l'appartement sont sans inconvénients pour le malade et pour les opérateurs; car, à l'inverse de l'éther, elles n'exercent sur les bronches et sur la peau aucune espèce d'irritation.

d. **Réfrigération directe par le chlorure de méthyle.** — Le chlorure de méthyle (CH^3Cl) à son tour s'est substitué au bromure d'éthyle. C'est un corps qui entre en ébullition à la température de 23° au-dessous de zéro. On ne peut donc l'avoir à l'état liquide qu'à la condition de le maintenir à haute pression dans un réservoir métallique. C'est en effet ainsi qu'il est offert par l'industrie. Il est enfermé dans un vase métallique à parois résistantes (siphon Vincent) ; le jeu d'une vis lui permet de s'en échapper par un ajustage annexé au siphon. Il sort à l'état de liquide pulvérisé, qui s'évapore aussitôt et produit un froid intense.

On a d'abord utilisé ces propriétés, non pour produire l'anesthésie, qui est la conséquence de cette réfrigération, mais pour obtenir un phénomène plus éloigné, à savoir la réaction congestive des parties qui ont subi la pulvérisation. En effet, lorsque la réfrigération de la peau a été courte et rapide, une réaction intense ne tarde pas à se produire : les téguments anémiés, pâlis par l'action constrictive du froid sur les vaisseaux, deviennent rapidement rouges, hyperhémiés, congestionnés, par suite de la dilatation vasculaire qui succède à cette constriction passagère. La réaction est en proportion de l'action elle-même. Debove a tiré profit de cette double et énergique modification des téguments dans le traitement des névralgies rebelles (*Soc. méd. des hôp.*, août 1884).

Mais déjà antérieurement, en 1882, Lailler, médecin de l'hôpital Saint-Louis, avait appliqué le chlorure de méthyle pour l'insensibilisation locale et pour la destruction par congélation de certains tissus morbides. Le Dentu avait employé l'appareil de Lailler, pour l'anesthésie locale, avec un certain succès. Néanmoins, l'énergie même de cet agent en rend l'emploi délicat et quelquefois dangereux. L'action est difficile à régler, et, si elle est poussée trop loin, elle peut amener la désorganisation des tissus et des eschares plus ou moins étendues. C'est là en particulier ce qui empêchait d'utiliser le siphon de chlorure de méthyle. Il a fallu, pour permettre cette intéressante application, modifier les instruments et les procédés, et substituer à l'action directe une action graduée et indirecte. Les procédés de stypage du Dr Ch. Bailly et de Galippe satisfont à cette condition.

e. **Autres réfrigérants locaux directs.** — On a encore employé pour la production de l'anesthésie locale directe d'autres substances volatiles analogues aux précédentes, tels que les mélanges de chloroforme et d'acide acétique cristalisable, la rhigoléïne (Bigelow) et d'autres encore. Ces tentatives n'offrent pour ainsi dire qu'un intérêt bibliographique : les procédés qui présentent un réel intérêt pratique, et qui doivent survivre à tous ces essais, sont les procédés indirects de Lesser et surtout le procédé de stypage de Ch. Bailly.

Dans tous les procédés que nous venons d'indiquer, et qui sont des cas particuliers de l'anesthésie par le froid, l'agent réfrigérateur était appliqué directement sur la peau.

Dans ceux, plus parfaits, qu'il nous reste à faire connaître, l'application n'est pas directe : elle se fait au moyen d'un intermédiaire, — plaque métallique ou tampon de bourre, — qui permet de graduer l'action.

f. **Procédé indirect de Lesser.** — Lesser (de Leipzig) utilise l'action réfrigérante de l'éther. Le principe de son appareil est le suivant : l'éther est employé à refroidir des plaques métalliques d'un métal bon conducteur ; ce sont ces plaques qui sont ensuite mises en contact avec la région où doit porter l'opération (*Soc. Biol.*, 1er avril 1882).

L'appareil se compose d'une caisse en nickel qui

contient de l'éther et dans laquelle on peut insuffler de l'air au moyen d'une poire de Richardson, de manière à activer l'évaporation et à refroidir fortement les parois. Cette caisse, ou plutôt ces caisses (car il y en a plusieurs) ont des formes telles qu'elles peuvent, par quelqu'une de leurs faces, s'appliquer sur les parties convexes, doigts, orteils, bras, avant-bras, tumeurs arrondies, tels que bubons inguinaux; par une autre face, sur les parties concaves, paume de la main, pli du coude, aisselle, et même dans la cavité buccale; par une troisième face, sur les régions plates. La réfrigération doit se faire sur une grande étendue. Avant d'opérer, Lesser a soin d'empêcher l'accès du sang au moyen de la bande d'Esmarch s'il doit agir sur le bras, la jambe ou le doigt. Il a pu opérer ainsi avec succès des panaris, des ongles incarnés, extirper des corps étrangers, désarticuler, amputer ou réséquer des doigts et des orteils, extraire des dents, pratiquer l'extirpation des amygdales et des opérations sur le larynx.

Ce procédé permettait ainsi de mieux utiliser l'action réfrigérante de l'éther et de parer à quelques-uns des inconvénients de son emploi.

Il est cependant encore un peu compliqué et d'une manœuvre assez délicate; c'est là ce qui en a entravé l'extension.

Ces reproches ne peuvent pas s'adresser au procédé qui nous reste à décrire.

g. **Procédé du Dr Ch. Bailly : Stypage.** — Le procédé du Dr Bailly consiste dans l'utilisation médiate du froid produit par l'évaporation du chlorure de méthyle (*Acad. de Méd.*, 18 octobre 1888). Les inconvénients du contact direct du chlorure de méthyle avec la peau sont évités en recevant le jet de chlorure de méthyle sur un tampon de ouate sèche non hydrophile et de bourre de soie (stypé : chanvre, bourre), la ouate au centre, la bourre de soie à la périphérie. On peut encore tremper le tampon dans le récipient de chlorure de méthyle. Le tampon est fixé dans un cadre d'ébonite ou de bois muni d'un manche ; on peut ainsi le promener, en exerçant de légères frictions, sur la surface que l'on veut refroidir.

Le tampon frigorifique emmagasine et conserve en quelque sorte son activité réfrigérante dans des conditions très régulières. Sa température peut se maintenir pendant une durée de 15 à 45 minutes entre 20° et 55° au-dessous de zéro. En le promenant sur la peau, on produit un refroidissement brusque des parties touchées. Si l'on suspend l'application après une ou deux secondes, le sujet n'a éprouvé qu'une sensation de froid suivie d'une légère stimulation locale.

Si l'on insiste davantage, la sensibilité s'émousse ; la peau devient d'une pâleur cadavérique, suivie bientôt d'une congestion de retour. En maintenant encore l'application, on obtient une anesthésie complète. Si l'on dépasse ce point, l'épiderme s'altère dans sa coloration et prend une teinte brunâtre qui persistera plusieurs semaines, sans qu'il y ait pourtant d'autres signes de désorganisation.

Au delà de ce terme, on obtiendrait une mortification des tissus.

La gradation des phénomènes est assez régulière et ralentie pour qu'on puisse se maintenir, avec un peu d'habitude, au degré convenable et éviter les mortifications et les eschares auxquelles on est exposé dans les procédés d'application directe du liquide réfrigérant.

Outre ses usages anesthésiques, le stypage permet les applications au traitement des névralgies, des rhumatismes musculaires et de diverses autres affections.

Il faut avoir soin de bien essuyer la région sur laquelle le tampon doit être appliqué, afin qu'il ne se forme pas de glaçons et qu'il ne s'établisse point d'adhérence entre la bourre de soie et la peau. Si l'on opère sur les muqueuses (muqueuse buccale par exemple), on a soin d'interposer entre le tampon et la muqueuse un morceau d'étoffe de soie fine.

L'outillage nécessité par le procédé comporte divers tampons avec leur tige porte-tampon et le siphon qui sert à emmagasiner le chlorure de méthyle; enfin, au besoin, le termo-isolateur d'Arsonval.

Le siphon industriel est le siphon Vincent. La Société centrale de Produits chimiques (rue des Écoles, 44) a mis en vente un autre modèle très portatif, perfectionné par L. Brasse (*Soc. Biol.*, 1er et 22 décembre 1888), dont l'ajutage est disposé de manière soit à pulvériser le liquide, soit à le déverser d'une manière régulière sur les tampons. Enfin, le *thermo-isolateur à vide sec* de d'Arsonval permet de conserver le gaz liquéfié comme un liquide fixe à la température ambiante et de le manier aussi facilement que l'eau ordinaire. On peut aussi y plonger les tampons frigorifiques (*Soc. Biol.*, 11 février 1888).

En résumé, la méthode de stypage paraît résoudre complètement le problème de l'anesthésie localisée.

Ajoutons que V. Galippe (*Soc. Biol.*, 4 février 1888) était arrivé à une application analogue du chlorure de méthyle liquéfié. Il maintenait la substance à l'état liquide en la recevant dans de l'éther. La solution éthérée de chlorure de méthyle conservée dans un verre à expérience reste très longtemps à une température extrêmement basse.

§ 3. Anesthésiques locaux spécifiques. — Cocaïne.

En dehors de la réfrigération, il y a encore d'autres moyens de réaliser l'anesthésie locale. L'acide carbonique, par exemple, constitue un agent anesthésiant dont le mécanisme n'a rien à voir avec la réfrigération. D'autres substances possèderaient la même propriété et la présenteraient même à un degré très éminent. La cocaïne, dont nous allons parler, est le type de ces agents. O. Liebreich et Bussemier en ont étendu singulièrement et un peu arbitrairement le nombre (*Soc. Biol.*, 14 avril 1887). Pélican (de Saint-Pétersbourg) a rangé dans cette classe nouvelle la *saponine*. Filehne a prétendu que toutes les substances proches de l'atropine sont des anesthésiques locaux. Liebreich signale le chlorhydrate d'ammoniaque, le bromure et le sulfate de la même base, le bromure de sodium, le sesquichlorure de fer, l'acétate de plomb, l'hydroquinone, la résorcine, l'antipyrine, l'huile de thérébentine, l'hydrate de thérébentine, l'eucalyptol, l'huile de camomille, etc. On a joint à la liste l'acide phénique fort. Ces substances agiraient en détruisant les terminaisons nerveuses et en modifiant les parties nerveuses voisines.

— Mais toutes ces substances produisent une *anesthésie douloureuse,* c'est-à-dire qu'elles commencent par provoquer de la douleur et qu'elles finissent par laisser de l'hyperhémie. Ce sont de véritables caustiques, et l'hydroquinone, en particulier, en agissant sur la cornée, la trouble.

La cocaïne, au contraire, ne produit pas de douleur et ne laisse pas, après elle, d'hyperhémie : elle mérite vraiment, et à l'exclusion de ces autres substances, le nom d'anesthésique local.

Toutefois elle devra peut-être, quelque jour, partager avec d'autres produits la place solitaire qu'elle occupe aujourd'hui dans cette nouvelle catégorie d'anesthésiques locaux. Laborde (18 avril 1885) a annoncé en effet que, si la théine et la caféine pures doivent en être exclues, la gelsémine cristallisée, et peut-être un glucoside du Boldo, devront y être introduits. Déjà l'on a signalé récemment deux substances qui sont très analogues dans leur effets à la cocaïne : il s'agit de la *strophantine* et de *l'ouabaïne*. L'action anesthésiante de ces deux corps serait beaucoup plus puissante que celle de la cocaïne. Pour produire l'anesthésie cornéenne avec le chlorhydrate de cocaïne chez le lapin, il faut 5 ou 6 gouttes de la solution au centième. Il suffit de 4 gouttes de la solution au millième de strophantine ou d'ouabaïne pour obtenir cette anesthésie et la voir durer au delà d'une heure. L'instillation ne cause pas d'hyperhémie ou d'inflammation appréciable : peut-être, dans quelques cas, peut-on signaler une légère irritation douloureuse. L'insensibilisation s'accompagne d'une constriction pupillaire qui commence après une demi-heure et disparaît avant la fin de l'anesthésie (Gley, *Soc. Biol.*, 9 novembre 1889).

La strophantine, que l'on a obtenue à l'état cristallisé (Catillon, Arnaud, Hardy et Gallois) est une sorte de glucoside, $C^{31}H^{48}O^{12}$, extrait du *strophantus hispi-*

dus, ou kombé, dont les Pahouins du Gabon emploient les semences pilées pour empoisonner leurs flèches et leurs sagaies. L'*ouabaïne*, $C^{30}H^{46}O^{12}$, est extraite de l'ouabaïo, qui fournit le poison à flèche des Çomalis (Arnaud, *Ac. des Sc.*, 3 avril 1888). La cocaïne ne restera donc pas un type isolé.

a. **Découverte des propriétés de la cocaïne.** — Nous avons déjà dit que la cocaïne a été découverte deux ou trois fois : par Gardeke en 1855, par Samuel R. Percy en 1857, sous le nom d'érythroxyline, et enfin par Niemann en 1859, sous son nom actuel de cocaïne.

On en a utilisé les sels, qui sont solubles : le sulfate et surtout le chlorhydrate. Lorsque l'on emploie le nom de cocaïne, il faut se rappeler que c'est une abréviation incorrecte qui désigne le chlorhydrate de cocaïne, comme les noms de morphine et d'atropine sont employés pour désigner aussi le chlorhydrate de morphine et le sulfate d'atropine.

L'origine des applications chirurgicales de la cocaïne se trouve dans les observations de K. Koller (de Vienne), qui a reconnu l'action insensibilisatrice qu'elle exerce sur la conjonctive oculaire et sur la cornée. Cette propriété remarquable fut vérifiée presque aussitôt par von Reuss, L. Howe, C.-R. Agnew, Meyer et Dor, Panas, Terrier, etc., et bientôt après par tous les ophthalmologistes. Mais le point de départ de cette application précieuse se trouve lui-même dans l'usage que faisaient de la coca les habitants de l'Amérique du Sud, qui ont reconnu de temps immémorial ses propriétés excitantes et constaté incidemment l'espèce d'insensibilisation qu'elle produit sur la langue. Cette action anesthésiante localisée a été appliquée dès 1878 par Ch. Fauvel et Coupard dans les affections douloureuses du pharynx et du larynx.

Nous avons examiné plus haut (Liv. II, ch. VII) l'action physiologique de la cocaïne introduite dans l'organisme par injection sous-cutanée ou intra-veineuse, distribuée par le sang et exerçant ainsi des effets généraux.

b. **Modes d'emploi**. — Il s'agit ici seulement de ses effets locaux. Le chlorhydrate de cocaïne est employé pour l'anesthésie locale de trois manières : 1° en instillations dans l'œil ; 2° en badigeonnages appliqués sur le tégument des muqueuses ; 3° en injections dermiques ou hypodermiques. C'est naturellement sous cette dernière forme que la pénétration est la plus parfaite, l'imprégnation des tissus plus complète, et conséquemment que l'action est la plus énergique. Il faut remarquer en même temps que ce procédé expose davantage aux risques de la diffusion générale dans l'organisme, et, par là, aux phénomènes de l'intoxication cocaïnique qui viennent se superposer aux effets locaux. Lorsqu'on ne recherche que ces derniers — et c'est le cas à peu près universel — on devra donc employer les précautions les plus attentives pour éviter la diffusion de la cocaïne (procédé de Reclus) ou en restreindre l'activité (solutions étendues, doses faibles).

c. **Théorie de l'action cocaïnique**. — Deux traits principaux caractérisent l'action cocaïnique. Elle amène une insensibilisation des parties et une anémie très marquée. L'histoire de la cocaïne est presque entièrement contenue dans ces deux termes : action anesthésiante et action vaso-constrictive énergique.

On a voulu à tort rattacher la première de ces propriétés à la seconde, ainsi que nous l'avons expliqué précédemment. Ce serait en resserrant les vaisseaux, en anémiant le tissu et en abaissant ainsi sa vitalité que la cocaïne atteindrait du même coup la sensibilité (Laborde). Cette explication a été contredite par les faits.

En réalité, la cocaïne s'adresse directement aux expansions nerveuses et aux terminaisons avec lesquelles elle entre en contact. L'effet de la cocaïne s'observe surtout sur les muqueuses à épithélium délicat et à terminaisons nerveuses intra-épithéliales. C'est la raison de son efficacité sur la conjonctive cornéenne. Dans ce dernier cas, la solution pénètre successivement à travers l'épithélium, imprègne la terminaison nerveuse sans être contrariée par l'irrigation sanguine, — seconde condition favorable à l'efficacité, — atteint les espaces lymphatiques, se mêle à l'humeur aqueuse, et baigne l'iris (Arloing). La cocaïne exerce des actions diverses, dont le détail a été examiné plus haut. Mais ce qui explique son action comme anesthésique local, c'est une altération directe et passagère des terminaisons nerveuses et des fibres nerveuses dissociées et surtout non protégées par la myéline, avec lesquelles elle peut entrer en contact direct.

d. **Emploi en chirurgie oculaire.** — C'est Karl Koller (de Vienne) qui a introduit la cocaïne dans la chirurgie oculaire (17 octobre 1884, *Wien. med. Woch.*). — Le chlorhydrate de cocaïne est généralement employé en instillations simples dans le cul-de sac conjonctival. La solution habituelle est à 1/200. Cependant, on a employé les solutions à 4 p. 100

(Hartridge) ; à 5 p. 100 (von Reuss, Panas), et même à 8 p. 100 (Bradford). On fait ainsi tomber sur l'œil quelques gouttes du liquide (7 à 8 gouttes) dans un intervalle de quelques minutes. Après un quart d'heure, l'effet est obtenu, et il se maintient pendant une dizaine de minutes, temps suffisant pour les opérations. On peut d'ailleurs entretenir l'état d'anesthésie en renouvelant les instillations. Ces instillations répétées sont sans inconvénient si on les espace suffisamment, car la cocaïne ne s'accumule pas dans l'organisme.

L'effet remarquable de ces instillations est une insensibilité complète de la cornée et de la conjonctive, lors même que ces membranes sont enflammées. Un second effet, également précieux, est une dilatation très marquée de la pupille. Cette mydriase est un peu tardive : elle arrive après que l'insensibilisation existe déjà et elle lui survit pendant plusieurs heures. Les effets accessoires sont la pâleur et l'ischémie des membranes de l'œil, l'écartement des paupières, une légère propulsion du globe oculaire et sa fixité.

Quant à l'iris, il est légèrement analgésié si l'on a attendu un temps suffisant ; mais il continue de réagir aux impressions lumineuses. L'acuité visuelle et la réfraction ne seraient point altérées. Il y a une légère parésie de l'accommodation. La tension des milieux oculaires est un peu diminuée, moins cependant que lorsque l'opérateur a fait usage du chloroforme, et cette circonstance permet de vider plus facilement, dans l'opération de la cataracte, la chambre antérieure des débris de la substance corticale (Schweigger).

— L'insensibilisation cependant, outre qu'elle persiste peu, reste superficielle, et, par conséquent, ne suffit point, dans les cas d'opérations profondes, telles que l'extirpation du globe oculaire. On peut modifier l'administration de la cocaïne de manière qu'elle convienne également aux manœuvres chirurgicales dans la profondeur comme à la superficie. Turnbull continue pour cela les instillations dans l'œil, même pendant l'opération. C. Coks pratique une injection dans les muscles, particulièrement dans le tendon du droit externe ; d'autres ont conseillé l'injection dans un repli de la conjonctive.

Certains opérateurs, au lieu d'employer les solutions de chlorhydrate, ont eu recours à une pommade : vaseline et cocaïne 5 p. 100. On introduit une petite masse de la grosseur d'une tête d'épingle dans l'un des culs-de-sac palpébraux (Katzaouroff et Zacharievsky).

Comme contre-indications à l'emploi de la cocaïne, il faut citer le glaucome (Schweigger, Hartridge). On a encore signalé comme inconvénients possibles de la cocaïne la production d'infiltrations cornéennes et de kératites neuroparalytiques (Galezowski, Pflüger, Bunge). Enfin l'usage prolongé de la cocaïne dans l'iritis, pour empêcher les synéchies, pourrait développer des phénomènes glaucomateux (Javal, 1886).

e. **Emploi pour les opérations ou l'intervention médicale sur les muqueuses.** — La solution de chlorhydrate de cocaïne appliquée en *badigeonnages* sur les muqueuses amène une insensibilisation et une décongestion de la surface touchée. Le fait était connu des habitants de l'Amérique du Sud en ce qui concerne la muqueuse de la langue et de la bouche. Von Anrep (*Pfluger's Archiv.*, 1879) prétend être le premier observateur qui ait étendu l'existence de cette action à toutes les muqueuses. De fait, le résultat est le même pour les muqueuses du nez, de la bouche, du pharynx, du larynx, du rectum, des voies génitales et urinaires. Il importe toutefois de remarquer que l'action est d'autant plus énergique qu'il s'agit de muqueuses à éléments plus délicats et plus riches en terminaisons nerveuses superficielles. C'est parce que la conjonctive et la cornée réalisent au plus haut degré ces conditions qu'elles sont aussi les plus sensibles à l'influence cocaïnique.

Le badigeonnage des muqueuses ne produit le plus souvent qu'un amendement de la douleur, plutôt qu'une véritable anesthésie. Cependant cette insensibilisation peut être suffisante pour les applications médicales et chirurgicales.

Nous avons rappelé la pratique de Ch. Fauvel et Coupard, qui ont tiré partie de ces badigeonnages de cocaïne dans les affections douloureuses du larynx et du pharynx. Dès 1884, Selinck a employé les solutions concentrées à 5 p. 100 ou 10 p. 100 (il faut alors se servir d'eau alcoolisée) pour les besoins de la laryngoscopie et les petites opérations sur le larynx. — Stork, à la même époque, a pratiqué, avec le secours de la cocaïne, l'ablation d'un polype des cordes vocales. De même, Moure et Baratoux. — Les badigeonnages ont été encore employés pour amender la douleur et l'inflammation dans les amygdalites, otites aiguës, ablation des polypes du nez, cautérisation des amygdales.

— En ce qui concerne la muqueuse uréthrale,

Knapp, Blumenfeld, Eberle, ont, les premiers, essayé d'en émousser la sensibilité, au moyen d'une injection de 30 à 45 gouttes de la solution à 2 p. 100 que l'on fait retenir pendant quelques minutes. Ils ont ainsi réussi à faciliter les sondages et même les manœuvres de la lithotritie (R. F. Weir).

— Au même moment, c'est-à-dire dès cette année 1884, E. Fraenkel et R.-J. Levis employaient les badigeonnages de la muqueuse vulvo-vaginale et de la partie vaginale du col, dans diverses circonstances, pour permettre des opérations ou des manœuvres auxquelles la douleur créait un obstacle infranchissable : cautérisation, — enlèvement de végétations superficielles, condylomes, caroncules, — curage de la cavité utérine, — et aussi pour diminuer l'excitabilité réflexe dans le vaginisme. Fraenkel s'est proposé également la question de savoir s'il serait possible d'atténuer les douleurs dans l'acte de la parturition. Les douleurs produites par la dilatation du col, au moment du passage de la tête, résultent d'une distension et d'une dilacération des parties profondes, qui ne semblent guère justiciables de la cocaïne, puisque celle-ci n'exerce qu'une action superficielle. Pourtant, Dubois, Doleris et Boisieux ont obtenu de très bons effets des badigeonnages avec la solution 4 p. 100 (*Soc. Biol.*, 17 janvier 1885). Plus tard, Jeannel (de Montpellier) a employé avec profit la solution à 5 p. 100, appliquée au moyen d'un pinceau ou d'un tampon de ouate laissé à demeure.

— Pour ce qui concerne la muqueuse anale, la cocaïne a encore rendu des services très réels pour amender les douleurs des affections de cette région dans les cas de fistule douloureuse (Mivart), pour permettre les manœuvres et pour diminuer l'excitabilité réflexe dans les cas de spasmes du sphincter anal (Fraenkel).

— Les applications se sont multipliées à l'infini; il suffit d'en indiquer le point de départ. On a employé la cocaïne en ingestion stomacale pour supprimer les spasmes œsophagiens (Freud); contre les vomissements incoercibles de la grossesse (Holz); contre les gerçures du sein (Herrgott); contre le mal de mer (Hantz); dans le traitement de la variole et de la varioloïde (Luton et Ory).

— La cocaïne a été employée dans l'art dentaire. Le badigeonnage de la gencive n'en anesthésie que la surface : on n'atteint pas ainsi l'alvéole et la pulpe dentaire. Il faut avoir recours à l'injection intra-gingivale; mais celle-ci ne permet même pas toujours d'insensibiliser la pulpe et de rendre l'extraction indolore (Magitot, Préterre, etc.).

— On l'a employée en otologie pour amener la sédation de la douleur et pour faciliter le cathétérisme de la trompe d'Eustache. On trouvera des indications sur tous ces emplois dans la Thèse de Bouchet (Paris, 1889, n° 395).

f. **Emploi pour les opérations de chirurgie courante. Injections dermiques.** — Mais le badigeonnage, c'est-à-dire la simple application à la surface des muqueuses, ne produit, ainsi que nous l'avons dit, qu'une insensibilisation très superficielle, incomplète et peu durable. Le procédé ne peut suffire pour les opérations importantes. Si l'on veut obtenir une anesthésiation plus parfaite, plus durable et plus étendue en profondeur, il faut faire pénétrer la solution cocaïnique dans l'épaisseur même du tégument muqueux. De là l'usage des injections dermiques et hypodermiques.

Ce mode d'administration est encore plus nécessaire si l'on veut produire l'insensibilisation de la peau, de manière à pratiquer des opérations dans toutes les régions recouvertes par le tégument externe. En effet, les simples applications de cocaïne sur la peau saine ne produisent aucun effet. Même en employant la solution plus concentrée à 1/60, P. Bert n'a rien obtenu (*Soc. Biol.* : 17 janvier 1885).

L'épiderme constitue une barrière à peu près infranchissable. On a essayé l'action sur des parties dénudées de leur épiderme, en appliquant le liquide sur une plaie de vésicatoire ou en l'injectant dans la sérosité de la cloque. On a observé alors une analgésie très marquée au bout de 5 minutes et disparaissant rapidement au bout de 12 minutes. L'anesthésie reste très limitée, et, si l'application n'est pas extrêmement régulière, on trouve des points douloureux juxtaposés aux points insensibles. Ce n'est que dans le cas où la peau est dénudée ou très enflammée que l'absorption peut se produire; c'est ainsi que Burchard a pu insensibiliser le doigt atteint de panaris en le trempant dans la solution de cocaïne, et que Weiss a pu panser d'une manière analogue des brûlures de la face.

L'anesthésie localisée par la cocaïne n'est donc possible, en général, qu'au moyen des injections dermiques. Telle est la pratique des dentistes qui administrent le chlorhydrate de cocaïne en injections intra-gingivales et des chirurgiens qui ont généralisé cette manière de faire.

L'injection doit être exécutée suivant des règles précises, sur lesquelles ont insisté Reclus et Isch Wall.

(*Revue de Chir.* : 10 février 1889). Le liquide ne doit pas être poussé dans le tissu cellulaire sous-cutané, où il risquerait de se diffuser, mais dans le derme lui-même, où il est mieux retenu. On emploiera la solution à 2 p. 100, et on ne dépassera point l'introduction de 20 centigrammes, c'est-à-dire 10 centimètres cubes (10 seringues de Pravaz). Le danger est la pénétration de la solution dans une veine. Mais cet inconvénient sera évité si l'on pousse le piston de la seringue en même temps que l'on enfonce l'aiguille dans le tissu. Il arrivera ainsi que, si la pointe pique une veine et peut y faire pénétrer une goutte de liquide, elle ne tardera point à en sortir. L'injection a pour effet, de faire proéminer une ligne blanchâtre de chaque côté de laquelle l'effet anesthésique s'étend sur une largeur d'un à deux centimètres.

Grâce à ces précautions, la cocaïne constitue un agent précieux d'anesthésie localisée ; et elle permet des opérations nombreuses, la plupart des opérations courantes : goître, herniotomies, résections de côtes, excision du sein, etc. Reclus possède 700 observations dans lesquelles il a fait usage de cet alcaloïde, qui s'est toujours montré un analgésique fidèle et constant : 7 fois seulement sur 300, il aurait vu se produire des accidents qui, dans aucun cas, d'ailleurs n'ont été mortels.

g. **Dangers.** — Il faut être prévenu des dangers de l'absorption de la cocaïne administrée en injections ou même simplement appliquée sur des surfaces avivées et absorbantes. Dans ce cas, au lieu des phénomènes de l'anesthésie localisée, on est exposé à ceux de l'empoisonnement général (livre II, ch. VII, § 3). Les cas de ce genre abondent. Dujardin-Beaumetz, Rouquette,

Laborde, un grand nombre d'observateurs, ont signalé ces accidents. D'après Roux et Dumont (de Berne), les cas publiés de ces accidents s'élevaient, au mois d'octobre 1888, au chiffre respectable de 126. Delbosc (*Thèse de Paris*, 1889), qui a analysé minutieusement ces accidents, n'a trouvé dans ce nombre que quatre accidents mortels. Quelle que soit, dans les autres cas, la gravité apparente des symptômes : pâleur de la face, sueur froide, dyspnée, frissons généralisés, nausées, vomissements, vertiges, excitation cérébrale, ils ne mettent point en péril l'existence du malade.

En résumé le chlorhydrate de cocaïne est incontestablement le meilleur des anesthésiques locaux, à la condition que l'on réussisse à en localiser strictement l'action.

§ 4. Contre-indications de l'anesthésie localisée.

Quant aux contre-indications de l'anesthésie localisée, elles se réduisent au seul cas où les tissus sont sans vitalité, en état d'asphyxie, ou atteints de troubles trophiques. Encore faut-il ajouter que ces contre-indications ne sont point formelles.

FIN

TABLE DES MATIÈRES

INTRODUCTION

HISTOIRE DE L'ANESTHÉSIE

LIVRE PREMIER

LES ANESTHÉSIQUES VULGAIRES: L'ÉTHER LE CHLOROFORME

CHAPITRE I

PHYSIOLOGIE GÉNÉRALE DE L'ANESTHÉSIE

CHAPITRE II

L'ANALGÉSIE, L'ANESTHÉSIE OBSTÉTRICALE, L'EUTHANASIE

CHAPITRE III

PHYSIOLOGIE SPÉCIALE DE L'ANESTHÉSIE

CHAPITRE IV

EMPLOI CHIRURGICAL DE L'ANESTHÉSIE CHLOROFORMIQUE

CHAPITRE V

L'ANESTHÉSIE PAR L'ÉTHER : COMPARAISON AVEC LE CHLOROFORME AUX POINTS DE VUE PHYSIOLOGIQUE ET CHIRURGICAL

LIVRE II

LES DIVERS ANESTHÉSIQUES

CHAPITRE PREMIER

GÉNÉRALITÉS

CHAPITRE II

PROTOXYDE D'AZOTE

CHAPITRE III

LE CHLORAL

CHAPITRE IV

LE BROMURE D'ÉTHYLE

CHAPITRE V

DÉRIVÉS CHLORÉS DU FORMÈNE : CHLORURE DE MÉTHYLE, CHLORURE DE MÉTHYLÈNE, TETRACHLORURE DE CARBONE

CHAPITRE VI

DÉRIVÉS CHLORÉS DE L'ÉTHYLÈNE, AMYLÈNE, ANESTHÉSIQUES DIVERS

CHAPITRE VII

LA COCAÏNE, SON ACTION GÉNÉRALE

CHAPITRE VIII

PROCÉDÉS PHYSIOLOGIQUES D'ANESTHÉSIE

LIVRE III

ANESTHÉSIES MIXTES OU COMBINÉES

CHAPITRE PREMIER

GÉNÉRALITÉS : ASSOCIATION DU CHLOROFORME ET DE LA MORPHINE

CHAPITRE II

ANESTHÉSIE PAR LE PSEUDO CHLORURE DE MÉTHYLÈNE, ASSOCIATION DU CHLOROFORME A L'ALCOOL MÉTHYLIQUE, PROCÉDÉ DE SPENCER WELLS

CHAPITRE III

EMPLOI COMBINÉ DU CHLORAL ET DU CHLOROFORME, PROCÉDÉ DE FORNÉ (1874)

CHAPITRE IV

ASSOCIATION DU CHLORAL A LA MORPHINE ET DE LEUR MÉLANGE AU CHLOROFORME : PROCÉDÉ DE TRÉLAT (1879), DE PERRIER (1880)

CHAPITRE V

MÉTHODES MIXTES DIVERSES

CHAPITRE VI

LA MÉTHODE MIXTE : ATROPINE, MORPHINE ET CHLOROFORME, PROCÉDÉ DE MM. DASTRE ET MORAT (1879)

LIVRE IV

ANESTHÉSIE LOCALE

Paris. Typ G. Chamerot, 19, rue des Saints Pères. — 25225.

A LA MÊME LIBRAIRIE

Paris. — Typ G. Chamerot, 19, rue des Saints-Pères. — 25225

www.ingramcontent.com/pod-product-compliance
Ingram Content Group UK Ltd.
Pitfield, Milton Keynes, MK11 3LW, UK
UKHW020201250726
13967UKWH00003B/1188